KB275265

양념의 인문학

이 책은 (재)오뚜기함태호재단의 연구 및 출판
지원 사업으로 발간되었습니다.

양념의 인문학

한식의 비결이자 완성, 전통 조미료와 향신료의 세계

정혜경·신다연 지음

따비

청자 철화 넝쿨무늬 기름병(국립중앙박물관 소장)

오랜 세월 한식에 매달려온 나에게 가장 매력적인 단어를 하나 들라고 하면 바로 '양념'이다. 근대 이후 한식 조리서에서 가장 많이 등장하는 용어도 바로 양념이다. 양념 없는 한식은 성립하기 힘들 뿐 아니라 양념 없는 인생도 재미없다. 왕실 음식에서도, 반가 음식에서도, 그리고 서민들의 음식에도 양념은 빠지지 않는다. 한식 맛의 책임자가 이 양념이다.

그동안 《밥의 인문학》,《채소의 인문학》,《고기의 인문학》, 그리고 《바다음식의 인문학》을 냈다. 그간의 한식 인문학 시리즈를 이 《양념의 인문학》으로 마무리하려 한다. '양념'을 마지막 주제로 선택한 이유는 한식의 맛과 향이 바로 양념에서 비롯되고 마무리된다고 믿기 때문이다. 우리 힘든 인생사가 마지막 양념으로 잘 마무리되기를 바라듯이 말이다.

최근 소스라는 서양 용어가 많이 쓰이는 것을 보면 안타깝다.

게다가 서양의 온갖 향신료가 들어와 비싸게 팔리고 있다. 또 중국과 일본, 동남아시아 그리고 유럽발 온갖 조미료가 유행이다. 우리에게는 서양의 소스를 능가하는 '갖은양념'이 있다. 서양의 소스와는 달리 우리는 양념을 마치 약처럼 사용해왔다. 그런데 막상 우리 전통 양념에 대해서는 잘 모르는 듯하다. 각종 소스나 조미료 그리고 향신료를 다루는 책은 많지만 정작 양념을 내세운 책은 보이지 않는다.

요리는 향신료로 장식함으로써 마무리될 때가 많다. 베트남 쌀국수 위에 듬뿍 올라가는 고수나 피자 위에 올라가는 루콜라가 그 예다. 그런데 고수는 과거 우리도 즐겨 먹었던 향신 채소다. 개성의 보김치에는 반드시 고수를 넣어 그 향을 즐겼다고 한다. 요즘 유행하는 바질이나 민트, 루콜라, 로즈메리 같은 서양 향신료 못지않은 초피, 미나리, 깻잎 같은 우리의 전통 향신료가 있다. 우리는 예로부터 전통 향신료를 적절히 활용해온 민족이다. 이러한 전통 향신료의 생리활성물질이 건강에 끼치는 효과도 최근의 과학적 연구 결과에 의해 속속 밝혀지고 있다. 그러니 한식의 건강은 바로 이 양념에서 나온다고 해도 과언이 아니다. 그러나 전통 향신료는 잊혀가고 우리 젊은이들은 서양 향신료에 더 열광한다. 이에 대한 아쉬움 또한 크다.

우리 고유어인 '양념'은 파, 마늘, 깻잎, 고추 같은 향신료와 간장, 된장, 고추장, 식초, 조청 같은 조미료를 포괄하는 개념이다. 이런 양념의 역사와 문화, 과학을 다루고자 이 책을 구상했다.

이 책은 다음과 같이 구성된다. 1부에서는 한식의 양념문화를 역사 속에서 이해하고자 했다. 먼저 양념에 담긴 음양오행의 철학을 살펴보고, 한국인의 양념 사용의 역사를 고대로부터 현대까지 간략히 다루었다. 이어서 양념의 맛과 향의 과학을 살펴본 후, 고조리서의 양념 사용을 통해 어떤 음식에 어떤 양념을 사용했는지 알아보았다.

2부에서는 양념의 중요한 한 축인 조미료seasoning의 세계를 다루었다. 짠맛 조미료로는 소금과 장류를, 신맛 조미료로는 식초를, 단맛 조미료로는 꿀, 조청, 설탕을 다루었다. 이어 매운맛 조미료로는 고추, 고추장, 겨자즙을, 고소한 맛 조미료로는 참기름과 들기름을, 감칠맛 조미료로 젓갈과 액젓을 다루고, 화학조미료MSG의 등장과 쇠퇴 과정도 살펴보았다.

3부에서는 향신료와 향신 채소를 포괄해 한국인들이 고대로부터 먹어온 향신료spices의 세계를 다루었다. 이를 위해 먼저 향신료는 무엇인가를 정의하고, 현재 먹고 있는 향신료는 물론 우리 민족의 전통 향신료를 살펴보았다. 또한 향신료 사용의 변천 과정을 고조리서와 근대 조리서 속에서 찾아보았다.

4부에서는 조미료와 향신료의 맛과 향, 그리고 건강의 과학을 다루었다. 특히 양념에 담긴 한식의 건강을 최근의 여러 연구 결과를 토대로 분석해 다루어보았다.

이 책을 쓰면서 가장 어려웠던 점은 용어들의 혼란과 그 분류였다. 양념 자체의 개념은 어떻게 정의해야 하는지, 소스와 조미료, 향신료와 향신 채소는 어떻게 구분해 전달해야 하는지 고민이 많았다. 간장 하나를 두고도 진간장, 청간장, 한식간장, 양조간장, 산 분해 간장 등 너무나 종류가 많다. 나름대로 체계를 잡아 설명해보았지만, 아마도 이 분류가 맞지 않는다고 생각하는 독자도 계실 것이다. 이 책에서의 분류는 독자들이 쉽게 읽어낼 수 있도록 하기 위해 사견이 전제된 것이라는 점을 밝혀둔다.

최근 한식은 K푸드라는 이름으로 세계적으로 주목받고 있다. 오랫동안 한식을 공부해온 필자에게는 세계인의 열광이 무척 경이롭다. 그러나 다시 생각해보면 이러한 현상이 얼마나 지속될지 의문이 든다. 한식은 세계인이 즐기는 건강식의 위치를 유지할 수 있을까? 아니면 K팝의 인기에 편승해 한때 떠올랐다가 신기루처럼 사라질까? 이러한 시기에 우리는 무엇을 해야 할까? 현재 한식 산업 발전을 위한 노력과 시도들이 다양하게 이루어지고 있다. 이러한 노력도 중요하지만, 그 이전에 우리 한식에 대한 바른 이해가 필수적이라고 생각한다. 한식은 어떤 음식이며 어떤 역사와 문화를 가진 음식인지, 그리고 과학성은 무엇인지를 공부해야 한다.

이 책이 나오기까지 감사할 분이 정말 많다. 우선 이 책의 출판 지원을 해준 (주)오뚜기함태호재단에 깊은 감사를 드린다. 이 책의 공저자인 신다연은 주로 '양념의 과학' 부분을 다루었음을 밝힌다. 그리고 많은 문헌을 남겨준 식품학계의 선학 고故 이춘녕 선생님, 고 이성우 선생님, 고 강인희 선생님께 깊이 감사드린다. 이분들의 문헌을 많이 참고했음을 밝힌다. 그리고 어려운 출판 현실에도 이 책의 출판을 맡아준 따비의 박성경 대표와 신수진 편집장에게도 고마움을 전한다.

이 책을 통해 독자 여러분께서 우리 양념의 중요성을 알아주셨으면 한다. 무엇보다, 외식업계에서 고군분투하시는 분들, 현장 요리사들이 우리 전통 양념을 이해하고 활용하는 데 도움이 되기를 바란다. 새로운 한식 양념 개발에도 영감을 줄 것으로 기대한다. 최근 우리 양념이 K소스라는 이름을 달고 수출이 두 배 이상 증가했다. 세계인이 한식을 더 잘 먹고 즐기기 위한 첫걸음이 바로 한국형 양념 소스를 잘 이용하는 것이다.

2024년 12월, 이 부족한 책을 집필하던 시기에 기쁜 소식이 들렸다. 우리 양념문화의 대표선수 격인 '장 담그기 문화'가 유네스코 인류무형문화유산으로 등재되었다는 것이다. 오랫동안 한식을 공부해온 저자로서는 더할 나위 없이 기쁘다.

저자들을 대표해
정혜경 씀

한식 양념이란 무엇인가

양념이라는 용어의 사전적 의미를 살펴보는 것으로 시작하자. 국립국어원의 《표준국어대사전》에서는 '양념'을 두 가지로 정의하고 있다. 첫 번째는 '음식의 맛을 돋우기 위하여 쓰는 재료를 통틀어 이르는 말로 기름, 깨소금, 파, 마늘, 간장, 된장, 소금, 설탕 따위를 이른다.'이다. 두 번째는 '흥이나 재미를 돕기 위하여 덧붙이는 재료를 비유적으로 이르는 말을 이른다.'이다. 그러니까 양념이란 음식의 맛을 돋우는 것뿐 아니라 인간관계에서도 쓰이는 용어다.

사람은 생존을 위해서만 음식을 먹는 것이 아니라 그 맛을 즐기기 위해 먹으며, 바로 그때 양념을 사용한다. 아니, 생존을 위해 음식을 계속 맛있게 먹어야 하므로 양념을 사용한다. 음식의 맛과 향이 조화롭게 어우러져야 맛있게 먹을 수 있다. 조화로운 음식을 만들기 위해 식재료가 지닌 고유한 맛을 살리면서 음식마다 특유의 향을 내는 데 사용하는 재료들을 통틀어 양념이라고 하며, 한자로 藥念 혹은 藥廉으로 표기한다.[1]

'음식의 맛을 돋우기 위해 쓰는 재료'는 무수히 많지만, 크게 두 가지로 나눌 수 있다. 첫째는 음식의 모자란 맛을 보충하거나 본연의 맛을 북돋기 위해 사용하는 '조미료'다. 짠맛을 내는 소금과 간장, 단맛을 내는 꿀과 설탕, 신맛을 내는 식초 등이 있다. 둘째는 음식을 만들 때 주재료가 가지고 있는 좋은 향과 맛은 그대로 살리고, 좋지 않은 맛은 상쇄시키기 위해 사용하는 '향신료'다. 예를 들어, 고기와 생선은 맛있고 영양가 좋은 식재료이지만 누린내와 비린내가 난다. 이 냄새를 없애거나 약하게 하기 위해 파, 마늘, 생강, 초피, 후추, 계피 등 향기가 특별한 재료를 적당량 넣는다. 우리 양념은 이 두 가지를 아울러 이르며, 간장, 소금, 된장, 고추장, 기름, 깨소금, 설탕, 식초, 실고추, 고춧가루, 후춧가루, 계핏가루, 겨자 등을 제각각, 혹은 조합하여 사용한다. 즉, 양념은 음식의 맛과 향을 끌어올리는 것을 모두 포함하는 효율적인 용어다.

양념의 등장

양념이라는 말은 언제부터 쓰였을까? 조선시대부터 '약념'이라는 말을 사용했음을 고조리서를 통해 알 수 있다. 양념이라는 단어는 한자어 약념藥念, 즉 약 약藥과 생각할 염念의 합성어에서 유래했고, '약으로 생각하고 짓는다'라는 의미로 쓰이지 않았을까 유추할 수 있다. 그러나 이를 뒷받침할 증거는 보이지 않는다. 조선시대 문헌이나 기록에서 한자 표기 藥念을 찾기가 어렵기 때문이다. 한자 용어는 味料支流(미료지류)나 調味料(조미료) 등이 더 보편적으로 쓰였다.

조선 후기인 1670년경 장계향張桂香(1598~1680)이 쓴 최초의 한글 조리서《음식디미방》에는 '약념ᄒ야'*라는 표현이 여러 차례 등장한다. 특히 '별탕 자라갱이라'를 살펴보면, "다시 간장 기름에 물 부어 끓여 생강이나 건강이나 후추, 천초, 식초, 파로 약념하여 먹으라."고 하여 양념의 종류까지 상세히 나열했다. 또《음식디미방》에는 양념하는 행위라 볼 수 있는 '재우다' '절이다' '간 맞추다'를 비롯해 짠맛[함鹹]과 싱거운 맛[담淡]을 조절하라는 의미의 '함담 맞추라' 같은 표현도 자주 나온다. 이후의 한글 조리서에도 '약념'이라는 용어가 계속 등장한다.

정약용丁若鏞(1762~1836)은 어원 연구서인《아언각비雅言覺非》(1819)에서 약 약藥 자와 청렴할 렴廉 자를 써서 '약렴藥廉'이라 하면서 생강과 마늘 등을 잘게 썬 것이라고 풀이했다.** 이를 통해 당시에는 간장이나 된장 등의 조미료뿐 아니라 파나 마늘, 생강 등의 향신료까지 통틀어 양념으로 칭하고 그 표기는 약념, 양념, 藥廉으로 한 것으로 추측할 수 있다.

'약념'이라는 표기에서 약은 '조미하다, 간을 맞추다'라는 뜻

---

* 양념은 '넣다, 치다, 뿌리다' 등의 서술어로 받을 수 있지만 '하다'가 자연스럽고, 과거 문헌에도 '약념하다'라는 동사형으로 나온다.
** 원문: 大抵䔢者, 薑蒜之細切者也[吾東方言曰藥廉].

이고 넘은 조미료調味料의 '료料', 즉 질료와 동일한 의미라고 해석하기도 한다. 즉, 조미하고 간을 맞추는 질료(재료)라는 의미다. 이상을 종합해보면, 우리 조상들은 양념을 조미료에 가깝게 사용하되 약처럼 생각했다고 정리할 수 있다.

조선 후기의 반가 요리를 담은 빙허각 이씨의 《규합총서閨閣叢書》(1809)에도 마찬가지로 '약념하라'는 표현이 자주 등장한다.* 1800년대 후반에 나온 《시의전서是議全書》에도 '양념하여' '함담 마초아'라는 표현이 나온다. 이외의 다양한 고조리서에서도 '가미하다' '눕히다' '맛내다' '새삼하게 하다' '즙청하다' '함담 맞추다' '화청하다' 등의 표현을 만날 수 있는데, 이는 '조미하다'라는 의미의 다른 표현으로 보인다. 특히 '새롭게 생생하게 느껴지게 하다'라는 뜻을 가진 '새삼하게 하다'는 양념을 하면 새삼스러운 맛을 느낀다는 의미로 보이는데, 양념에 담긴 섬세한 마음이 읽힌다.

일제강점기에 나온 근대 조리서에서도 계속 '약념하다'라는 표현을 만날 수 있다. 1917년 《조선요리제법》부터 1946년의 《조선음식 만드는 법》에도 '약념'으로 등장하는데, 약념과 양념이 혼재하여 쓰였으되, '약념'의 사용 빈도가 조금 높았다.

---

* '유즙과 싱강 파 호쵸 약념굿쵸와 발나 구어야 년흐니라.' '마늘 고초 등을 우희 만히 쎄고 고쵸 등 약념을 젼딕로 쩍 안치 닷 헌 후에' 등.

식품학계의 원로 장지현은 우리나라 전래의 조미료를 전래 약염이라 하며, 다음과 같이 분류했다.[2]

• **발효 조미료**

1) 장류

감장甘醬(간장, 지렁), 건장乾醬(된장), 전국장戰國醬, 생황장生黃醬, 숙황장熟黃醬, 담수장淡水醬(담북장과 막장), 고초장苦椒醬, 즙장汁醬, 모육장莫肉醬(어육장)

2) 식초류

3) 염즙(젓국)류

• **비발효 조미료**

1) 천연 약념류: 천초, 산초, 호초, 고초와 같은 '초椒' 종류, 파, 마늘, 생강, 겨자, 오미자와 매실, 꿀

2) 기타 약염류: 식염, 건시(곶감), 조청, 사당, 초지마(깨보시, 깨볶음), 진유, 법유(참기름)

갖은양념이란?

한식 조리법에는 '갖은양념'이라는 말이 많이 등장한다. '갖은양념으로 고기를 재우다' '갖은양념을 넣어 나물을 무치다'라고 한다. 여기서 '갖은'은 여러 가지, 다양한 혹은 골고루 다 갖추었다는 뜻이다. 즉, '갖은양념을 하다'는 맛의 균형이 맞도록 여러 가지 양념을 골고루 하는 것을 뜻한다.

레시피를 중시하는 사람에게 '갖은양념'은 애매한 말이다. '레

시피recipe'는 우리말로 조리법 정도로 번역할 수 있지만, 우리의 전통적인 조리법과는 접근 방법이 다르다. 서양식 테시피는 재료의 종류와 사용량, 투입 시점 등을 세세하게 지시한다. 그러나 우리 음식의 조리법은 '적당량'에 '갖은양념을 하라'는 식의 표현을 사용한다. 조리하는 사람의 감으로 양념의 종류와 양을 조절해 최선의 맛을 이끌어내려면 오랜 경험과 정성이 필요하다.

'갖은양념'은 균형과 조화를 전제로 하는 말이다. '갖은양념'은 가지고 있는 모든 양념을 양껏 쓰라는 의미가 아니다. 재료와 양념의 균형을 맞추고, 양념끼리 조화를 이루도록 해야 한다는 의미다.

양념과 소스

서양에서는 음식의 맛을 좋게 첨가하는 재료 일체를 조미료condiment라 칭하고, 매운맛이나 향기를 주어 음식의 풍미를 높이기 위해 첨가하는 재료를 향신료spice라고 한다. 그리고 우리의 양념에 해당하는 것은 시즈닝seasoning 혹은 소스sauce라고 한다. 시즈닝은 '향신료+조미료+기타 양념가루'를 말하며, 소스는 '향신료+조미료+액체를 섞은 액상 양념'을 지칭한다. 현재 우리 양념에 가장 근접한 용어는 '소스'로 보인다.

소스는 근대 프랑스 요리의 발전 이후 중시된 것으로 보이는데, salted(소금을 친, 간을 한)라는 뜻의 라틴어 salsa에서 유래한 단어다. 서양 음식에서 주로 사용하는 소스는 생선, 고기, 채소 등 각종 요리에 맛이나 색을 내기 위해 첨가하는 액상 또는 반유동 상태의 배합형 조미액이다. 서양 음식에 쓰이는 소스는 400~500종류라고 하니, 다양한 소스의 사용이야말로 서양 요리의 요체라고 볼 수 있다.

양념과 고명

반면, 한식의 특성을 가장 크게 드러내는 것은 양념과 고명이다. 양념은 음식의 맛을 결정짓는 중요한 요소다. 이에 못지않게 한식에서 중요한 역할을 하는 것이 고명인데, 음식의 시각적 완성도를 높이는 역할을 한다. 다른 나라 음식과 구별되는 한식의 특징을 이 고명에서 볼 수 있다. 그래서 양념과 고명은 함께 언급되는 중요한 주제다.[3]

그런데 고명과 양념은 각각 무엇을 가리키는 말일까? 일제강점기 홍선표는《조선요리학》(1940)에서 고명은 서울 지역에서는 자주 사용하나 지방에서는 잘 사용하지 않는 용어이고, 당시 조선어사전과 영한사전에도 고명과 양념을 같은 것으로 설명하고 있어 그 구분이 애매하다고 지적한 바 있다.[4] 그러면서 홍선표는 고명은 음식의 맛에 영향을 주지 않아야 하고 음식의 외관을 좋게 하여 식욕을 상승시키는 것이어야 한다고 정의했다. 고명은 음식 맛과 관련 없는 독자적 형태의 재료이고, 양념은 다른 재료와 섞여 융합되어야 한다는 것이다.

그러나 이 기준으로 고명과 양념을 구분하는 것도 쉽지 않다. 예를 들어 현대 한식을 대표하는 나물무침의 경우, 양념으로 참기름, 간장, 깨소금, 마늘을 사용하고 음식을 그릇에 담은 후 다시 깨를 나물 위에 뿌린다. 이 경우 후자의 깨를 일반적으로 고명이라 하지만, 나물무침의 맛에 영향을 끼치지 않는다고 단정하기는 어렵다. 이때 나물무침에 들어가는 깨소금은 양념인 동시에 고명이 되므로 재료의 융합 여부만으로 고명을 구별하는 것이 모호하다.

조선 중기의 한문 조리서인 《계미서癸未書》(1554)에 '點藥(점약)'이라는 단어가 나온다. 점약의 약藥을 양념의 약으로 연계하여 '양념을 한다'라는 의미를 표현한 것으로 짐작된다. 그러나 점약의 점點은 고명을, 약藥은 양념을 하는 행위로 추측해볼 수도 있다. 즉 점약은 고명과 양념을 함께 이르는 단어로도 볼 수 있다. 당시 양념과 고명의 행위가 명확하게 구분되었기보다는 같은 행위로 구분 없이 사용되었다고 보인다.

고조리서에서 고명을 사용한 경우를 살펴보면, 다음과 같이 정리할 수 있다. 첫째, 고명은 색의 배합을 통해 음식을 맛있게 보이게 하는 동시에 맛도 증진하기 위해 사용했다. 둘째, 고명으로 사용된 식재료는 잣, 밤, 대추, 깨, 석이버섯, 고추, 김과 같이 조리하지 않은 식재료가 많았으나 달걀지단, 완자, (미나리)초대와 같이 조리한 음식도 종종 사용했다. 셋째, 일품 음식이나 주요 음식에서 부재료를 고명처럼 다룬 기록을 조선 중기에 볼 수 있다. 따라서 적어도 조선 중기에는 고명을 양념과 다른 것으로 인식하기 시작했으며, 이후 고명과 양념을 분리해 사용한 것으로 보인다.[5]

역사를 통해 살펴본
한식의 양념문화

'양념 공식'이라는 말이 있다. 수학도 아니고, 양념에 무슨 공식이 필요할까? 요리 초보가 음식을 맛있게 하기 위해 필요한 것이 바로 양념이고, 그만큼 양념이 중요하다는 표현일 테다.

그런데 우리는 전통 양념문화에 관해 얼마나 알고 있을까? 한식을 먹어온 만큼이나 긴 역사를 자랑하는 양념문화이지만, 양념은 너무 익숙해 공부의 대상이 되지 못했다. 한식을 다른 나라 음식과 비교했을 때 결정적인 차이는 바로 우리 양념이고, 지금의 K푸드를 만든 것 또한 우리만의 양념이다. 우리는 양념치킨으로 세계 외식 시장에 바람을 일으키지 않았던가.

한식을 제대로 이해하기 위해서는 한식 양념을 잘 알아야 한다. 1부에서는 한국 음식 역사 속에서 양념의 변천을 찾아보고, 한식에 필수 불가결한 양념에 담긴 다양한 문화를 이해해볼 것이다.

1장

한식과 양념에
담긴 철학

한식의 오미·오색 속 우주

한식은 한민족이 수천 년 먹어온 고유한 음식 혹은 식사를 가리킨다. 한식은 온 우주를 담고 있는 음식이다. 한식은 음식 하나에 다양한 식재료, 형형색색의 고명, 온갖 종류의 양념을 담아낸다. 이를 두고 혹자는 한식은 복잡하고 질서가 없다고 한다. 그러나 한식에는 온 우주의 질서를 넣고자 했던 선조의 지혜가 녹아 있다.

동양에서는 음양오행설에 의한 우주론이 중요한 철학이었다. 한식은 이러한 음양오행의 원리를 실천하려 했다. 음陰과 양陽을 상징하는 동물성 식품과 식물성 식품, 그리고 오색五色, 오미五味, 오곡五穀, 오축五畜, 오과五果의 조화를 중심으로 한식이 발달했다. 음과 양의 특성은 어디까지나 상대적이다. 예를 들어, 양을 상징하는 땅 위의 만물이라고 해서 다 양이 아니라 다시 음과 양으로 구분된다. 즉 만물에 음양이 있을 뿐 아니라 동일물 내에도 음양이 있으며, 음 속에도 음과 양이 있고, 양 속에도 음과 양이 있다.

우리 음식 중 오행의 철학을 가장 잘 구현한 것으로 오신채五辛菜 또는 오신반五辛盤을 들 수 있다. 우리 민족은 긴 겨울을 지나고 봄이 오는 입춘에 오신채 또는 오신반을 먹었는데, 이는 다섯 가지 매운맛이 나는 햇채소로 만든 나물 음식이다. 기나긴 겨울 동안 쌓인 음의 기운을 매운맛 채소의 양의 기운으로 보완하려 한 것이다. 이 오신반은 대표 한식인 비빔밥으로 발전한다. 비빔밥은 동물성 식재료와 식물성 식재료, 오색과 오미의 조화를 실현한 음식이다. 그런데 비빔밥 속 여러 맛이 한데 섞이기 위해서는 양념이 꼭 필요하다. 비빔밥의 양념인 고추장이나 간장은 밥과 나물, 고기와 달걀이 한데 섞이고 융합하는 데 필요한 접착제 역할을 한다. 숟가락이나 젓가락으로 잘 비벼 입안에 넣어야 비로소 비빔밥이 완성되는데, 비빔밥이 단순한 '통합'이 아니라 '충돌'을 통해 '화합'을 이뤄내게 하는 일등 공신이 바로 양념이다.

오미가 비빔밥의 미각 기호라면, 오색[靑, 赤, 黃, 黑, 白]은 비빔밥의 시각 기호다. 흰 밥, 빨간 고추장, 푸르고 검고 노란 나물이 곧 오방색五方色을 나타낸다. 푸른색은 동東, 붉은색은 남南, 흰색은 서西, 검은색은 북北, 노란색은 중앙中央을 가리킨다. 다섯 가

지 색채는 공간의 방향을 가리킬 뿐만 아니라 춘하추동이라는 계절도 상징한다. 자연과 인간의 현상을 목화토금수木火土金水로 구조화한 음양오행설을 음식문화에 적용한 것이 바로 한국의 요리 체계다.

오미상생과 오미상극

《음식디미방》에서는 '오미를 갖추어'라는 표현을 자주 볼 수 있다. 그만큼 한식은 다양한 맛의 조화를 중시한다. 그런데 이 오미를 아무렇게나 섞는 것이 아니다. 서로 상생하거나 상극관계에 있는 맛을 조화시켰다. 상생관계相生關係는 두 가지 맛을 알맞게 섞어 맛이 좋고 건강에도 좋아지게 하는 것이다. 산酸(신맛)

은 고苦(쓴맛), 고苦는 감甘(단맛), 감甘은 신辛(매운맛), 신辛은 함鹹(짠맛), 함鹹은 산酸과 상생관계를 이룬다. 예를 들어 김치는 짠맛과 신맛이 알맞게 조화되어 있기에 좋은 맛을 낸다.

유교의 5경五經 가운데 하나로 중국의 가장 오래된 역사서인 《서경書經》에 "간이 맞는 국을 만드는 데는 네가 오직 소금이요 매실梅實이로다."라는 구절이 있다. 여기서 소금과 매실은 각각 짠맛과 신맛을 내는 조미료다. 짠맛과 신맛이 상생하므로 이 두 가지 맛이 알맞게 조화된 것을 '염매鹽梅가 좋다'고 표현한다. 조선의 문헌에도 이 '염매'가 자주 인용된다. 이는 신하는 군주가 정치를 잘하도록 돕는 것, 또는 만사萬事가 잘 조화됨을 뜻한다.

반면 맛을 억제하는 관계도 있는데, 이를 오미상극五味相剋이라 한다. 신맛은 단맛에 의해, 단맛은 짠맛에 의해, 쓴맛은 매운맛에 의해, 매운맛은 신맛에 의해 각각 맛이 억저된다는 원리다. 예를 들어 간장을 담글 때 소금물에 메주를 넣고 숙성시키면 짠맛을 덜 느끼고 달게 느끼는데, 이는 발효 중에 생긴 메주의 단맛(감칠맛) 성분이 짠맛을 억제하기 때문이다.

맛과 연결된 장기

동양 의학은 예로부터 음식의 오미를 중시하면서, 이 오미가 우리 몸의 장기와도 연결된다고 보았다. 이를 소의소기所意所忌라고 한다. 즉, 신맛은 간장肝臟에, 쓴맛은 심장心臟에, 단맛은 췌장膵臟에, 매운맛은 허파에, 짠맛은 콩팥에 연관된다고 믿었다. 각각의 맛을 섭취하는 것이 연관되는 장기의 건강에 필수적이라는 의미다. 이때 섭취하는 양이 중요한데, 어디까지나 적당량이어야 하고 정도가 지나치면 오히려 병에 걸린다. 즉, 소금을 지나치게 먹으면 신장염腎臟炎에 걸리고, 설탕을 지나치게 먹으면 췌장에 문제가 생겨 당뇨가 올 수 있다는 것이다.

약식동원의 핵심, 양념

한국 음식의 중요한 철학은 약식동원藥食同源이다. 즉, '약과 음식은 그 근본이 동일하다.'는 것이다. 우리는 여러 가지 식재료를 섞어 영양가 있게 지은 밥을 '약식藥食'이라 부르고, 밀가루로 빚어 기름에 지져낸 유밀과油蜜果를 '약과藥果'라고 부르며, 같은 고추장이라도 몸에 좋은 꿀과 다진 쇠고기를 넣고 볶은 고추장을 '약藥고추장'이라고 부른다. 음식에서 약의 효과를 기대한다. 물론 중국에도 약선요리藥膳料理가 있다. 이 또한 음식을 통해 약의 효과를 보려는 것이다. 그런데 중국의 약선요리는 찜과 탕을 기본으로 하는 음식이 많은 데 비해 우리는 음식을 만들 때 '양념[藥念]'을 사용해 약리활성 효과를 꾀했다는 차이가 있다. 특히 마늘, 파, 생강, 대추, 은행, 황기, 잣, 호두 등을 음식 재료로 사용했다.

양념은 음식의 맛을 돕기 위해 쓰이는 중요한 요소다. 음식을 만들 때 식재료가 가지고 있는 좋은 향기와 맛은 그대로 살리고, 좋지 않은 맛은 상쇄하기 위해 양념을 사용한다. 즉, 누린내나 비린내는 좋은 냄새가 아니므로 이 냄새를 없애거나 약하게

하려고 파·마늘·생강·후추·계피 등 강한 향이 있는 식재료를 적당량 넣었다. 그런데 이는 몸을 보해주는 약재이기도 하다. 또한 우리가 맛을 내는 재료로 사용하는 참기름과 들기름은 고소한 맛을 주는 동시에 몸에 꼭 필요한 필수 지방산을 곧급해준다. 특히 들기름에는 오메가3 지방산이 풍부해 심장병 예방에 효과적이다.

2장

한국인 양념 사용의 역사1
: 선사시대에서 고려시대까지

곰 한 마리와 호랑이 한 마리가 있어 같은 굴에 살면서 항상 신
환웅桓雄에게 기도하되 사람이 되기를 원했다. 이에 환웅은 신령스
러운 애艾 한 타래와 산蒜 스무 개를 주면서 말하기를 "너희들이 이
것을 먹고 백 일 동안 햇빛을 보지 않으면 곧 사람의 모습이 될 것
이니라."라고 했다. 곰과 호랑이는 그것을 받아서 먹어, 금기한 지
삼칠일 만에 곰은 여자의 몸이 되었으나, 범은 금기하지 못해서 사
람의 몸이 되지 못했다. 웅녀熊女는 혼인할 사람이 없었으므로 매
양 단수壇樹 아래서 잉태하기를 빌었다. 환웅이 이에 잠시 사람으
로 변하여 그녀와 혼인했다. 웅녀가 잉태하여 아들을 낳으니 단군
왕검壇君王儉이라 했다.*

우리 민족의 건국신화인 단군신화다. 즉 우리 민족의 역사는

艾(쑥)와 蒜(산마늘 혹은 달래)을 먹고 인간이 된 곰이 낳은 단군에서 시작되었다. 그런데 쑥과 달래는 우리 민족이 예로부터 먹어온 양념 채소다. 이렇게 건국신화에 등장할 만큼 우리 민족은 향이 강한 양념류 채소를 먹어왔다. 그리고 지금도 달래, 파, 마늘 등을 중요한 양념으로 먹고 있다.

선사시대의 양념문화

선사인들의 짠맛과 단맛

선사인들은 과연 맛을 알았을까? 먹을 수 있는 것이면 무엇이든 먹어야 생존할 수 있었기에 채집하고, 사냥하고, 어로漁撈해 얻은 것은 무조건 먹었던 것일까? 선사시대인들이 맛을 알았는지, 만약 알았다면 어떤 양념을 사용했는지 궁금하지만, 이를 알려주는 자료는 거의 없다.

선사인들은 음식을 구하기가 힘들었을 것이다. 그렇다고 굶주림을 면하기 위해서만 먹지는 않았을 것이다. 음식의 맛, 그중에서도 단맛과 짠맛을 즐겼을 것으로 추측한다. 특히 소금은 우리 몸에 꼭 필요한 물질이므로, 어떤 형태로든 섭취했을 것이다. 인류 최초의 조미료는 소금이다. 그러나 소금을 만드는 다양한 형

---

* 원문: 時有一熊一虎同穴而居, 常祈, 于神雄願化爲人. 時神遺靈艾一炷蒜二十枚曰, '爾輩食之不見日光百日, 便得人形.' 熊虎得而食之忌三七日熊得女身, 虎不能忌而不得人身. 熊女者無與爲婚故每於壇校勘 樹下呪願有孕. 雄乃假化而婚之. 孕生子號曰壇君王俊. 《삼국유사》 기이제일紀異第一 '환웅이 천하에 자주 뜻을 두어 인간 세상을 구하고자 하다')

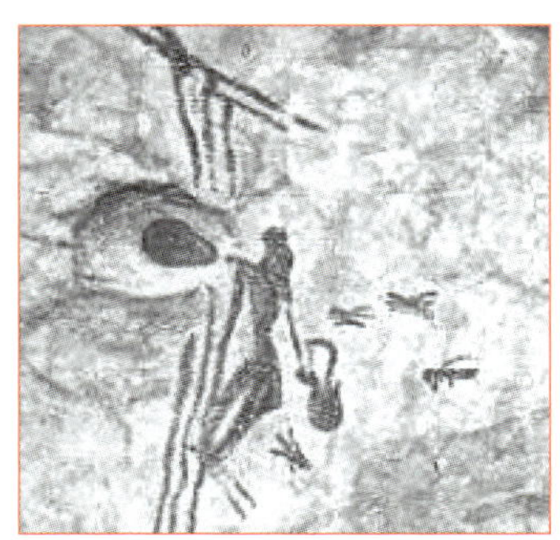

그림 1-3 아라냐 동굴 벽에 그려진 '꿀 따는 여인'

태의 제염製鹽은 선사시대에는 없었을 것이다. 일본에서는 바닷물을 넣고 졸여 소금을 만드는 데 사용한 것으로 보이는 신석기시대의 토기가 발견[1]되었으나 한반도의 선사시대 유적에서는 보이지 않는다.

선사인들은 어떻게 소금을 얻어 섭취했을까? 인류에게 가장 가깝고 간편한 소금은 바닷물에 함유된 것이었을 테다. 그러나 바닷물 자체는 쓴맛이 강하고 염화마그네슘 같은 성분이 몸에 부담을 주므로 바닷물을 직접 마시지는 못했다. 대신 그들은 바다의 어패류나 해초를 먹어 염분을 섭취했다. 바닷가에 정착한 선사시대인들은 해초나 어패류가 소중한 양식이었다.

또한 선사인들은 사냥을 통해 동물을 잡아먹었다. 동물의 내장은 다량의 유기염, 무기질, 비타민을 함유하고 있어 조미료의 역할을 했다고 추측된다. 식품 자체에 존재하는 나트륨으로도 몸이 필요로 하는 것을 충족할 수 있었을 것이다.

한편 7,000년 전에서 1만 5,000년 전의 것으로 추정되는 스페인 발렌시아 지방의 아라냐 동굴벽화에는 꿀 따는 여인의 모습이 그려져 있다. 이를 통해 선사시대인들은 꿀을 채취해 먹었던 것으로 짐작할 수 있다.

초피나무 등이 한반도에 예부터 자생하고 있었으니, 이런 매

운 열매도 양념으로 사용했을 것이고, 사냥한 동물들을 먹기
위해 향이 강한 향신료도 먹었을 것으로 추측된다. 하지만 관련
유적이 없어 확실하게 알 수는 없다.

부족국가시대, 조미의 시작

한반도에서 부족국가시대는 고조선이 세워진 기원전 2,000년
경 시작된다. 기원전 1세기경에는 중국의 한나라가 그조선을 멸
망시킨 후 낙랑군을 설치했고, 한반도 북쪽에는 고구려, 예맥,
부여, 옥저가, 한반도 남쪽에는 마한, 진한, 변한의 삼한이 각축
을 벌였다. 이 시대에 이르러 농경부족이 어로부족에게 승리함
으로써 이 땅에 농경문화가 자리 잡으며, 쌀을 비롯한 곡류를
주식으로 하는 주부식 분리가 시작되었다. 이때부터 식생활이
다양해지고 조리법이 발달하고 각 부족 간의 음식 고류도 활발
히 이루어졌다. 조미료가 중요해진 것도 농경사회에서였다. 이전
시대에는 어패류나 동물 내장을 먹으며 자연스럽거 염분까지
섭취했지만, 곡류를 주식으로 삼으면서부터는 육류나 어류, 채
소 등 부식을 조미해 곡류의 다소 싱거운 맛을 보완하고 곡류만
으로는 섭취할 수 없는 필수 영양소도 보충하는 방식이 개발되
었을 것이다.

조미료는 음식의 맛을 내는 재료다. 이때 기본적인 맛은 짠맛
과 더불어 신맛이다. 신맛은 과실에서 주로 얻었을 것이고, 이는
비타민을 섭취하는 일이기도 했다. 농경시대로 접어들고 정착생
활을 하면서 이러한 자연의 맛이 발효 조미료로 발전하게 되었

을 것이다.

　발효는 우리 민족의 조미료 사용, 나아가 식생활 전체에서 매우 중요한 자연 현상이었다. 신맛을 내는 식초, 짠맛과 감칠맛을 함께 내는 젓갈과 장이 모두 발효의 산물이다. 일제가 발굴한 것을 2016~17년에 재발굴한 신라시대 유적인 경주 서봉총에서는 다양한 유물이 출토되었다. 그중 큰 항아리 27개가 있었는데, 그 안에는 동물 52종류(조개류 1,883점, 물고기 5,700점)가 들어 있었다.[2] 이를 통해 이전의 부족국가시대부터 어패류가 자연히 발효되어 만들어진 젓갈을 사용하지 않았을까 추측할 수 있다. 또한 부족국가시대의 토기 중에 어패류 등이 토기 벽에 두껍게 붙어 있는 것이 남아 있는데, 이 토기들은 술이나 장류 등 발효음식을 만드는 데 사용되었을 가능성이 있다.

　장류는 현재까지도 한국인에게 가장 중요한 조미료인데, 그 제조 시기는 대략 대두를 경작하기 시작한 기원전 9~8세기까지 거슬러 올라간다고 본다. 실제로 고대인들이 콩을 발효시켜 장을 먹었다는 증거가 한반도 각지에서 고고학 발굴을 통해 드러났다. 전라남도와 강원도 등에서 덩어리 형태의 탄화대두炭化大豆가 출토된 것이다. 콩을 삶을 수 있는 토기와 탄화콩 등 당시의 유물이 한반도와 만주 지역에서 출토되었다.[3]

　부족국가시대에는 제염도 시작되었다. 《삼국지三國志》 위지魏志 동이전東夷傳 고구려조에 의하면, 고구려는 바다가 접한 지역이 적고 소금이 극히 적어 귀족들은 노예를 시켜 어염魚鹽(소금과 물고기)을 운반해 오도록 지시했다고 나온다. 《한서漢書》에는 "낙랑에는 어염이 풍부하다."라고 나와, 바다를 끼고 있는 낙랑군에서는 제염을 통해 소금을 널리 사용했음을 알 수 있다.

맥적, 양념 고기구이의 시작

유라시아 대륙의 중심부에는 넓은 초원이 바다와 같이 펼쳐져 있다. 이 초원지대는 농경을 하기는 어렵지만 가축을 기르기에는 적당했다. 이곳에서 유목 생활을 하고 있던 한 부족이 동쪽으로 이동해 만주 남부 지방으로 빠져나오는데, 그들이 우리 민족의 주류를 이루는 맥족貊族이다.

맥족의 식생활은 가축에 많이 의지했다. 《삼국지》위지 동이전 부여조에 의하면, 부여의 벼슬 이름으로서 마가馬加, 우가牛加, 저가豬加, 구가狗加 및 견이犬夷가 있었다. 모두 동물, 그것도 가축의 이름이다. 그들의 생활에서 가축이 얼마나 중요한 위치에 있었는지 알 수 있다.

유목민족인 맥족은 가축의 사육뿐만 아니라 고기 요리에도 능했다. 중국 진대晉代의 《수신기搜神記》에 "맥적貊狄이란 이민족의 식품인데도 태시太始 이래로 중국 사람이 이를 즐겨, 귀인이나 부실富室의 잔치에 반드시 내놓고 있으니 이는 그들이 이 땅을 침범할 징조라 하겠다."라는 문장이 있다. 《후한서後漢書》에는 "맥貊은 고구려를 가리킨다."라고 했으며, 《예기禮記》에서는 적狄이 "꼬챙이에 꽂아 불 위에서 굽는 것"이라고 했다. 또 《의례儀禮》에서는 "모든 적狄은 무장無醬"이며 "이미 조미해둔 것"이라고 했다. 전통적으로 중국의 고기 요리는 미리 조미하지 않고 굽거

나 삶아서 조미료를 묻혀 먹는 데 비해 적狄은 미리 조미해 굽기 때문에 조미료에 묻혀 먹을 필요가 없어 무장, 즉 장이 없다. 즉 맥적은 고구려의 고기 요리로, 미리 조미해둔 고기를 꼬챙이에 꿰어 불 위에서 구워 먹는 요리[4]로 보인다.

이 맥적을 조미한 양념은 무엇이었을까? 당시 고구려인이 만든 장이 사용되었을 것이다. 그리고 맥족이 거쳐온 대초원에는 향신 채소인 부추와 달래가 자생했다. 고기는 썩기 쉽고 누린내가 난다. 여기에 부추나 달래를 섞은 장으로 양념을 하면 부패가 방지되고 맛이 한결 좋아졌을 것이다.

고기를 미리 조미하여 굽는 고기구이가 예부터 중국인들에게까지 유명했다. 지금 미국이나 유럽에서 코리안 바비큐라 불

리는 한국식 양념 고기구이 요리가 유행이다. 그 원즈가 고구려
인이 즐기고 중국에까지 유행시킨 맥적이 아닐까.

삼국시대와 통일신라시대, 다양한 양념문화

고구려, 백제, 신라의 삼국은 기원전 1세기경 싹이 트고 서기
4세기경부터 본격적으로 국가체제를 형성했다. 삼국시대에는
철기문화를 흡수해 생산성이 크게 향상되었으며, 한자와 불교
를 중국으로부터 받아들여 문화도 발전했다. 삼국의 성립 이후
계급의 분화가 공고해지면서, 식생활도 귀족식과 서민식으로 계
층화한다. 특히 귀족 계급에서는 식생활에서 맛을 추구하는 경
향이 생기면서 조미료 사용이 본격화된다. 그렇다면 삼국시대
에는 어떤 양념이 사용되었을까?

먼저, 식용유를 뜻하는 油(유)가 《삼국사기》에 나오는데, 이
때의 기름은 아마도 참기름이나 들기름이었을 것이다. 비슷한
시기에 중국에서 편찬된 농업백과사전인 《제민요술齊民要術》
(540~550)에 참기름과 들기름이 언급된 바 있다. 일본의 신석기
시대 유물에서도 들깨가 발견되었을 정도로 동아시아에서 오래
전부터 들깨를 재배했고, 그것으로 기름을 짰다.

참깨가 한반도로 전래된 시기는 정확히 알 수 없으나 《삼국사
기》에 언급된 기름이 참기름일 가능성도 있다. 삼국시대에는 가
축이나 물고기에서 얻은 동물성 지방과 식물성 지방을 함께 사
용했으나 고소한 맛을 얻는 조미료로 주로 사용된 것은 식물성

기름이었을 것이다. 불교로 인해 육식이 금지된 시대였기 때문이다.

단맛을 주는 조미료로는 꿀과 엿이 사용되었다. 단맛을 내는 대표 조미료는 꿀이었다. 패망한 백제의 왕자가 일본으로 망명한 후 꿀벌을 길러 꿀을 얻고자 했다는 기록이 《일본서기日本書紀》(권24, 고교쿠皇極 천황 24년)에 있다. 당연히 삼국은 양봉을 통해 꿀을 얻어 이용하고 있었을 것이다. 엿기름은 싹이 난 보리를 말린 것으로, 이 보리의 싹에 포함된 효모가 녹말을 분해하는 작용을 이용해 단맛을 내는 엿을 만들 수 있다. 삼국의 기록에는 엿에 관한 내용이 없으나 중국의 《제민요술》과 일본의 〈연희식延喜食〉*에 엿이 나오므로, 당시 한반도에서도 엿을 만들어 먹었을 것으로 짐작할 수 있다. 《제민요술》에서는 엿의 종류를 이飴(맑은 물엿), 당餳(진한 엿), 포餔(흐리고 진한 물엿)로 나누기도 했다.

소금은 삼국시대에도 필수적인 조미료였다. 《삼국사기》에 의하면 고구려 미천왕(재위 300~331)이 불운했던 젊은 시절에 소금 장사로 생계를 유지했다고 하며, 신라 애장왕 10년(809)에는 "서형산성 소금 창고에서 울음소리가 났는데, 소리가 소가 우는 소리와 같았다."라는 표현이 나온다. 길흉을 점치는 주술적인 표현이지만 이를 통해 각 성마다 소금을 저장하는 창고(염고鹽庫)가 있었음을 알 수 있다. 그리고 《삼국유사》에는 절에 쌀과 함

---

* 일본 헤이안 시대 중기에 편찬된 문서로, 율령의 시행 세칙을 정리한 법전.

께 소금을 시주했다는 이야기가 나온다. 삼국시대에 소금은 사사로이 거래할 수 있는 품목이었지만 시주용으로 사용할 만큼 귀한 것이었음을 알 수 있다. 경북 울진에 있는 신라 옛 비석(울진 봉평신라비鳳坪新羅碑)에는 신라 법흥왕 때 소금 증산과 공납 등을 다짐하는 소금 축제를 정월보름에 열었다는 기록이 비문으로 새겨져 있다.

나당연합군이 백제와 고구려와 싸울 때 무명의 당나라 군사가 쓴 〈답당설총관인귀서答唐薛摠管仁貴書〉*에는 소금과 관련한 다음과 같은 구절이 나와, 당시에도 소금과 메주가 군대 보급품으로도 필수였음을 알 수 있다.

복신이 승세를 타서 다시 부성을 포위하고는 웅진으토 가서 소금과 메주의 수송을 끊음으로 우리는 곧 장정을 모집해서 사잇길로 소금을 수송하여 그 곤란을 구원했습니다.

《동문선》권57 '서書')

또한 음식을 담는 기명器皿을 통해서도 당시 사용돈 조미료를 짐작할 수 있다. 6세기 초 조성된 것으로 알려진 경주 금령총**에서 나온 주식용 기명 중에는 뚜껑 달린 그릇이 여러 개 있었는데, 이는 장이나 간장, 기름 등 조미료를 담던 기명이라고 추

---

* 671년(문무왕 11)에 지은 당나라의 행군총관行軍摠管 설인귀薛仁貴의 서선에 대한 작자 미상의 답서答書로, 줄여서 '답설인귀서答薛仁貴書'라고도 한다.
** 경상북도 경주시에 있었던 삼국시대 신라 시기의 돌무지덧널무덤.

그림 1-5 경주 금령총에서 출토된 뚜껑 있는 장경호.

측한다.[5]

또한 금령총 출토품 중 일부 굽다리접시에서는 음식물이 담겼던 흔적이 발견되었는데,[6] 당시 조미료나 양념을 담는 용도로 쓰였을 가능성이 제기된다. 이를 통해 이미 부족국가시대에 발효 조미료인 장이 널리 사용되었을 것으로 추정할 수 있다.

금령총을 비롯해 삼국시대 유적지에서는 뚜껑 있는 장경호長頸壺도 발굴되었다. 신라 토기 중 대표적인 것이 목이 긴 둥근 항아리인 장경호인데, 대臺는 달린 것도 있고 달리지 않은 것도 있으며, 뚜껑이 있는 것과 없는 것이 있다. 이러한 형태의 그릇은 주로 생활 용기로 사용되었으며, 장류를 가공·저장하는 용도였다고 추정한다. 이를 통해 간장 같은 발효식품의 존재를 알 수 있는데, 당시 장의 가공 형태는 지금처럼 간장과 된장으로 나누지 않은, 걸쭉한 장류였을 것이다.

신맛 조미료로는 신맛 나는 과일을 여전히 많이 이용했으며, 주로 매실이나 유자를 먹었을 것으로 보인다. 또한 술이 산패하면 식초가 되니, 식초 이용의 역사는 술과 함께한다고 볼 수 있다. 채소가 발효되어도 젖산이나 식초산이 생기니 이 또한 신맛 조미료로 쓰였을 것이다. 다만, 우리 문헌에는 식초의 사용이 구체적으로 나타나지는 않는다.

통일신라시대의 양념

통일신라시대에는 필수 조미료였던 소금에 관한 업무를 '차부齡府'라는 관청에서 총괄했다. 이 차부는 매우 중요한 기관이었다. 대학자인 최치원崔致遠(857~908?)은 차부를 맡으라는 왕명을 거절하며 다음과 같은 글을 남겼다.

하물며, 광릉廣陵은 초택楚澤의 상류上流가 되고, 차부는 한조漢朝의 대임大任이온대, 신의 노쇠한 몸으로서 이와 같이 중하고 어려운 직책을 맡게 되오면, 반드시 마침내 이룬 바 없을 것이므로, 드디어 옳지 않으면 그만두는 것을 희망한 것입니다.[*]

---

[*] 원문: 況廣陵爲楚澤上游. 齡府乃漢朝大任. 以臣衰老. 當此重難. 必恐終無所成. 遂希不可則止. 《동문선》 권43 표전表箋).

《삼국사기》에는 신라의 신문왕(재위 681~692)이 김흠운金欽運의 딸을 왕비로 맞을 때 납채 예물로 보낸 물품의 목록이 나온다. 이 목록은 이 시대 상류층의 식생활을 알 수 있는 중요한 자료로, 쌀, 술, 기름, 꿀, 장, 메주, 젓갈 등의 식품명이 나온다.

일길찬一吉湌 김흠운의 어린 딸을 부인으로 맞이하고자 하여 먼저 이찬伊湌 문영文穎과 파진찬波珍湌 삼광三光을 보내어 날짜를 정하고 대아찬大阿湌 지상智常에게 납채納采하게 했다. 폐백이 15수레, 쌀, 술, 기름, 꿀, 장醬, 메주[豉], 포脯, 식초가 135수레, 조租가 150수레였다.*

장, 젓, 기름, 꿀, 메주가 왕의 예물인 것으로 보아, 당시 이것들이 상당히 귀한 식품이었음을 알 수 있다. 아마도 서민층이나 하류층에서는 소금 외의 조미료를 사용하기 어려웠을 것이다. 또한 이 시기부터 귀족들의 식생활이 양념을 사용할 만큼 풍요로워졌음을 짐작할 수 있다.

또 천초川椒, 생강, 귤피橘皮 같은 향신료도 양념으로 쓰였다. 이 중에서 천초(초피)는 한반도에 자생하며, 생강은 중국을 통해 전래되어 이미 재배되고 있었지만, 귤피는 대개 외국과의 교역을 통해 들어와 일부 상류층에서만 사용했다.

---

* 원문: 先差伊湌文穎波珍湌 三光定期, 以大阿湌智常納采. 幣帛十五轝, 米·酒·油·蜜·醬·豉·脯·醢校勘 一百三十五轝, 租一百五十車. (《삼국사기》 권8 신라본기)

이와 같은 향신료로 통일신라인들은 국물김치를 담가 먹었다. 이전 시대에는 주로 소금에 절인 장아찌류가 대부분이었다면, 이 시기에는 향신료가 식생활에 쓰이면서 이것으로 만든 나박김치, 동치미 종류의 국물김치 또한 있었을 것으로 추측한다.

《제민요술》의 팔화제

지금까지 삼국시대 및 통일신라시대의 조미료 및 향신료를 살펴보았지만, 삼국시대에 주로 사용한 양념이 무엇인지를 명확히 알려주는 기록은 많지 않다. 그래서 당시의 상황을 알기 위해 비슷한 시대에 중국에서 편찬된 종합 농업서인 《제민요술》을 살펴보고자 한다.

중국에서는 생선회 가운데 농어회를 으뜸으로 여기는데, 그 중에서도 최고는 수양제가 먹었다는 '금제옥회金齏玉膾'*다. 여기서 금제는 생선회와 함께 먹는 양념장으로, 여덟 가지 맛이 조화를 이루고 있다는 뜻에서 팔화제八和第**라고도 했다. 마늘과 생강, 소금, 좁쌀, 멥쌀, 소금에 절인 매실[白梅]을 귤껍질과 함께 장에 버무려 만든다. 귤껍질로 인해 황금색으로 보여 황금빛 양념장이라는 뜻의 금제金齏라는 이름이 붙었다고 한다. 농어회와

---

* 금제옥회는 금처럼 빛나는 양념장 금제와 회로 뜬 농어의 살이 옥처럼 하얗다고 해서 옥회라고 부른 것에서 생긴 이름이다. 사실 금제옥회라는 농어회는 수양제가 맛보기 이전부터 있었던 요리다.

** 첫째 마늘[蒜], 둘째 생강[薑], 셋째 귤橘, 넷째 백매白梅, 다섯째 숙율황熟栗黃, 여섯째 갱미밥[米飯], 일곱째 소금, 여덟째 식초.

함께 겨자장과 금제를 각각 다른 접시에 올려 내놓으면 각자의 기호에 따라 양념장을 골라 회를 찍어 먹었다고 하니, 회를 먹을 때 양념장을 곁들이는 것은 예나 지금이나 마찬가지다.

《제민요술》에는 금제, 즉 팔화제 만드는 법도 상세히 설명되어 있다. 이를 통해 당시 중국에서 향신료를 어떻게 다루었는지 확인할 수 있는데, 이는 한반도에도 영향을 끼쳤을 것이다. 그 방법을 간략히 풀어보면 다음과 같다.

먼저 백매, 생강, 귤껍질을 찧어 가루를 만들어 저장해둔다. 그러고 나서 밤과 밥을 무르도록 찧는다. 그다음 생강을 무르도록 찧는다. 생강은 잘 찧기가 어렵기에 천천히 찧어야 한다. 또한 생강은 찧기가 어렵기에 다른 것에 앞서 찧어야 한다. 그다음에는 마늘을 뜨거운 물에 데친다. 양념을 고루 섞은 다음 소금을 넣고 거품이 생기도록 다시 찧는다. 그 뒤를 이어 백매, 생강, 귤껍질가루를 넣고 다시 서로 엉기도록 찧는다. 식초를 넣고 풀어준다. 백매, 생강, 귤을 먼저 찧지 않으면 잘 섞이지 않는다. 따로 저장해두지 않으면 마늘에 의해 약화되어 다시 향이 나지 않는다. 이렇기 때문에 마늘을 양념을 섞을 무렵에 넣는다. 식초는 반드시 좋아야 한다. 나쁘면 양념이 쓰다. 대초大醋는 여러 해 묵은 진한 식초다. 쓰기 적당하게 미리 물을 탄 다음 넣는다. 양념이 맵고 쓰지 않게 하려고 생수를 넣지 않도록 조심한다. 순전히 대초만 넣고 물과 섞지 않으면 이 식초 역시 양념을 맛없게 만든다.

이렇게 다양한 양념을 찧는 절구[臼]는 무거워야 하므로 박

   1부 역사를 통해 살펴본 한식의 양념문화

달나무로 만드는 것이 좋다고 했다. 박달나무는 단단하여 양념 즙이 스미지 않기 때문이다. 또한 똑바로 서서 재빨리 찧는 것을 강조했는데, 천천히 찧으면 비릿한 냄새가 나기 때문이라고 했다. 오래 찧으려면 사람을 바꿔야 하고 양념을 찧을 때는 오래도록 잘 찧어야 하고 급히 찧지 말아야 한다고 했다. 양념 제조법이 당시 매우 중요한 기술이었음을 알 수 있다.

그렇다면, 고려에서는 어떤 향신료를 이용해 어떤 양념을 만들어 즐겼을까? 고려의 대표적인 문인 목은 이색李穡(1328~96)의 《목은시고牧隱詩藁》를 통해 당시의 양념문화를 살펴보자. 그의 시에 서경(평양) 대동강가에서 즐긴 생선회에 관한 이야기가 나온다. 대동강에서 배를 띄우고 노는 모습인데, 이 장면에 배 위에 쟁반 가득한 생선회가 등장하고 여기에 '매운 양념'을 곁들였다고 했다. 이색은 이 양념의 맛을 '신랄辛辣'하다고 표현했다. 강가에 배를 띄우고 비릿한 맛을 가려주는 매운 양념을 곁들여 생선회를 먹는 모습이 저절로 그려진다.

조천석 아래 유리 빛처럼 맑은 강물엔	朝天石下琉璃水
하늘 그림자 속에 물고기들이 노니는데	錦鱗游泳天光裏
철마다 그림 배 띄워 노래하고 춤출 때면	四時歌舞畫船中
매운 양념 쟁반 가득 생선회는 연했지	**辛辣**滿盤飛縷膩

(곡은시고 권18)

매운 양념은 생선회뿐만 아니라 고깃국에도 많이 사용했던 듯하다. 이색의 또 다른 시에서는 궁에 들어가 즐겼던 오찬에 관한 묘사가 나온다.

이른 아침에 대궐을 들어갔는데	早朝雙闕下
오찬 음식은 팔진미도 넘었네	午膳八珍餘
붉은 관모를 쓴 관리가 잔을 돌린 뒤이고	絳幘傳籌後
푸른 팔보호대를 찬 궁인들이 처음으로 식사를 올렸네	
	青韝進食初
맑은 술에는 거품이 둥둥 뜨고	輕清浮酒蟻
향료와 양념은 고깃국에 곁들였네	**香辣**雜羹魚
임금의 하사로 자주 배를 채웠는데	君賜頻充腹
지금은 들채소만 먹을 뿐이라오	如今啖野蔬

(목은시고 권8)

이색이 궁에서 받은 호화로운 음식 중 고깃국에는 '향료와 양념'을 곁들였는데, 여기에서는 신랄辛辣이 아니라 향랄香辣, 즉 맵되 향기로운 양념이라고 했다. 이 '향랄'이라는 표현은 "소반의 향기로운 양념엔 온갖 맛 곁들였는데[盤中香辣衆味集]"(《목은시고》권9)와 같이, 여러 시에 등장한다. 그렇다면 이 '향기롭고 매운' 향신료는 무엇이었을까? 한반도에 자생하는 초피, 중국과 남쪽의 국가들을 통해 수입했던 후추 등이 모두 당시 양념으로 쓰였겠지만, 이색 본인이 언급한 것은 '평계平桂'다. 평계란 생강과 함께 육고기의 양념으로 반드시 쓰였던 육계肉桂, 즉 시나몬

                       1부 역사를 통해 살펴본 한식의 양념문화

을 가리킨다. "우뚝한 연석 앞엔 평계가 그득 쌓여라[突兀筵前平桂積]"(《목은시고》권24)라는 시구에서 확인할 수 있다.

고려시대, 다양한 조미료의 등장

918년 건국된 고려는 불교를 숭상하고 농업을 장려했다. 송나라를 비롯한 외국과 활발하게 교류하며, 그 영향으로 화려한 음식문화를 꽃피웠다.[7]

고려시대에 접어들면 다양한 조미료가 새롭게 등장한다. 북송의 사신으로 고려를 방문해 고려 견문록인《선화봉사고려도경宣和奉使高麗圖經》을 쓴 서긍徐兢(1091~1153)은 고려의 토산물에 관해 "그 땅에 황량, 흑서, 한속, 참깨, 보리와 밀 등이 있고[其地宜黃粱, 黑黍, 寒粟, 胡麻, 二麥]"라고 썼다. 이를 통해 중국을 통해 도입된 참깨[胡麻]도 이때는 대량으로 재배되고 있었음을 알 수 있는데, 아마 참깨로부터 참기름을 짜 조미료로 사용했을 것이다.

송나라와의 교역으로 후추도 들어왔다. 고려 말에는 송이 패망하고 원나라가 들어선 후에는 후추 수입은 유구국琉球國*과 같은 남쪽 나라 상인과의 교역으로 이루어졌다. 고려 말 창왕 2년에 유구국의 사자가 여러 가지 방물과 함께 후추 300근을 바쳤다는 기록이 최남선의《조선상식문답》풍속편에 인용되어 있다.

---

* 현지 발음으로는 류큐. 현재 일본 오키나와현에 있었던 왕국.

이와 같은 후추 수요는 조선 초기까지 이어졌다. 성종 13년 (1482) 4월 17일 자(《성종실록》 권140) 기사에는 "후추[胡椒]의 종자는 남만南蠻에서 생산이 되는데, 유구국은 남만에서 무역을 해오고 본국本國은 유구국에서 무역을 해온다."라는 기록이 있다.

성종 16년 10월 11일에 시강관 김흔金訢이 왜인倭人에게 후추 종자를 구하는 것이 부당하다고 아뢰었으나 받아들여지지 않았다는 기사도《성종실록》에 기록돼 있다.

이제 들으니, 국가에서 후추 종자를 왜사倭使에게 구하였다고 합니다. 대저 먼 데 사람을 대우함에 있어 오는 자는 막지 말며 가는 자는 쫓지 말 따름이니 저들에게 무엇을 요구하는 것은 있을 수 없습니다. 지난해에 이형원李亨元이 일본통신사日本通信使가 되고 신이 서장관書狀官이 되어 대마주對馬州에 도착하여 후추의 생산지를 물었더니, 그 사람이 남만과 유구국 등에서 생산되고 일본에는 없는 바라고 말하였습니다. 그렇다면 비록 구하려 해도 쉽게 얻을 수가 없습니다. 왜인은 거짓이 많으니 공연히 저들에게 속임을 당하는 것이 될 뿐입니다. 신이 본초本草를 상고하건대, 후추는 서융西戎에서 생산되고 혹은 남해南海의 여러 나라에서 생산된다 하고, 중국에도 없다고 합니다. 신이 생각하건대, 물건의 성질은 각각 토지에 알맞은 것이 있습니다. 옛적에 이르기를, '귤이 회수准水를 건너면 탱자가 된다.'라고 하였습니다. 우리나라 제주에는 귤감이 많이 생산되지만 그것을 이곳에 옮겨 심을 수 없는 것과 같이, 이제 비록 후추 종자를 얻는다 하여도 반드시 잘 자라지는 못할 것입니다.

외국에서 수입한 것으로는 설탕도 있었다. 설탕은 당나라와 왕래가 잦았던 삼국시대나 통일신라시대에 전래했을 것으로 추측되나 문헌에 기록된 것은 없다. 고려시대에 들어서 비로소 설탕에 관한 문헌 기록을 찾아볼 수 있다. 설탕은 송나라로부터 후추와 함께 들어왔으며, 당시에는 약재로만 사용되었던 것이 점차 일부 상류층에서 기호품으로 이용하게 되었다. 고려 말에는 남해(류큐를 비롯한 동남아시아) 상인과 직접 거래함으로써 보다 많은 양을 사들였다. 그런데 설탕은 기호식품은 되었으나 일상에서 사용하는 조미료는 아니었다. 이인로李仁老의《파한집破閑集》(1260)에 고려 때 혜소惠素라는 승려가 임금에게 화엄경을 강론하고 얻은 돈으로 설탕 100덩어리를 사서 방 안에 쌓아 두었다는 기록이 보인다.

고려의 소금 전매

고려시대에 들어서면 소금이 일상의 식생활에 깊숙이 파고들었을 뿐 아니라 제염 기술의 향상으로 소금의 생산량이 늘어났다. 물론 소금은 고려시대 이전에도 중요하게 사용된 조미료였다. 그러나 이전 시기에는 각 개인이 바닷물을 증발시키거나 졸여서 소금을 생산하는 수준에 머물러 있었다. 고려 태조가 12세의 나이로《논어》를 강독한 것에 대한 상으로 최승로崔承老(927~989)에게 염분鹽盆(소금을 만들 때 쓰는 큰 가마)을 하사했다는 기록(《고려사》 열전 권6)이 있는데, 이는 고려 초기에는 여전히 개인이 소금을 생산했음을 알려준다. 그러던 것이 문종(재

위 1046~83) 때 도염원都鹽院을 설치해 국가가 소금을 관리하게
된다(《고려사》지 권31). 도염원은 전국의 염호鹽戶(소금 생산을 업으
로 했던 가구)를 관리하고, 그로부터 거두어들인 염세鹽稅를 관장
하던 기관이었다.

고려 후기가 되면 충선왕 원년(1309)에 각염법을 시행해 국가
가 소금을 전매하게 되었다(《고려사》지 권33). 원래 고려에서는
염호가 생산한 소금을 염세鹽稅로 거두어 국가에 필요한 소금을
획득했다. 그러나 12세기 이후 지역 유력가들이 소금 생산을 좌
지우지하는 일이 생기면서 바다를 떠나는 염호가 늘어 소금 생
산에 큰 차질이 초래되었다. 이에 충선왕은 국가 재정의 확충과
원활한 소금 생산을 위해 국가가 소금을 전매하는 각염제를 실
시해 국가 재정을 확충하고 권세가들을 억제하고자 했다.

그러나 국가가 관리하는 소금 생산 방식은 생산성이 낮아 공
급이 부족해지고 유통 부문에서 관리들의 부정, 사염私鹽의 성
행 등 여러 가지 폐단이 노출되어 각염법은 정상적으로 시행되
지 못했다. 따라서 일반 백성은 소금 구하기도 어렵고 제조하기
도 어려워 예전보다 소금을 쓰기 어려워졌다고 한다.[8]

한편 소금의 보급은 식품의 조리법과 저장법에 급격한 변화
를 가져왔다. 소금을 각종 음식에 기본 조미료로 사용할 뿐 아
니라 염장을 통해 식품의 보존 기간을 늘리는 방법이 보편화될
수 있었던 것이다.

3장

한국인 양념 사용의 역사2
: 조선시대에서 현대까지

조선시대의 양념문화

1392년 건국한 조선은 성리학을 근간으로 유교문화를 꽃피웠으며, 수많은 문화유산 및 기록을 남겼다. 전통 한식의 모습도 조선의 고조리서에 기초를 두고 있다. 한식은 조선 전기에 그 모습을 갖추었고, 조선 후기에 꽃을 피운 음식이라고 표현한다. 그 핵심에 양념이 있다. 조선시대에는 한식의 양념 사용에서 획기적인 변화가 일어났다. 특히 김치를 풍요롭게 만든 고추 전래가 결정적이었다. 이외에도 다양한 양념을 풍요롭게 사용할 수 있게 되었다.

조선시대 양념의 풍경

조선왕조실록을 비롯한 공식 기록과 많은 문인의 문집에 많이 등장하는 단어 중에 '염매鹽梅'가 있다. "그대는 짐의 뜻에 훈계하여 만일 주례酒醴를 만들면 그대는 바로 누룩이 되고, 만일 화갱和羹을 만들거든 염매鹽梅가 되어주오[爾惟訓于朕志 若作酒醴 爾惟麴蘗 若作和羹 爾惟鹽梅]"(《서경》 상서商書 열명편說命篇).[9] 여기서 '염매'는 화갱(여러 가지 양념을 하고 간을 맞춘 국)을 만들 때 꼭 필요한 양념으로, 주례(술)를 만들 때 사용하는 누룩과 격이 비슷하게 중요하다는 의미로 쓰였다. 즉 임금을 잘 보좌해 좋은 정사를 베풀게 하는 재상의 역할을 누룩과 염매에 빗댄 말이다.

염매의 한글 번역은 대부분 '양념'으로 나온다. 그런데 염매는 구체적으로 무엇이기에 꼭 필요한 양념의 대명사가 되었을까? 염매의 염은 곧 소금이고, 매는 곧 매실이다. 짠맛과 신맛을 내는 조미료가 얼마나 필수적이었는지 알 수 있다. 그런데 염매는 소금과 매실 외에 '소금에 절인 매실'을 의미하기도 한다. 조선 초기 지리서인 《세종실록지리지》(1454)에 기록된 순천 지역 토산물 36종에 매梅와 염매鹽梅가 등장한다. 《신증동국여지승람》(1530)에도 순천 지역 토산물 28종 가운데 하나로 염매가 나온다. 소금에 절인 매실은 짠맛과 신맛을 함께 내는 조미료의 역할을 한 것으로 보인다.

한편, 조선에서 장의 중요성을 보여주는 기록이 있다. 정약용의 《목민심서牧民心書》에는 '제장虀醬'이라는 단어가 나온다. "백

   1부 역사를 통해 살펴본 한식의 양념문화

성 중에서 지원자를 뽑아 겸제원兼濟院의 관인館人을 삼으니 식품과 제장·인점茵簟(돗자리)·기명 등을 모두 이곳에서 제공했다[募民爲館人. 餼料, 虀醬, 茵簟, 器皿. 咸出其中. 名之曰兼濟院].”(《곡민심서》형전刑典 6조)는 것이다. 조선시대에는 각종 사화 등으로 유배를 가는 이가 많았다. 그런데 이렇게 유배 온 자들의 생활은 유배지에서 책임져야 했다. 즉 유배자가 기거할 집을 제공하고 끼니를 잇게 하는 것이 해당 지역 주민들의 부담이었던 것이다. 유배자가 부유한 권력자라면 귀양살이 중에도 호화로운 생활을 할 수 있었으나 그렇지 못한 경우는 해당 지역의 주민들이나 유배자 자신에게 모두 부담스럽고 불편한 상황이 되었다. 이러한 불편함을 구제하고자 정약용이 설치한 기관이 바로 겸제원이다. 1797년 정약용이 황해도 곡산부사谷山府事로 봉직할 때 겸제원을 두고 유배자를 관리했다. 겸제원이 관리한 것 중 하나가 유배자에게 제공할 ‘제장虀醬’인데, 제장은 절인 채소와 장류를 가리키니, 장이 꼭 필요한 식품이었음을 다시 한 번 확인할 수 있다.

　음식을 맛있게 먹는 데 필수품인 양념을 피해야 하는 시기도 유교국가 조선에는 있었다. 조선 후기의 문신·학자 채제공蔡濟恭(1720~99)의 시문집 《번암집樊巖集》(1791)의 한 대목어 “을사년(1725)에 부친상을 당했고 … 감히 초목草木의 자미滋味를 가까이하지 못하게 했다.”(《번암집》 권50)라고 나온다. 여기서 자미는 입맛을 돋우기 위해 생강과 계피 등의 양념을 넣어서 만든 음식을 말한 것으로, 상중에는 양념한 맛있는 음식을 피하라고 한 것이다.

조선 왕실 발기 속 양념

조선시대 최고의 음식문화를 보여주는 왕실 음식에서는 어떤 양념을 사용했을까? 왕실 음식을 알려주는 여러 기록이 있지만, 그중 가장 구체적인 모습은 '음식발기'를 통해 확인할 수 있다. 발기는 왕실의 궁인들이 한글로 기록한 일종의 메뉴판이기 때문이다. 음식발기에는 다양한 양념류가 등장해 왕실 음식에서도 양념을 중요하게 사용했음을 알 수 있다. 음식을 만들 때에도 양념을 사용했지만, 간장, 초간장, 겨자즙, 초장 등은 음식과 함께 수라상에도 올라갔다.

왕실에서는 단맛을 중시해 꿀을 가장 귀하게 사용했으며, 청, 추청, 백청, 황청, 튜청(추청) 등으로 표기되었다. 단맛을 내는 조미료로 설탕도 사용한 것으로 보인다. 설탕이라는 용어 자체는 나오지 않으나 사탕이나 흑당이 설탕을 뜻하는 것으로 보인다. 설탕은 고려시대에 송나라로부터 처음 들어온 이후 귀한 대접을 받았다.

간장은 여전히 중요한 양념으로, 진장, 간장良醬, 간수로 표기되었고 감장甘醬이라고도 불렀다. 소금을 뜻하는 '염'과 소금물을 가리키는 '염수'라는 단어도 나온다. 초장도 나오는데, 지금 초장 하면 대개 초고추장을 생각하지만, 수라상에 오른 초장은 간장에 초를 치고 잣가루를 뿌린 것이었다.

양념으로 사용한 향신료로는 임자(들깨)와 흑임자(검은깨) 등 깨 종류와 호초(후추), 개자(겨자), 계피 등이 있다. 기름류로는 진유(참기름), 법유(들기름), 청유 등이 나온다.

표 1-1 조선 왕실 음식발기에 나오는 양념류

양념	소금류	염, 염수塩水, 염塩
조미료	간장류	간수艮水, 간장艮醬, 감장, 진장眞醬
	기름류	청유淸油, 진유眞油, 법유
	꿀 및 설탕류	백청白淸, 청淸, 청밀淸蜜, 황청, 추청, 튜청, 사탕, 흑당
	향신료	개자芥子, 계피, 임자, 초장, 초장醋醬, 호초胡椒 흑임자

조선 양념의 기본은 장

조선시대에 가장 중요한 양념은 장이었고, 이는 왕실에서도 마찬가지였다. 한국의 맛은 장맛이라 할 정도로 중요한 양념이니만큼 궁과 민간 할 것 없이 장 담는 일은 1년 양식을 준비하는 행사였다. 왕실 가족은 물론, 살림을 담당하는 궁인들과 수시로 드나드는 손님들을 위한 음식을 만들어야 하니, 궁중의 장 담그기는 보통 일이 아니었을 것이다. 게다가 궁에서 베푸는 잔치와 제사는 물론 가뭄·풍수해·화재 시에 백성들을 구휼하기 위해, 신하가 상을 당했거나 공을 세웠을 때 하사하는 품목으로 장은 늘 우선순위에 있었기에, 담가야 하는 장의 양이 얼마나 많았을지 짐작이 된다.

궁에서는 장을 달이지 않았으며, 해마다 새로 담근 어린 장을 묵은 장에 더해 덧장이 되도록 했다. 새로 담근 장은 청장淸醬이라 했는데, 맑고 담백해 국 간을 맞추거나 나물 무칠 때 사용했다. 여기에 묵은 장을 더한 덧장을 중장中醬이라 하여 일반

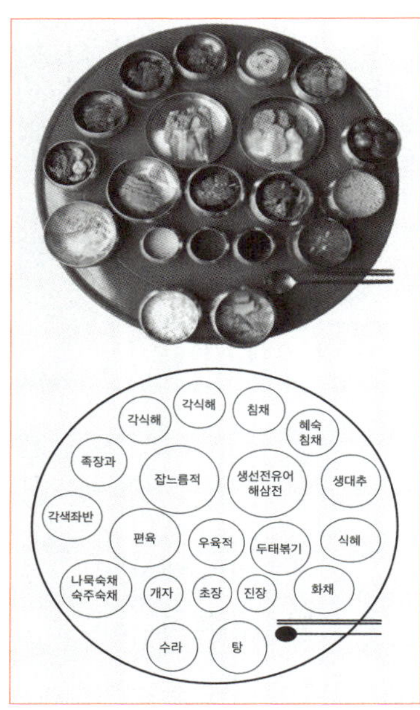

그림 1-6 왕실의 일상식 상차림으로, 겨자장과 초장, 간장이 반드시 올랐다.

적인 음식에 두루 사용했다. 주로 검정콩으로 쑨 메주로 만든 진장陳醬은 계속 해를 묵혀 색이 짙고 맛이 달며 걸쭉한 농도로 가져 육포·조림·장김치·약식 등을 만들 때 썼다.

메주는 궁에서 띄우지 않고 성밖 자하문 근처 절에서 만들어 가져왔다. 이 메주를 '절메주'라 불렀다. 봄에 콩을 삶아서 띄웠는데, 보통 메주의 4배 정도로 컸다고 한다. 된장은 궁녀들이 따로 먹는 찬에 썼고, 왕족의 찬에는 거의 쓰지 않은 듯하다. 고종과 순종이 1년에 한두 번 절미토장조치(된장찌개 종류)로 찾을 정도였다고 전한다.

영조는 고추장 없이는 밥을 못 먹었다고 하는데, 궁에서 담근 것보다 조종부趙宗溥(1715~?)라는 신하의 집에서 담근 것만 찾았다고 전한다. 이것이 바로 순창고추장으로, 순창고추장이 순창 지역의 진상품처럼 알려졌지만 실은 순창조씨 가문의 비법으로 만든 고추장을 가리킨다. 숙종의 어의였던 이시필李時弼(1657~1724)이 쓴《소문사설謏聞事說》에 순창고추장 만드는 법이 소개될 만큼 당시에 벌써 유명했다. 콩 삶은 것을 쌀가루와 섞어 메주를 띄운 후 고춧가루·엿기름·찹쌀로 죽을 쑤어 단 간장을 섞고 전복·대하·홍합을 함께 넣고 담갔는데, 지금의 고추장 담그는 방법과는 다소 다르다.

고추장을 비롯한 장은 채소쌈에 활용되기도 했다. 순종을 모셨던 마지막 상궁 한희순의 증언을 통해 왕실에서도 채소쌈을 즐겼음을 알 수 있다.[10] 쌈채소로는 상추, 쑥갓, 쪽파 및 한련화 잎을 먹었고, 절미된장조치, 생선감정(생선찌개), 약고추장, 장똑똑이, 보리새우볶음, 참기름이 찬으로 준비되었다고 한다. 절미된장조치는 쇠고기와 표고버섯을 넣어 조린 쌈장이며, 생선감정은 생선을 고추장에 끓인 찌개로, 진상품 생선인 웅어를 주로 썼다고 한다. 약고추장은 고추장에 다진 쇠고기와 꿀, 참기름을 넣고 윤이 나게 볶은 것이며, 장똑똑이는 채 썬 쇠고기를 간장에 조린 것이다. 쌈을 먹을 때는 채소 잎을 뒤집어 손바닥에 놓고 밥을 얹은 후 마련한 찬을 조금씩 얹고 참기름 한 방울을 떨어뜨려 싸 먹었다고 한다. 이처럼 채소쌈을 먹기 위해서도 된장, 간장, 고추장이 필수 양념이었다.

궁중의 장을 관장했던 관청은 내자시內資寺와 사도시司䆃寺로, 장과 함께 쌀, 밀가루, 술, 기름, 꿀, 채소, 과일 같은 식재료 일체를 관리했다. 한편, 장을 담그는 일은 대전이나 중궁전, 세자전마다 따로 소속된 궁녀들이 맡아서 했을 것이다. 창덕궁 동궐도의 장고醬庫를 살펴보면 장고 옆에 자그마한 기와집고 염고鹽庫(소금 창고)가 보이는데, 장고 관리를 전담하는 궁인의 거처였을 것이다. 순종비 윤황후를 직접 모셨던 지밀나인 김명길 상궁에

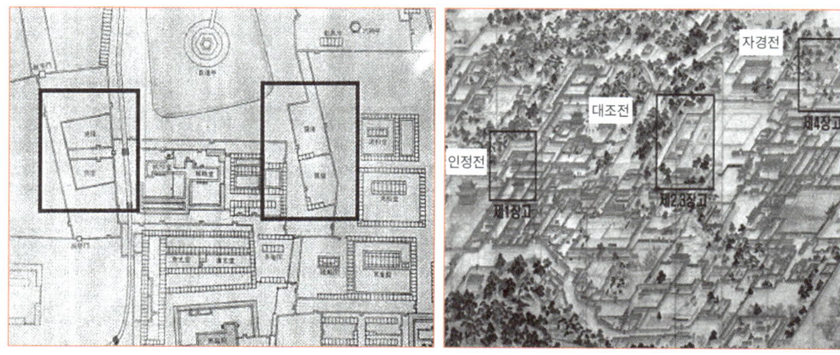

그림 1-7 창덕궁(왼쪽)과 경복궁(오른쪽)의 장고 위치.

의하면 장고를 관리한 이는 '장고 마마'라 불렸다고 한다.[11]

현재 경복궁에는 향원정 서쪽에 담장에 둘러싸인 커다란 장고가 있다. 북궐도에 의하면 원래 향원정 동쪽과 서쪽에 두 개의 장고 터가 있었는데, 문화재청이 서쪽 지금의 자리에 복원한 것이다. 창덕궁의 배치도인 동궐도에서는 네다섯 군데 장고 터를 볼 수 있다.

왕실 의궤 속 양념장(궁중장)

조선 왕실의 의궤儀軌*를 통해서도 왕실에서 사용한 양념을 살펴볼 수 있다. 특히 '한식 소스'라 할 수 있는 다양한 양념장을 확인할 수 있다. 바로 강초장薑醋醬, 겨자장, 초장醋醬, 고초장,

---

* 조선시대 왕실이나 국가에서 주요 행사나 잔치가 있을 때 그 행사에 동원된 인원, 행사 내용, 사용된 재물, 행렬의 배치, 의식과 절차 등의 제반 내용들을 정리한 기록물.

초홍장醋紅醬 등이다.

이 중 강초장은 미초(쌀식초)에 생강과 간장을 섞은 것이다. 상화병床花餅, 생합만두, 어만두, 골만두, 양만두, 생선회, 족편 등에 곁들였는데, 어떤 음식을 찍어 먹느냐에 따라 초, 간장, 생강의 배합 비율을 달리했다. 생합만두(생합 조개를 다져 만든 소를 넣은 만두)에는 초, 간장, 생강의 비를 1:1:1로 했고, 어만두에는 3:3:1의 비율로 배합한 강초장을 곁들였다. 골만두(소 골을 다져 소로 쓴 만두)에 곁들일 때는 초와 간장의 비는 1:1이지만 생강은 초 양의 10분의 1만 넣었다. 양만두(소의 첫 번째 위인 양을 피로 하여 싼 만두)에는 2:1:1의 비율로 섞은 강초장을 곁들였다.

강초장을 생선회에 곁들일 때는 생선의 종류에 따라 생강 양을 달리했다. 동숭어회, 숭어회, 생복회, 생합회에는 모두 식초와 간장의 비가 3:5인 강초장을 곁들였는데, 생강 양은 동숭어회와 숭어회에는 식초 양의 15분의 1을, 생복회와 생합회에는 10분의 1을 넣은 강초장을 곁들여 먹었다.

초홍장은 고추장에 식초를 첨가해 만든 초고추장이다. 1795년의 혜경궁 홍씨의 회갑연을 기록한 〈원행을묘정리의궤園幸乙卯整理儀軌〉에는 미나리강회, 파강회, 신감초회*에 고초장을 곁들였다고 나오는데, 이는 초고추장으로 보인다. 1848년의 진찬을 기록한 〈진찬의궤進饌儀軌〉에서는 고초장 재료로 '초 1작, 고초장 1홉'을, 1901년의 진연을 기록한 〈신축진연의궤辛丑進宴儀軌〉에서

---

* 승검초로 만든 것이다.

재료에 따라 양념과 양념장이 어우러져야 음식의 제맛을 낼 수 있다. 충분히 양념 맛이 밴 너비아니구이, 비린내를 없애고 풍미를 돋우는 생선구이, 상큼한 채소 요리 등은 양념장으로 미각을 살린 것이다. 전통적으로 한식에 사용된 독특한 양념장을 살펴보자.

- 유장: 참기름과 간장을 섞은 것으로, 초벌구이에 쓰이는 양념장이다. 간장은 밑간이 될 정도로 조금만 넣고 참기름을 분량대로 넣은 후 섞어 주재료에 바른다. 초벌구이한 후 고추장 양념을 한 번 더 발라 양념이 익을 정도로만 굽는다. 초벌구이하지 않고 양념장을 바로 발라 구우면 재료는 익지 않고 표면의 고추장 양념만 타게 된다.
- 단초장: 오이선 등에 마지막으로 끼얹는 식초 물로, 새콤달콤하여 전채 요리에 주로 사용한다.
- 초간장: 각종 전유어나 쇠고기편육, 구절판 등에 곁들여 먹는 용도로 사용한다. 설탕의 양은 기호에 따라 가감하며 잣가루나 깨소금을 고명으로 올린다. 초간장에 갠 겨자를 넣어 겨자초간장을 만들어 사용하기도 한다.
- 초고추장: 어패류 회나 미나리강회에 사용한다. 설탕 분량은 식초의 반만 넣어도 무방하며 생강즙, 마늘즙을 넣기도 한다.
- 볶음(약)고추장: 쇠고기와 꿀을 넣어 윤기가 나도록 볶은 고추장이다. 고추장을 이용한 구이 요리에 활용할 때는 물을 고추장의 3분의 1 분량을 넣고 양념장으로 만들어 볶는다. 설탕은 고추장 분량의 반으로 맞추되 기호에 따라 가감한다. 센 불에서 계속 졸이면 바닥이 타면서 주변으로 튀게 되므로 중불에서 나무 주걱으로 약하게 계속 저어주면서 졸인다. 물 대신에 참기름을 넉넉히 넣어도 된다. 오랜 시간 은근한 불에서 볶으면 윤기가 나며 수분이 줄어들어 장기간 보관이 가능하다. 볶음고추장은 비빔밥용으로 많이 사용한다.
- 겨자장: 같은 분량의 겨잣가루와 40도의 따뜻한 물을 섞어 한쪽 방향으로 저으며 반죽한 후 밀봉하여 따뜻한 곳에 20여 분 두면 자극

적인 매운맛이 생긴다. 이것을 '겨자를 익힌다' 또는 '겨자를 발효시
킨다'라고 하며, 이 겨자를 '갠 겨자' 또는 '발효 겨자'라고도 한다. 여
기에 식초, 설탕, 소금, 간장을 섞어 맛을 낸다. 겨자의 매운갓이 너무
강할 때는 깨즙을 섞어주면 고소하면서 맛이 부드러워진다. 겨자가
덜 익으면 쓴맛이 나므로 발효시켜 사용한다. 짙은 황갈색을 내려면
간장을 한두 방울 떨어뜨려 색을 내며, 매운맛과 단갓은 기호에 따
라 조절한다. 겨자채 등에 사용한다.

는 초홍장 재료로 '초 2홉, 고초장 3홉, 꿀 2홉'을 사용한 것으로
나온다.

근현대 시기 양념문화의 변천

근대 이후 양념은 주로 소스 형태로 공장에서 대량생산되는
제품이 되었다. 양념을 가정에서 직접 만들어 쓰는 문화도 이어
지고 있지만, 가장 많이 사용되는 기본적인 양념인 간장이나 된
장 그리고 고추장은 산업화의 길을 걷게 되었다. 이와 같은 장
류의 산업화는 일본인이 1890년 인천에 설립한 소규모 공장에
서 시작되었다. 이후 일제강점기가 되면서 집에서 담가 먹는 고
유의 장 외에 일본의 된장인 미소味噌와 간장인 쇼유醬油가 들어
왔을 뿐만 아니라 상표가 부착된 공장 제조 장이 판매되는 시
대로 접어들었다.

공장제 일본 장이 점차 사람들 사이에 전파되면서 직접 장류

를 담그는 데 시간을 빼앗기지 말고, 이렇게 생긴 여유 시간과 인력을 산업에 종사하게 하는 것이 이롭다는 여론이 형성되기도 했다. 그럼에도 불구하고 집에서 장을 담가 먹는 사람은 여전히 많았다. 방신영의 《조선요리제법朝鮮料理製法》(1917), 이용기의 《조선무쌍신식요리제법朝鮮無雙新式料理製法》(1924), 이석만의 《간편조선요리제법簡便朝鮮料理製法》(1934) 등의 조리서에는 장 제조 및 조리법을 수치화하여 알려주는 내용이 실렸다. 장을 맛있고 좋게 담그는 제조법을 알고자 하는 사람들이 여전히 많았던 것이다. 각종 신문에도 장을 잘 담그는 방법이 실렸다.

해방 직후인 1946년 샘표의 창립은 한국인이 공장에서 제조한 장(특히 간장)을 사 먹게 되는 직접적인 계기가 된다. 또한 1949년의 국군 창설은 대규모 급식의 시작과 함께 장류 생산 기업의 수가 늘어나는 계기가 되었다.

1950년 6.25전쟁으로 인해 폐허가 된 한반도에서 이전처럼 집에서 장을 담가 먹는 것은 거의 불가능한 상황이 되었다. 또한 북에서 내려온 피난민에게는 장을 구하는 것 자체가 어려운 숙제였다. 이어진 산업화시대에 일자리를 찾아 도시로 몰려든 사람들은 집 밖에서 끼니를 해결하거나 공산품을 구해 조리 시간을 줄이는 것이 자연스러워졌다. 장을 비롯한 양념 또한 이러한 산업화의 물결 속에서 식품산업을 구성하는 하나의 상품이 되었다.

일제강점기, 양념에 대한 생각

일제강점기인 1921년, 잡지 《개벽》에 양념에 대한 흥미로운 글이 실린다.

    냥냠은 국이나 膾(회)가튼 먹이에 치는 파, 고추, 깨소금, 기름 따위의 모든 일커름이니 이 맛이야말로 달고 맵살하고 짭짤하고 고소하고 하야 어찌 맛난지 먹을스록 실치 아니한 것이라. 그런故(고)로 이 냥냠 국물을 맛난이 국물이라 하나니 흔히 藥念(약념)이라 하야 풀되 藥(약)은 補(보)로나 病(병) 나수려고 먹는 것밧게 여러 가지 맛난 것을 藥이라 하며 藥밥은 밥에 곳감, 잣, 꿀 따위를 너코 지은 고로 일커름이요, 念(념)은 맛나게 생각되는 것을 일커름이라 하더라. 이도 或 그러할는지 모르되 나는 이티 말하노라. 갈스록 실치 아니한 것을 「먹을스록 냥냥하나」 「줄스록 냠냠하지」 하나니 이 말은 곳 냥냥이라는 냥한 소리와 냠냠이라는 냠한 소리의 두 소리가 한대 모이어 한 말이 된 것이니 냥냥이나 냠냠한 소리만 하야도 실치 아니한 맛의 뜻을 품엇거늘 이 두 마디 뜻을 한대에 겹치어 한 말이 되엇스니 그 뜻이 얼나나 세며 얼마나 웅성깁흐리요. 이러케 풀면 言正理順으로 소리가 바르고 뜻이 잘 들어 마즐지니라.[12]

    위의 글에서는 양념을 '냥냠'으로 표기하며, "먹을스록 냥냥하냐" "줄스록 냠냠하지"라는 의성어로 '맛있음'과 연결하고 있다. 양념이라는 단어에 대한 뜻풀이가 매우 재미있다.

1931년 또 다른 잡지 《동광》의 기사에서도 藥念이라는 한자
를 통해 양념의 의미를 풀어주고 있다.

씨는 詩作(시작)의 붓을 한 손에 잡고 이해타산의 주판을 언제나
이저 버리지 아니하는 것 만치, 저러구 시를 쓰는 것이 의외라는 생
각을 누구에게나 주는 기이한 인물이외다. 어디까지든지 그 자신
의 주의와 주장이 잇는 잡지 「東光」을 가지고 일반 독자의 흥미를
끄을 만치 내용에다 藥念을 넣어놓는 것을 보아도 씨가 어떠케 소
위 商賣的(상매적) 두뇌의 소유자인 것은 넉넉히 알 수 잇는 것이
외다.[13]

일제강점기에 양념은 한자로는 藥念으로 고정되고, 여러 의미
로 쓰인 언어임을 확인할 수 있다.

지역에 따라 다른 양념의 기호

21세기 한국 음식의 맛을 한마디로 표현하면 '단짠'이다. 현재
한국 음식문화는 달고 짠 맛이 대세이며, 특히 매운 음식이 주
도하고 있다. 매운 떡볶이, 매운 라면, 단짠의 양념치킨 등은 한
국인의 큰 사랑을 받고 있을 뿐 아니라 전 세계에 K푸드 열풍을
불러일으켰다. 그러나 과거 한식의 양념은 강하지 않았고, 지역
적인 차이가 컸다.

서울을 중심으로 북쪽으로 올라갈수록 간이 싱겁고, 남쪽으
로 내려갈수록 짠 경향을 보였다. 이는 북쪽으로 올라갈수록

추운 날씨 때문에 싱겁게 간을 해도 음식이 잘 상하지 않기 때문이고, 남쪽으로 갈수록 더운 기후 때문에 음식이 상하기 쉬웠을 뿐 아니라 양념으로 사용하는 향신 채소도 다양하게 재배되었기 때문으로 보인다. 이처럼 간을 하는 양념의 차이가 지역별로 향토 음식을 발전시키는 계기가 되었다.

지역별로 가장 큰 차이가 나타나는 양념은 젓갈이다. 남해안은 멸치의 어장으로, 멸치젓을 많이 담갔다. 6.25전쟁을 계기로 멸치젓이 충청도나 경기도, 강원도, 서울 등지로 알려지고, 그 맛을 즐기게 되는 음식 교류가 일어났다. 그러나 여전히 멸치젓의 사용 빈도나 사용량은 경상도와 전라도에서 많으며, 이 지역 음식은 간이 센 경향이 있다. 반면 평안도는 젓갈을 남쪽처럼 세게 쓰지 않는다. 간은 남쪽보다 약하고 김치에도 젓갈을 많이 넣지 않는다. 함경도도 추운 지역이라 간을 약하게 해 싱겁게 먹는다. 명란젓과 창난젓 정도를 반찬으로 즐기고, 다른 젓갈은 거의 사용하지 않는다.

젓갈에 대한 기호와 사용량 차이는 김치에 반영되었다. 남쪽으로 갈수록 젓국 김치를 담그고 국물이 적은 김치를 먹는다. 북쪽은 젓국보다는 소금간 위주의 김치를 담그고, 생선을 얼간했다가 배추 사이에 끼워 담근 김치를 좋아한다. 김치 국물을 슴슴하게 많이 잡으며, 이 국물을 냉면 마는 데 쓰기도 한다. 탄산 맛의 쩽한 김치는 젓갈을 사용하지 않고 담근다. 평안도에서 냉면 전용 김치로 담그는 동치미는 소금물과 쇠고기 육수를 부은 것을 최고로 친다.

최근 전라도를 '맛의 고장'으로 생각하는 이유는 바로 풍부한 양념 때문이다. 강하고 자극적인 양념이 혀를 유혹해 맛있다고 느끼게 한다. 온후한 기후 조건과 풍부한 물자 덕분에 전라도 지역에서는 양념이 강한 음식이 발달했다.

그러나 냉장 기술이 발달해 음식 보관이나 저장의 중요성이 크게 줄어든 현대에는 양념 사용이 표준화되고 있으며, 오히려 전국적으로 '단짠'의 양념이 유행하는 시대가 되었다.

한국 양념이 낳은 세계적인 음식, 양념치킨

양념치킨은 서구식 프라이드치킨에 물엿과 고추장으로 만든 양념을 버무려 탄생한 음식이라고 볼 수 있다. 미국 프랜차이즈를 대표하는 KFC는 한때 한국인에게 꿈의 음식이었다. 그런데 지금 '치킨chicken'은 한국의 닭튀김 요리를 뜻하게 되었으며, 토막 낸 닭고기에 튀김옷 또는 반죽물을 묻혀 기름에 튀긴 음식을 가리킨다. 프라이드치킨은 이제 양념치킨, 간장치킨, 파닭 등으로 변신했다.

기름(식용유)이 절대적으로 부족한 한국에서 닭 요리는 단연 찌거나 삶는 것 혹은 닭볶음탕 정도였다. 미국식 프라이드치킨은 6.25전쟁 이후 미군을 통해 소개된 것으로 보고 있다. 1960년대 서울 중구 충무로1가의 시장 안 생닭 판매점에서 미국의 프라이드치킨을 모방한 통닭튀김을 파는 '명동영양센터'를 운영했는데, 이것이 현대적인 닭튀김의 원조라고 볼 수 있다. 1970년대 이전에는 튀김 닭보다는 전기구이 통닭이 유행했는데, 1970년 이후 식용유의 가격이 저렴해지면서 튀김 요리가 대중화되었다.

1977년에 첫 치킨 체인점인 림스치킨이 신세계백화점 본점 지하에 문을 열었으며, 국내 최초로 닭을 조각 내 튀겨 판매했다. 1980년대에는 페리카나, 처갓집양념통닭 등에서 양념치킨을 판매하며 본격적으로 프라이드치킨산업이 성장했다. 고추장을 베이스로 토마토케첩, 물엿, 간장을 섞고 마늘, 파 등을 합친 매콤하고 달콤한 양념에 튀긴 닭 조각을 버무린 것이 양념치킨이다.

다른 나라에도 프라이드치킨에 고유의 양념을 바르거나 찍어 먹는 방식이 있었다. 그런데 한국의 양념치킨이 인기를 끈 데는 고추장 베이스의 독특한 양념 맛과 닭 조각을 두 번 튀기는 방식이 크게 작용했다. 한국처럼 소스를 다양하게 응용(간장치킨, 마요치킨 등)하는 나라가 많지 않거니와 딥프라이deep fry로 바삭하게 튀겨내는 방식도 한국식 치킨의 인기에 한몫했다.

한때 양념치킨이 한식이냐 아니냐에 관한 논란이 일었던 적이 있다. 양념치킨이 전통적인 한식의 조리법과는 거리가 멀고, 역사도 짧으며, 서구 음식인 프라이드치킨에서 유래했으니 퓨전 음식일 뿐 한식이라고 볼 수는 없다는 주장이 제기된 것이다. 그러나 양념치킨은 한국만의 독특한 양념문화가 만들어낸 새로운 한식이라고 볼 수 있다. 양념치킨의 핵심인 양념은 전통 양념장인 고추장, 물엿을 베이스로 한다. 또 튀긴 음식을 양념에 버무리는 방식은 전통 한과인 강정에서 볼 수 있듯이, 한식 조리법이다.

　해외에서는 양념치킨을 이미 Korean Fried Chicken, 즉 KFC
라 칭하고, 유튜브 등에도 한국식 치킨 만드는 법으로 양념치킨
레시피가 올라오곤 한다. 베트남이나 필리핀, 태국 등에서도 양
념치킨은 한국 음식으로 인식된다. 그러니 한국을 '양념의 나라'
라고 해도 되지 않을까.

4장

고조리서와 근대 조리서 속의 양념문화

우리 조상들의 양념문화를 구체적으로 확인할 수 있는 것은 조리서를 통해서다. 여기에서는 현대 한글로 번역되거나 번안된 고조리서 중 비교적 상세한 조리 방법을 고찰할 수 있는 조선 중기 이후의 고조리서 일부와 해방 이전의 조리서에 나타난 양념의 사용을 살펴보고자 한다.

조선 초기 고조리서 속 양념

최초의 조리서, 《산가요록》 속 양념

《산가요록山家要錄》은 우리나라 최초의 농서이자 조리서로, 조선 초기의 종합의학사전인 《의방유취醫方類聚》의 편찬에도 참여한 어의 전순의全循義가 썼다. 작물, 원예, 축산, 양잠, 식품 등에

편찬 연대	조리서	내용
1450년대	산가요록	의관의 최초 고조리서
1460년대	식료찬요	의관의 식사 요법서
1540년대	수운잡방	유학자의 고조리서
1670년대	음식디미방	정경부인의 한글 조리서
1600년대	최씨음식법	충청도 지역의 조리서
1600년대 후반	음식보	전라도 지역의 조리서
1800년대	규합총서	여성 실학자의 한글 조리서
	임원경제지	실학자의 백과전서 속 조리서
1800년대 후반	시의전서	방대한 고조리서
1917년	조선요리제법	조리 교육을 선도한 근대 조리서
1924(1939)년	조선무쌍신식요리제법	남성의 방대한 근대 조리서
1939년	조선요리법	서울 반가 및 왕실 양념

관한 지식이 망라되어 있는데, 전반부는 훼손되었으며 남은 부분 77면 중 47면이 음식에 관한 내용이다. 여기에 무려 230여 가지의 조리법과 식품 저장법이 수록되어 있기에 이 책을 우리나라 최초의 조리서로 여긴다.

《산가요록》에는 양념에 관한 정리나 양념 만드는 법이 직접적으로 서술되어 있지는 않다. 그러나 '만이창면漫伊昌麪'*의 조리법

---

* 메밀가루나 밀가루를 반죽하여 가늘게 썰어 향신료, 달걀지단, 고기, 참깨 등을 넣어 먹는 면.

분류	이름	내용
장 메주 띄우는 법	전시全豉	검은콩을 띄워 담근 장 메주
	말장훈조末醬薰造	겨울에 콩을 삶아 띄워 메주 만드는 법
장 담그는 법	합장법合醬法	
	간장艮醬	
	난장卵醬	메주와 비지로 담근 장
	기화청장其火淸醬	콩과 밀기울 누룩으로 담근 장
	태각장太殼醬	콩 껍질과 말장, 감장으로 담그는 장
	청장淸醬(2)	
	청근장菁根醬(2)	순무가 들어간 장
	상실장橡實醬	상수리장
	선용장旋用醬	급히 장 만드는 법
	천리장千里醬	감장을 말려 가루 내고 참깨가루와 섞은 장
	치장雉醬	꿩장
장맛 고치는 법	치신장治辛醬(4)	

에 '각색신향채各色辛香菜'라는 말이 나오는데, 이 신향채辛香菜가 현재 양념 재료로 쓰이는 향신료와 일맥상통한다. 《산가요록》에는 김치라 할 수 있는 '침채류'가 다른 고조리서에 비해 많이 소개되어 있는데, 소개된 침채 서른여덟 가지 중 다섯 가지가 오이지로 볼 수 있는 과저瓜菹다. 이 과저를 오래 저장하는 방법으로 할미꽃, 여뀌 잎, 형개 등을 오이지 담글 때 첨가했는데, 향신료의 용도로 쓴 것으로 보인다.

표 1-4 《산가요록》 속 초(괄호 안은 조리법 개수)

분류	이름	내용
초 만드는 법	진초眞酢	쌀, 고리, 누룩으로 담근 초
	진맥초眞麥酢	밀로 담근 초
	대맥초大麥酢	보리 1말로 술을 담가 걸러내 밀을 넣어 담근 초
	창포초菖蒲酢	
	고리초古里酢	겉보리로 담근 초
	병정초丙丁酢	보리로 빚은 술을 병일에서 정일까지 발효시킨 초
	전자손초傳子孫酢	자손에게 전하는 대추로 만드는 초
	사절초四節酢	병일에 찹쌀과 누룩으로 담근 초
	사시급초四時急酢	쌀과 누룩으로 담가 7일 만에 먹는 초
	고리조법古里造法	밀로 빚은 발효제인 고리 제조법
초맛 고치는 법	의초법醫酢法	

《산가요록》에는 전시, 말장, 훈조, 합장법, 간장, 난장, 기화청장, 태각장, 청장, 청근장, 예실장, 선용장, 천리장, 치장, 치신장의 15가지 장의 이름과 만드는 법이 자세히 나와 있다. 특기할 만한 것은 '전시全豉'라는 항목이다. 우리 민족의 조리서로는 처음으로 시豉의 제법이 나오는데, 6세기 중국의 《제민요술》에 나온 시 만드는 법과는 다른 제법이다. 이는 중국에서 발생한 시가 우리나라에 와서 전혀 다른 모습으로 변화했거나, 아니면 이름만 중국에서 가져오고 실제로는 우리 민족이 독자적으로 발전시킨 것임을 알 수 있는 기록이다.

또한 식초 담그는 법도 중요하게 다루었다(표 1-4 참고).

이와 같이 조선 초기《산가요록》을 통해 볼 때 장이나 식초 같은 조미료와 함께 할미꽃, 여뀌, 형개 같은 향신토가 양념으로 쓰였음을 알 수 있다.

최초의 식사 요법서,《식료찬요》의 양념과 약재

《식료찬요食療纂要》는《산가요록》을 쓴 전순의가 세조 6년(1460)에 편찬한 식이요법에 관한 책이다. '식료食療'는 음식으로 질병을 다스린다는 뜻으로 식치食治와 같은 개념이다. 백성들이 쉽게 구할 수 있는 음식을 통해 질병을 치료하는 방법을 담았다.

여기에 나오는 양념은 소금과 설탕[沙糖]을 비롯해 장, 시豉, 초와 같은 조미료는 물론 파, 생강, 후 추, 초피, 마늘, 귤껍질 등이 있는데, 이들은 약재이자 향신료다. 이처럼 예로부터 다양한 향신료를 음식으로뿐 아니라 약재로도 사용했다. 다음은《식료찬요》 속 약재이자 향신료다.

자소자紫蘇子(차조기), 욱리인郁李仁(산앵도나무 씨앗), 목과木苽(모과), 건시乾柿(곶감), 갈분葛粉(칡가루), 대설리大雪梨(큰 배), 소리消梨(배의 일종), 형개荊芥(꿀풀과에 속하는 한해살이풀), 우방근牛蒡根(우엉뿌리), 맥문동麥門冬, 개자芥子(겨자씨), 인삼人蔘, 귤피橘皮(귤껍질), 국麴(누룩), 맥부麥麩(밀기울), 조棗(대추), 정향丁香, 건강乾薑(마른 생강), 생강生薑, 총자葱子(파의 씨), 창이자蒼耳子(도꼬마리 열매), 계두실雞頭實(가시연 씨), 만청자蔓菁子(순무씨), 눈연실嫩連實(연밥), 계桂(육계),

복령茯苓(소나무 뿌리에 기생하는 균체), 상백피桑白皮(뽕나무의 뿌리껍질), 계심桂心(육계나무의 속껍질을 벗겨낸 것), 용저두강春杵頭糠(미강), 마자인麻子仁(대마 씨), 황기黃耆(콩과의 여러해살이풀), 생지황生地黃, 해백薤白(산달래), 도인桃仁(복숭아 씨), 마치채馬齒菜(쇠비름), 생율生栗(밤), 호두胡桃, 생백합生百合, 호위葫荽, 토사자兎絲子(새삼 씨) 등

흥미로운 것은 시豉가 약재로 사용되는 사례다. 전순의는 간이 허약할 때, 빈혈이 있을 때를 비롯해 허로(쇠약증), 소갈증(당뇨), 치질, 하혈 등의 처방에 시를 이용하라고 했다. 시를 의약재로 사용했던 기록은 이보다 30년 앞선 권채權採의 《향약집성방鄕藥集成方》(1433)에도 있다. 여기에는 치자시탕, 총시탕 등의 처방 이름으로 등장하는데, 이는 시가 식품이기도 하지만 의약품으로도 중요하게 이용되었음을 보여준다. 성종 때의 의서로 윤호尹壕 등이 편찬한 《구급간이방救急簡易方》(1489)에서도 장과 시를 약재로 제시하고 있다.

조리서 속 양념, 시대에 따른 변화

16세기 조선 사대부가의 양념, 《수운잡방》

《수운잡방需雲雜方》은 안동에 살았던 유학자 김유金綏(1491~1555)가 1540년경 집필을 시작하고 그의 손자 김령金坽(1577~1641)이 완성한 조리서로, 양반 가문의 남성이 쓴 조리서라 흥미롭다. 더러는 다른 문헌을 참고했지만 대부분은 김유가 일상에서 먹었

던 음식의 조리법을 소개하고 있어, 500년 전 안동 사대부가의 식생활을 살펴볼 수 있는 소중한 자료다. 제목의 수운需雲은 '격조를 지닌 음식문화'를 뜻하고, 잡방雜方은 '여러 가지 방법'을 뜻한다. 곧 풍류를 아는 사람들에게 걸맞은 음식을 만드는 방법이라는 뜻을 담은 것이다. 이에 걸맞게《수운잡방》은 주로 술과 접빈을 위한 일품요리 기본적인 저장식품의 조리 방법을 기록한 조리서다.

《수운잡방》은 상편과 하편으로 구성되어 있다. 상편에는 술, 식초, 김치, 장, 한과, 찬물, 면, 두부와 타락 만드는 법을 비롯해 파종 및 채소 저장법까지 소개하고 있고, 하편에는 술, 김치, 한과, 탕, 찬물, 면 만드는 방법이 추가로 기록되어 있다. 삼오주, 백화주 등 몇몇 술을 제외하면 상하편의 내용이 겹치지 않아 상편에서 빠진 술과 음식 조리법을 하편에서 보충한 것으로 보인다. 또한 우법又法(또 다른 방법)이라 하여 하나의 음식에 대해 만드는 방법을 두세 가지로 설명했는데, 이 우법을 포함하면 상하편 전체에 121종의 조리법이 등장한다. 술 61종, 식초류 6종, 채소절임 및 침채류 15종, 장류 11종, 한과류 5종, 찬물류 6종, 탕류 6종, 두부와 타락(우유) 1종, 주식에 해당하는 면류 2종, 채소와 과일의 파종 및 저장법 7종 등이다.

양념과 관련한 용어는 찾아볼 수 없지만, 양념을 하는 것이라 볼 수 있는 행위가 나온다. 수과저와 과저, 즉 오이지를 담글 때 할미꽃(백두옹)과 천초(초피)를 넣어 쉽게 상하는 것을 막았는데, 이는 부패 방지를 위해 향신료를 사용한 것이라 볼 수 있다.

삼하탕三下湯, 삼색어아탕三色魚兒湯, 황탕黃湯에 후추가 쓰였으며, 특히 은어나 숭어로 만든 완자탕인 삼색어아탕에는 완자를 빚을 때 후추와 호향胡香을 양념으로 썼다. 한편,《수운잡방》에서는 중국에서 수입한 것으로 보이는 정향을 전약煎藥 제조에 사용하고 있다. 조선 중기의 조리서라 고추의 사용은 보이지 않는다.

또한 이 책에는 조장법造醬法, 청근장菁根醬, 기화장其火醬, 전시全豉, 봉리군전시방奉利君全豉方, 수장법水醬法, 조즙造汁 등 장 만드는 법이 일곱 항목 있는데, 이는 중국의《제민요술》이나 백과전서류의 조선 문헌과 내용이 다르다. 다른 장 제조법을 참고하지 않고 김유 자신이 살았던 안동 지방의 장 만드는 법을 독창적으로 소개했기 때문으로 보인다.

청근장은 무를 넣어 담그는 장이고, 기화장은 콩과 밀기울을 이용한 장으로, 콩 단일품이 아니라 복합 원료를 이용했다는 것이 특이하다. 전시는 누룩을 첨가해 만든 것이다. '봉리군전시방'은 전시 만드는 방법으로, 이름의 '봉리군奉利君'은 고려 말의 승려 신조神照의 존호다. 고려 우왕 때 왜구를 물리치는 이성계에게 음식을 조력했다는 기록이 있는데, 신조 스님이 제조한 장법이거나 사찰의 전시법이라고 이해된다. 수장법은 묽은 장을 만드는 법이고, 조즙은 장즙을 뜻한다.

《수운잡방》은 다양한 식초도 소개하고 있는데, 그중 '조고리초법造高里醋法-오천가법烏川家法'이라는 식초 제법이 있다. 이는 광산김씨 양반가 집성촌인 오천 지역의 식초 만드는 법으로, 두

가지가 기록되어 있다. 여기서 '고리'는 밀로 만드는 발효제의 일종으로, 누룩처럼 만들어두고 식초를 만들 때 사용했다. 식초 종류는 재료에 따라 나뉘었다. 찹쌀과 누룩으로 만든 사절초四節醋, 보리로 술을 빚은 다음 병일丙日에 술을 거르고 정일丁日에 찹쌀을 넣어 따뜻하게 두어 빚은 병정초丙丁醋, 창포를 넣어 만든 창포초菖蒲醋, 목통(으름)을 넣어 담근 목통초木通醋가 있다. 장과 더불어 식초가 필수적인 조미료임을 알 수 있다.

　그 외의 조미료로는 어식해, 즉 생선젓이 보이는데, 감칠맛을 내는 데 주로 사용했던 것으로 보인다. 그리고 이당(엿 만들기, 현재 엿도가에서 사용하는 좋은 방법)도 나와 단맛을 즐겼음을 알 수 있다.

17세기 충청 지역 조리서, 《최씨음식법》 속 양념

　《최씨음식법》은 1600년대 초중반에 저술된 조리서다. 《음식디미방》과 함께 여성이 한글로 써서 남긴 보기 드문 조리서로 꼽힌다. 이 책은 신창맹씨 가문에서 자손에게 보전하여 교훈의 자료로 삼기 위해 여성들이 7대 270년간 기록한 《자손보전子孫寶傳》의 일부다. 《최씨음식법》은 정부인 최씨(1591~1660)가 쓴 것으로, 《자손보전》의 1면에서 10면까지에 약 20종의 음식 조리법이 수록되어 있다. 현전하는 대부분의 고조리서가 한양 반가나 안동 등 경상도 지역의 음식을 다루고 있어, 조선시대 충청도의 음식을 파악할 수 있는 조리서로서 소중한 자료다.

　《최씨음식법》에는 특히 일상에서 먹었던 김치 종류가 많이 수록되어 있다. 마찬가지로 여성이 쓴 한글 조리서인 안동 지역의 《음식디미방》이 단지 세 종류의 김치만을 다룬 것과 대조된다.

이 김치류에는 어떤 양념이 사용되었을까? 외김치(오이지)를 담글 때는 산초(분디) 열매와 할미꽃을 넣어 음식의 보존성을 높이고자 했고, 가지김치에는 맨드라미를 넣어 색과 향미를 올릴 뿐 아니라 산패를 지연시키는 효과를 보고자 했다. 다른 조리서에서 찾기 어려운 독특한 김치 양념도 있는데, 무김치를 담글 때 깨즙을 양념으로 첨가한 것이다. 같은 충청도(충남 대전 회덕 지역) 안동김씨 가문의 조리서인 《주식방문》에서는 '숫무오김치'(순무김치)를 만들 때 깨소금을 베 헝겊에 넣어둔다고 소개했는데, 이렇게 깨를 활용하는 것이 충청도 지역의 독특한 조리법으로 추측할 수 있다.

《최씨음식법》에서는 형개와 분디, 차조기 등이 김치 외에도 여러 음식에서 향신료로 사용된다. 이는 고춧가루가 음식 재료로 사용되기 이전인 《수운잡방》이나 《음식디미방》 등 17세기 이전 조리서에 주로 나타나는 특징이다.

외김치

끝물 오이를 볕에 잠깐 말리어 모두 씻어 간을 치고 두었다가 이튿날 독에 넣고 오이 간 쳤던 소금물에 소금과 물 더 풀어 끓여 더울 때 부어두면 이틀까지 독이 따뜻하거든 분디와 할미꽃을 베어 우리어두면 이듬해 봄이라도 무르지 아니하느니라. 삭삭하느니라.

가지김치

가을에 끝물 가지를 꼭지를 따고 모두 씻어 칼로 열십자로 베어 마늘 저며 끼운 후 항아리에 넣고 정화수에 소금 잠깐 타 넘치게 붓고 맨드라미로 우려내고 익거든 써라.

무김치

무 뿌리와 잎 고운 것을 [시든 잎] 없게 하되 무 몸이 상하지 않게 모두 씻어 간하여 세 동이에 좋은 감장 한 사발을 흰개 한 되 반 볶아 함께 찧어서 가는 베주머니에 넣어 독 밑에 담고 무를 씻어 간을 잠깐 하여 독에 넣은 이튿날 정화수를 가득 부어두면 맛이 각별히 좋으니라.

1600년대에도 단맛은 매우 중요한 맛으로,《최씨음식법》에서는 조청과 흑당(엿) 고는 법을 자세히 설명하고 있다.

조청은 가장 고른 찹쌀 닷 되를 모두 씻어 가루로 빻아 물 아홉 사발 끓여 항아리에 넣고 그 가루를 풀어 버드나무로 저으면 된 풀같이 되거든 끓는 기운이 식지 않았을 때 보리기름(엿기름) 가루 칠 홉 넣어 저으면 호르르하여 맑은 물 같거든 항아리 입구를 싸 따뜻한 구들에 놓고 솜옷 하나로 덮어두면 전날 저녁에 넣어 이튿날 아침에 내어 명주明紬자루나 모毛자루에나 받치되 손으로 거르지 말고 [이를 매우] 짜서 받으면 [족히] 한 사발은 되느니라. 그 물을 솥에 부어 저으며 달이며 그만두기는 짐작하고 하라. 아마 찰기장으로 고면 꿀 같으니라.

흑당은 백미 한 말을 아주 질게 밥을 지어 보리기름 서 되 누룩[陳麴] 한 홉과 물을 눅은 죽만큼 고아 섞어 뒤섞어 쌀알이 두어 개 뜨거든 모두 짜 걸러서 알맞게 달이되 눋지 않게 하라.

18세기 호남의 고조리서 《음식보》 속 양념

호남에서 음식문화가 발달한 것에 비해 고조리서는 거의 발견되지 않은 가운데, 최근 발견한 《음식보》는 순 한글로 쓰인 호남 지역의 조리서다. 풍산홍씨 가문의 음식 조리법으로, 시어머니 오씨와 며느리 정씨가 2대에 걸쳐 1756~1802년에 완성한 조리서다.

《음식보》에는 술 12종, 면병麵餠 8종, 정과正果 3종, 식해[醢] 1종(중복 제외), 자반[佐飯] 2종, 구이 4종, 채菜 4종, 침채沈菜 2종, 초간장[醋楪] 1종으로, 모두 37종의 조리법이 소개되어 있다. 주로 사용한 조미료는 소금, 기름, 간장인데, 이때 사용한 기름은 참기름으로 추정된다. 《음식보》에만 나오는 양념은 '마지즙'(마리즙)이라는 것이다. 난적, 석화 느르미, 잡채 등의 조리에서 마지막 단계에 마지즙을 치고 고명을 얹는다고 나온다. 마지즙은 다른 고조리서에는 나오지 않는 용어로, 무엇을 뜻하는지 확실히 알 수가 없다. 다만 마지는 참깨로 짐작된다. 참깨를 한자로 호마胡麻, 지마芝麻, 향마香麻 등으로 표기하곤 했는데, 이 지마를 뒤집어 마지로 표현한 것으로 짐작되는 것이다. 즉 마지즙은

  1부 역사를 통해 살펴본 한식의 양념문화

참깨를 볶아서 맷돌에 갈았을 때의 걸쭉한 즙으로 해석할 수
있다. 호남 지역에서 지금도 들깨를 갈아 들깨즙을 만들어 국
이나 나물에 넣곤 한다. 한편, 여러 용례를 검토한 후 '마지즙'이
깨즙이 아닌 '밀가루즙'을 한자로 표기한 '말즙末汁'의 변형인 것
으로 추론하는 논저도 있다.[14]

《음식보》에는 조리법에서 '약념'이라는 표현이 자주 등장해,
양념하는 행위를 매우 중시했음을 알 수 있다.

쇠고기 느름이법

우린 도랏, 참버섯 섯거겨 구어 즙치고 **약념** 첫ᄂ니라

건숑이 ᄒ어 먹ᄂ법이라

ᄆᆞᆫ숑이을 ᄂ물ᄒ야면 불근 흑을 물의 반쥭ᄒ여 쌍의 싸코 숑이
을 그 흑에다 고자다가 ᄒ의 밤지내거든 시서 **양념ᄒ아** ᄂ물ᄒ면 싱
숑이긑니라

[건송이 해 먹는 법이라: 마른 송이를 나물하려면 붉은 흙을 물에 반죽하
여 땅에 싸고 송이를 그 흑에다 꽂아다가 밤지내거든 씻어 양념하여 나물하
면 생송이 같으니라]

《음식보》에는 모쟝을 얇게 썰어 구워서 식초에 담갔다가 말
려두고 먹었던 '쟈렴법'이라는 저장법이 나온다. '모쟝'은 새끼
숭어를 뜻하는데, 나주 영산강 일대가 유명 산지였다. 새끼 숭어
를 초벌구이한 후 식초를 발라 육질을 부드럽게 하면서도 저장

성을 높인 것이 눈에 띈다.

《음식보》는 1700년대 조리서로 추정하지만, 고추를 사용한 흔적은 보이지 않는다.

19세기의 조리서, 《시의전서》 속 양념

1800년대 말경 상주 지역에서 필사된 《시의전서》는 조선 후기의 음식 조리법을 파악할 수 있는 조리서다. 무려 422가지의 방대한 음식을 기록하고 있다. 원저자는 알 수 없으나 상주 지역 양반가에 전해지는 문헌을 상주 감찰사로 파견된 심환진이 필사해 그 며느리가 소장하고 있었던 것이 소개되었다. 필사는 1919년 이후 이루어졌으나 문헌의 내용을 분석해 1800년대 말에 저술한 것으로 추정한다.

이 책의 시작이 바로 '장'이다. 그만큼 장을 중요하게 생각한 것으로 보인다. 여기에 나오는 장의 종류는 간장艮醬, 진장眞醬, 약고추장, 즙장汁醬, 담북장淡北醬, 청탕장淸湯醬(청국장)이다. 젓갈도 중요한 식재료로 생각해 매우 다양한 젓갈을 소개하고 있다. 조기젓, 낫젓(조기젓), 명란, 조개젓, 굴젓, 청어젓, 소라젓, 전복젓, 준치젓, 해우젓, 민어젓, 황석어젓, 아가미젓, 밴댕이젓, 오징어젓, 꼴뚜기젓, 곤쟁이젓, 낙지젓, 교침젓, 세하젓, 난새어젓, 하란젓, 대합젓, 게젓, 도미젓, 방게젓, 가리맛젓 등 그 종류가 매우 다양하다.

또한 '꿀 만드는 법' '초 앉히는 법' '겨자 만드는 법' '고추장 윤즙법'을 소개하고 있어 다양한 양념을 음식 조리에서 기본으

로 사용했음을 알 수 있다. 특히, 나물을 만들 때 '양념'이라는
표현이 많이 등장한다.

조선 여성들의 조리서 속 양념

여성의 한글 조리서, 《음식디미방》 속 '약념하여'

조선시대의 조리서는 주로 남성에 의해 한문으로 쓰였고, 중
국 문헌을 그대로 옮겨놓은 경우도 많다. 그런 상황에서 당대
여중군자女中君子로 불릴 정도로 덕망이 높은 여성이 오랫동안
가정에서 실제로 만들어왔거나 외가에서 배운 조리법 100여
가지를 후손에게 전해주기 위해 한글로 정리한 책이 현종 11년
(1670)경 정부인 장계향이 남긴《음식디미방》이다.

《음식디미방》에는 모두 146종의 음식 조리법이 수록되어
있다. 전반부에는 국수와 만두, 떡, 과자 등 곡물 음식이 포함된
면병류麵餅類 18종, 어육류로 분류한 음식 37종, 따로 분류한 용
어는 없지만 채소 음식과 식품 저장법 20종과 '맛질방문'이라고
표기된 음식 17종이 있다. 후반부에는 '주국방문'이라 하여 51종
의 술 만드는 법과 3종의 식초를 담그는 법(초 담그는 법, 초법, 매
실초)이 기록되어 있다.

《음식디미방》에는 고명을 뜻하는 교태, 교토, 고물과 같은 용
어가 기록되어 있다.[15] 그리고 무엇보다 한문 조리서에서는 찾기
어려운 '약념'이라는 단어가 여러 차례 등장해 조선시대에는 한
글로 약념이라고 표기하는 것이 더 일상적이었음을 알 수 있다.

그런 표현이 나오는 요리의 하나가 '별탕 자라갱'(자라탕)으로,
조리법은 다음과 같다.

믈발만한 연한 쟈라 몬져 머리를 버혀 피를 내고 쓸는 믈로 글그
며 희여케 시어 다시 파와 젼국쟝의 믈 부어 달혀 닉거든 그저야
쓰저 오미 그초와 싱강 쳔쵸 호쵸 염초쟝을 한듸 그늘게 그라 한 시
만 후야 마시 들거든 믈근 즙의 달혀 연커든 먹으라. 쏘 쟈라를 자
바 사니로 쓸는 소듸 녀허 닉거든 나여 쓰저 그장 조히 시어 다시
지령기름의 믈 부어 쓸혀 싱강이나 건강이나 호쵸 쳔쵸 초 파 약념
후여 먹으라.

[말의 발 정도 크기의 연한 자라를 먼저 머리를 베어 피를 낸 다음, 끓는
물을 사용하여 긁어내며 하얗게 되도록 씻는다. 씻은 자라에 파와 전국장과
물을 부어 달여 익힌 다음 자라를 알맞게 찢는다. 오미를 갖추어 생강, 천초,
후추, 염, 초간장을 함께 곱게 갈아 자라에 버무려두었다가 맛이 들면 맑은
즙에 연해지도록 끓인 다음 사용한다. 또한 자라를 잡아 끓는 물에 산 채로
넣어 익히고 꺼내어 찢은 다음 아주 깨끗이 씻고, 다시 기름간장에 물을 넣
고 끓인 후 생강이나 건강 또는 후추, 천초, 초, 파로 양념한 다음 사용해도
좋다.]

이 조리법에서 "오미를 갖추어 생강, 천초, 후추, 염초장(소금
과 초간장)을 한데 가늘게 갈아"라고 한 것이 바로 양념에 관한
지시다. 다섯 가지 맛을 내는 재료를 섞어 양념장을 만들어서
쓰라는 의미로, 제대로 양념을 만드는 방식을 자세히 설명했다.

　　　　　　　　　　　　1부 역사를 통해 살펴본 한식의 양념문화

《음식디미방》에서는 다양한 조미료의 사용 예도 볼 수 있다. 단맛은 주로 꿀과 엿을 사용했는데,《음식디미방》에서는 "즙청하다"라는 표현으로 쓰인다. 즙청은 한과를 만들 때 꿀이나 조청 등을 바르는 것을 말한다. 짠맛을 내기 위해서는 소금과 간장, 된장을 주로 사용했으며, 새우젓과 청국장도 사용했다. 신맛을 내는 데는 식초를 이용했다. 매운맛을 내는 조미로도 빈번히 사용했다. 주로 생강, 초피, 후추, 겨자, 계피, 파, 마늘 같은 향신료를 사용했으며, 생강의 사용 빈도가 마늘보다 높았다. 그러나 고추에 대한 언급은 나오지 않는다.

《음식디미방》에는 '국에 타는 것'을 따로 만들어두고 탕을 끓일 때 이용한 조리법이 있다. 양념이라고 하기는 어렵지만, 닭고기를 삶아 육수를 얻거나 닭살 건더기를 여러 음식에 조미료처럼 사용한 것을 볼 수 있다.

국의 트는 것

큰 잔치면 암둙 서너 마리나 가마의 물 만이 붓고 쇼하 프러지거든 체예 바타 두고 온갓 음식 약념ᄒᆞ면 죠ᄒᆞ니라.

[국에 타는 것: 큰 잔치를 치룰 일이 있으면 암탉 3~4마리 정도를 가마솥에 넣고 물을 많이 붓고 고아 닭고기가 풀어지면 체에 밭쳐 두고, 여러 가지 음식에 사용하면 좋다.]

〈표 1-5〉는 같은 안동 지역에서 약 100년의 시차를 두고, 남성과 여성이 각각 기록한 두 조리서에 나오는 양념을 정리

	수운잡방	음식디미방
단맛	꿀(3), 엿(1)	꿀(15), 엿(3), 즙청(2)
짠맛	소금(28), 간장(11) 즙장(1), 메주(4), 된장(3)	간장(43), 초간장(8), 소금(14), 된장(4), 청국장(1), 새우젓(2),
신맛	초(4)	초(11)
향신료	산초(3), 생강(7) 천초(2), 후추(8), 계피(2), 마늘(2), 파(5), 겨자(1), 정향(1)	생강(18), 후추(26), 천초(19), 파(19), 겨자(3), 마늘(4), 계피(1)
감칠맛	젓갈류: 魚食醢法(어식해법)	젓갈류: 게젓 담는 법, 약게젓, 청어넘혀법(청어젓갈법)

* ( )는 사용 횟수임.

한 것이다. 단순 비교는 어렵지만, 양념 사용의 경향을 살펴볼 수 있다. 《음식디미방》이 더 많은 종류의 양념을 다양하게 많이 사용할 수 있음을 볼 수 있는데, 100년의 시간 동안 양념법이 더 발달한 것, 그리고 직접 조리를 담당한 여성이 집필했기에 양념하는 법을 더욱 구체적으로 기록한 것으로 짐작할 수 있다.

서울 반가의 조리서 《규합총서》의 양념

빙허각 이씨憑虛閣李氏(1759~1824)는 자신도 명망 높은 양반가에서 태어났을 뿐 아니라 시아버지 서호수, 남편 서유본, 시동생 서유구가 모두 학자이자 문관으로 이름 높다. 특히 어린 시동생 서유구를 빙허각 이씨가 직접 가르쳤다고 하며, 남편 서유본은 아내의 학식을 높이 사 학문적 토론을 나눌 정도였다고 한다. 이 책《규합총서》의 제목은 남편이 직접 붙인 것이라고 한다.

《규합총서》는 총 3부 11책으로 구성된 '빙허각전서'의 일부다. '빙허각전서'는《규합총서》,《청규박물지淸閨博物誌》,《빙허각고憑虛閣稿》의 세 권으로 구성된 전집이다. 규합閨閤은 아녀자들이 거처하는 공간을 가리켜, 살림을 총괄하는 여성들에게 필요한 가정 경영 백과사전임을 알 수 있다.《규합총서》는 한글 필사본으로 이리저리 흘러가 규방에서 많이 읽혔는데, 음식 관련 내용만 간추려 고종 6년(1869)에 목판본으로《간본刊本 규합총서》가 나왔고, 1915년에는 가정생활에 필요한 내용만 추리고 시대의 변천에 맞추어 새로운 내용을 추가한 필사본《부인필지夫人必知》가 나왔다.

《규합총서》는 주사의酒食議, 봉임칙縫紝則, 산가락山家樂, 청낭결靑囊訣, 술수략術數略의 다섯 편으로 구성되어 있다. 그중 음식을 다룬 것은 '주사의'로, 장 담그는 법, 술 빚는 법, 밥과 떡, 반찬의 조리법이 소개되어 있다.

주사의의 서두에는 중국의 유교 경전인《예기》너칙內則을 인용한 다음과 같은 글이 있다. 중국 문헌을 인용한 것이지만, 이 글을 통해 음식에 대한 빙허각 이씨의 생각을 읽을 수 있다. 동양에서는 음식에서도 음양오행의 원리를 실천하고자 했다. 신맛, 쓴맛, 단맛, 매운맛, 짠맛이라는 오미의 어우러짐과 계절의 조화까지 고려해 음식을 섭취해야 함을 강조한 것은 빙허각 이씨의 중요한 음식 철학이었다.

> 무릇 봄에는 신 것이 많고, 여름에는 쓴 것이 많고, 가을에는 매운 것이 많고, 겨울에는 짠 것이 많으니, 맛을 고르게 하면 미끄럽고 달다 했으니, 이 네 가지 맛이 목木, 화火, 금金, 수水에 해당하는 바라. 그때 맛으로써 기운을 기르는 것이니, 사시四時(계절)를 다 고르게 한즉 달고 미끄러움은 토土를 상징하는데 비위脾胃 빛인고로 비위를 열게 함이다.

1809년에 나온 《규합총서》에서는 중요한 사실을 한 가지 확인할 수 있다. 바로 젓갈과 고추를 넣은 김치다. 이전의 김치는 대부분 채소류를 소금에 절이기만 하거나 매운 향신료로 후추와 초피 등을 넣었는데,《규합총서》에 이르러 드디어 김치에 해물, 젓갈, 고추 등이 본격적으로 사용된 것을 확인할 수 있다. 이를 통해 조선시대의 김치가 오늘날 우리가 흔히 먹는 김치로 점차 발전하는 과정을 엿볼 수 있다. 그중 몇 가지를 살펴보자.

먼저 섞박지 담그는 법이다. 무와 배추를 절여 독에 담고 가지, 동아, 젓갈, 고추, 양념, 해물 등을 켜켜이 올린 뒤 조기젓국, 굴젓국으로 맛을 낸 김칫국을 넉넉히 부어 우거지를 덮은 후 익힌다. 어육김치는 절인 오이나 가지에 청각, 마늘, 파, 생강, 고추를 켜켜이 넣어 쇠고기, 대구, 민어, 북어 등의 머리나 껍질을 끓인 육수를 부어 익힌다. 동치미도 오이, 배, 유자, 파, 씨를 뺀 고추 등의 양념을 넣고 익힌다고 나오는데, 이는 서울 반가의 대표

   1부 역사를 통해 살펴본 한식의 양념문화

적인 동치미 조리법이다.

여전히 장 담그는 것이 중시되었는데, 장 담그는 길일, 꺼리는 날, 장 담그는 물, 어육장, 청태장, 급히 청장 만드는 법, 고추장, 청육장, 즙지히, 즙장 등이 소개되어 있으며, 특히 이전에는 볼 수 없었던 고추장 담그는 법이 소개된다.

콩 한 말을 쑤려면 쌀 두 되를 가루로 만들어 흰무리떡을 쪄서 삶은 콩을 찧을 때 한데 넣어 찧어라. 메주를 한 줌에 들게 작게 쥐어 띄우기를 법대로 하여 꽤 말리어 곱게 가루를 만들어 체에 쳐놓는다. 메줏가루 한 말이거든 소금 너 되를 좋은 물에 타 버무리되, 잘고 되기를 의이만치 하고 고춧가루를 곱게 빻아서 닷 홉이나 칠 홉이나 식성대로 섞는다. 찹쌀가루 두 되를 밥 지렉 지어 한데 고루 버무리고 혹 대추 두드린 것과 포율包栗가루와 화합하고 꿀을 한 보시기만 쳐서 하는 이도 있다. 소금과 고춧가루는 식성대로 요량하면 된다.

장 외에도 초, 기름, 조청 만드는 법을 다양하고 상세하게 소개하고 있는데, 반가의 살림을 꾸려가는 데 있어 조미료를 만들고 장만하는 것이 얼마나 중요한 일이었는지 확인할 수 있다.

백과전서 《임원경제지》 〈정조지〉 속 양념

서유구徐有榘(1764~1845)의 《임원경제지林園經濟志》는 농업경제

분야를 다룬 백과사전이다. '임원십육지林園十六志'라고도 불리는 데, 이름처럼 16개의 분야*를 다루고 있으며, 음식과 조리에 관해서는 〈정조지鼎俎志〉에서 다루었다. 〈정조지〉의 '정鼎'은 발이 세 개 달리고 양쪽에 귀가 있는 솥을 뜻하며, '조俎'는 제향에 쓰는 희생물을 올리는 도마를 뜻한다. 즉 '정조'는 솥과 도마로서, 음식을 만들고 차려내는 데 중요한 기물이다.

〈정조지〉는 총 11편으로 구성되어 있다. 식재료를 여덟 가지로 분류해 설명하고, 조리법과 절기로 분류한 음식을 소개했다. 이 중 조미료에 관해 다룬 부분은 '미료지류味料之類'다. 서유구는 소금[鹽], 장醬, 두시[豉], 식초[醋], 기름과 타락[油酪], 누룩과 엿기름[麴糵], 임료飪料로 분류해 조미료를 소개했는데, 이 중 임료가 바로 양념을 뜻한다.

소금에서 양념까지

그렇다면 《임원경제지》는 이런 다양한 조미료와 양념에 관해 어떻게 설명하고 있을까? 소금에 관한 설명을 보자. 먼저 염鹽은 그릇 속에 바닷물을 넣고 달이는 모양을 형상화한 글자라고 풀이하며, 우리나라는 삼면이 바다로 둘러싸여 있어 바닷소금 외

---

* 본리지本利志: 곡식·농사 백과, 관휴지灌畦志: 식용 식물 백과, 예원지藝畹志: 화훼 백과, 만학지晩學志: 과실·나무 백과, 전공지展功志: 의류 백과, 위선지魏鮮志: 천문·기상 백과, 전어지佃漁志: 목축·사냥·어로 백과, 정조지鼎俎志: 요리 백과, 섬용지贍用志: 건축·교통·일용품 백과, 보양지葆養志: 정신수양·건강 백과, 인제지仁濟志: 의학 백과, 향례지鄕禮志: 가정과 향촌 생활의 의례 백과, 유예지游藝志: 교양 백과, 이운지怡雲志: 문화·예술 백과, 상택지相宅志: 풍수 백과, 예규지倪圭志: 생활경제 백과.

에는 다른 종류가 없다고 설명했다. 그러고 나서 서남해에서는 질그릇에 소금을 졸이고 동해에서는 쇠그릇에 소금을 졸여 철염이라고 하나 맛이 떨어진다고 평가한 후 소금 졸이는 방법, 화염(꽃소금)과 인염(굵은 소금), 상만염(늘 가득 찬 소금)* 만드는 방법을 소개했다.

장醬에 관해서도 설명했다. 중국에서는 콩류, 밀, 보리, 삼麻, 녹말, 느릅나무 열매 등으로 만든 것 등 다양한 장이 있지만 우리나라에서는 오직 대두大豆로 만든 두장豆醬만을 쓴다고 설명했다. 또한 오래 묵은 장이 좋으니 우리나라 장이 천하제일이라고 평가했다.

시豉를 현대에서는 주로 '메주'로 풀이하지만, 청국장으로 볼 수도 있다. 서유구는 시에 관해 메주와 비슷한 것이라고 했으므로, 메주 자체는 아닌 것으로 보았다. 그러면서 중국인들은 두시豆豉로 반찬을 만드는 반면, 우리는 주로 약으로 먹는다고 구분했다.

초醋는 소금기가 있고(짠맛) 맛이 시다고 하면서, 옛사람은 매실초만 먹었는데 후세에 와서 쌀, 보리, 쌀겨, 술지게미, 과일 등으로 식초를 빚는다고 했다. 또한 식초에는 식물의 독을 다스리는 효능이 있다고 설명했다.

---

* 새지 않는 10석들이 독 1개를 마당의 돌 위에 두고 흰 소금을 가득 채운다. 여기에 감수甘水(좋은 물)를 붓고 소금 위에는 항상 물이 차 있게 한다. 쓸 때마다 떠서 졸이면 소금이 된다. 이때 떠낸 만큼 다시 감수를 더하는데, 1승을 떴으면 1승을 더한다. 독을 햇볕에 쬐어 독이 아주 뜨겁게 되면 더한 감수가 다시 소금이 되어 영원토록 다 없어지지 않는다. (《정조지》 권6)

유락油酪은 기름과 타락을 가리킨다. 유油는 곡물과 채소의 씨앗에서 짜낸 것이고, 낙酪은 생우유가 아니라 소와 양의 젖을 달인 것이다. 《임원경제지》에서는 북쪽 사람들은 타락을 즐기고 남쪽 사람들은 기름을 즐겨 먹는데, 우리나라 사람들은 목축에는 어둡고 단지 깨를 심어 기름을 얻고 다른 것은 모른다고 지적했다. 보론으로 취유제종取油諸種이라 하여 콩기름, 삼씨기름, 순무씨기름, 유채 씨 기름, 차조기 씨 기름, 산초 씨 기름 등 다양한 식물에서 기름 짜는 법을 설명했다.

국얼麴櫱은 누룩과 엿기름이다. 모두 발효에 필요한 것이다. 누룩은 효소를 갖고 있는 균(곰팡이)을 배양한 곡물을 가리키는데, 서유구는 누룩은 보리 띄운 것을 의미한다고 설명하며, 술을 빚을 때 반드시 필요하다고 했다. 엿기름은 싹 튼 곡물을 말하며, 단맛을 내는 재료라고 설명했다.

《임원경제지》에서 양념을 뜻하는 단어는 임료飪料다. 서유구는 음식을 조리하는 재료라고 양념을 정의하며, 매운 양념은 위장을 열고, 단 양념은 입을 즐겁게 하고, 향이 있는 양념은 냄새를 없애고, 타락 양념은 단단한 음식을 연하게 한다고 설명했다. 요리하면서 양념을 쓸 줄 모르면 이것은 인적이 드문 마을에서 다리 부러진 삼발이 솥에 끓인 맨 죽이나 마찬가지라는 비유로 양념이 음식 조리에 얼마나 중요한지 강조해 흥미롭다.

근대 조리서 속 양념

최초의 근대 조리서, 《조선요리제법》의 양념

1900년대에 들어서면서 인쇄술이 발달하여 손으로 써서 베낀 필사본 조리서는 점차 줄어들고, 한글 신활자로 출판되는 책이 나오기 시작했다. 서적의 대량 생산과 유통이 가능해지면서 점차 요리책도 대중화되었다. 학교에 조리 교육이 들어왔고, 여성단체에서는 요리 강습회를 열었다. 요리책이 다른 분야의 책들을 제치고 베스트셀러에 오르기도 했다. 요리책 붐의 중심에는 1917년부터 1962년까지 45년간 34판 출간이라는 경이적인 기록을 올리며 꾸준히 인기를 끌었던 《조선요리제법朝鮮料理製法》이 있었다.

《조선요리제법》의 저자는 방신영方信榮(1890~1977)으로, 1917년 초판 발행 이후 여러 차례 개정증보판을 발행했다. 그중 1942년 《조선요리제법》 증보판에 양념 만드는 법이 분류되었다. 고명, 양념, 향신료를 구분하지 않고 관련한 식재료를 나열했는데, 그 종류는 알고명, 석이, 표고, 황화채, 미나리, 파, 깨소금, 잣가루, 마늘, 생강, 고추, 겨자, 초장, 초고추장, 초젓국, 마요네즈소스 등이다.

《조선요리제법》의 각종 양념 만드는 법을 통해 당시의 양념 사용법을 짐작해볼 수 있다. 방신영은 양념의 종류와 그 사용 원칙을 이렇게 언급했다. "간장, 파, 마늘, 생강, 후춧가루, 고춧가루, 소금, 설탕, 초, 이상의 몇 가지인데 어떠한 음식에는 여러 가지 약념을 전부 넣어야 하고, 어떠한 음식에는 더러만 넣어야 되나니." 그러면 어떤 음식에는 여러 가지 양념을 전부 넣고, 어떤 음식에는 '더러만' 넣었을까? 그 예를 살펴보자.

1. 국거리 끓이는 데에는 간장, 파, 마늘, 후춧가루, 깨소금, 기름, 이렇게만 넣어서 쟁이고
2. 구울 고기에나 굽는 고기에는 아래와 같은 약념을 넣을 것이니 간장, 파, 마늘, 후춧가루, 깨소금, 기름, 설탕을 넣고
3. 생선을 볶거나 굽거나 조리는 데에는 간장, 파, 마늘, 생강, 기름, 설탕, 고추 등을 넣고
4. 닭국이나 생선국을 끓이는 데에는 간장, 파, 마늘, 후춧가루, 생강, 고추, 이상 여섯 가지만 넣어서 끓이고
5. 나물을 무치는 데는 간장, 파, 마늘, 깨소금, 기름, 설탕, 이상 여섯 가지 약념만 넣고 묻치는니라

이 책에서는 고명을 따로 구분하지 않고 양념 항목에 넣었지만, 고명 준비하는 법은 따로 설명했다. 알지단, 미나리지단, 파지단, 버섯고명(표고, 느타리, 목이, 석이), 파고명, 고추고명, 깨소금고명, 잣가루고명, 고기고명, 마늘고명, 생강고명 등 고명 종류를 먼저 나열하고, 고명 넣는 법에는 국거리 쟁이는 데 넣는 고명, 구이와 볶음에 넣는 고명, 생선볶음과 조림과 구이에 넣는 고명, 닭국과 생선국에 넣는 고명, 나물에 넣는 고명을 모두 따로 설명했다.

     1부 역사를 통해 살펴본 한식의 양념문화

조미료로 사용하는 젓갈과 장 만드는 법에 관해서도 상세히 설명했는데, 먼저 젓갈로는 청어젓, 준치젓, 가자미젓, 조치젓, 병어젓, 모쟁이젓, 창난젓, 명란젓, 게젓, 굴젓, 물새우젓, 어리굴젓, 멸치젓, 갈치젓, 고등어젓을 소개했다. 장에 관해서는 간장 메주 쑤는 법, 고추장 메주 쑤는 법, 간장 담그는 법(2), 급히 청장 담그는 법, 된장 담그는 법(2)을 비롯해 찹쌀고추장(5), 멥쌀고추장, 보리고추장, 수수고추장, 팥고추장, 무거리고추장, 떡고추장, 약고추장, 담북장, 어육장, 청태장, 무장, 막장, 밀장, 장선고추장, 마늘고추장을 소개했다. 그리고 초 만드는 법(2), 겨자 만드는 법(3), 초장 만드는 법, 초젓국 만드는 법, 초고추장 만드는 법이 나온다.*

남성이 쓴 근대 조리서, 《조선무쌍신식요리제법》의 양념

1924년에는 표지에 채색한 그림을 넣은 조리서가 최초로 등장했다. '조선에 둘도 없는 최신 요리책'이라는 뜻을 가진 《조선무쌍신식요리제법朝鮮無雙新式料理製法》이다. 이 책은 1924년 처음 출간된 이후 1930년 재판을 내고, 1936년에는 서양 요리와 일본 요리를 보충한 증보판이 나왔으며, 이후 1943년에 4판이 나올 정도로 큰 인기를 끌었다.

《조선무쌍신식요리제법》의 저자는 이용기李用基(1870~1933?)다. 그는 구전되던 조선 가요 1,400여 편을 집대성한 《악부樂府》를

---

* 괄호 안의 숫자는 조리법의 개수다.

편찬한 당대 지식인이었는데, 풍류를 좋아했기에 미식에 대한 관심도 남달랐던 것으로 보인다.

《조선무쌍신식요리제법》에는 총 68항목에 무려 790여 종의 음식 조리법이 실려 있는데, 1936년 증보판에는 각종 장, 초, 젓갈, 기름, 엿 등 조미료 만드는 법과 양념 만드는 법을 소개하고 있다. 특이하게도 '소금 만드는 법'이라는 항목도 있는데, 물론 제염하는 법을 알려주는 것은 아니고 소금에 관한 설명과 사용법에 대한 안내다. 다른 나라의 소금을 먼저 설명한 후 우리 해염海鹽은 바닷물을 고아서 만든다고 하면서, 바닷소금海鹽(바닷가에 웅덩이를 파고 담긴 바닷물을 퍼다 달인 소금), 소금 두는 법藏鹽法(쥐엄나무 한 오라기를 넣어두면 소금이 변하지 않음)을 설명했다.

다음은《조선무쌍신식요리제법》에서 다룬 양념(조미료)의 종류다.

장 담그는 법

장의 본질(간장, 醬汁, 醬油, 淸醬, 甘醬, 法醬), 장맛이 변한 것을 고치는 법(醫醬失味), 메주 만드는 법(末醬, 燻造), 장 담글 때 조심할 일, 장 담글 때 넣는 물건, 장 담그는 데 꺼리는 일, 장 담그는 날, 콩장[大豆醬], 팥장[小豆醬], 대맥장(大麥醬, 大麥麵醬), 집장[汁醬], 가집장[假汁醬], 물장[淡水醬], 어장魚醬, 육장肉醬, 청태장靑太醬, 장 담가 속히 되는 법[旬日醬], 급히 청장을 만드는 법[淸醬逡巡醬]

    1부 역사를 통해 살펴본 한식의 양념문화

고추장 담그는 법

급히 고추장 만드는 법, 팥고추장[小豆苦草醬], 벼락장, 두부장豆腐醬, 비지장[批之醬], 잡장雜醬

된장 만드는 법

싱거운 된장[潭醬], 짠 된장[鹹醬]

초 담그는 법

초론醋論, 초본방醋本方, 초속방醋俗方, 초별방醋別方, 쌀초[米醋], 메좁쌀초(粟米醋 小米醋), 보리초[大麥醋], 밀초[小麥醋], 사절초(四節醋, 四節丙午醋), 매초梅醋, 감초[柿醋], 잘못된 술로 초를 만드는 법[敗酒作醋法], 초에 곰팡이가 안 나는 법[醋不生黴法]

젓갈 종류

새우젓[白蝦醢], 대하젓[大蝦醢], 전복젓[全鰒醢], 소라젓[螺醢], 대합젓[大蛤醢], 꼴뚜기젓, 밴댕이젓[蘇魚醢], 웅어젓[葦魚醢], 준치젓[鰣魚醢], 조침젓, 알젓[卵醢], 조개젓[蛤醢], 게젓(蟹醢, 蟹醬), 방게젓[螃蟹醢], 비웃젓[靑魚醢], 조기젓[石魚醢], 참조기젓[黃石魚醢], 홍합젓[紅蛤醢], 굴젓[石花醢], 장굴젓[醬石花醢], 물굴젓[水石花醢], 어리굴젓[淡石花醢], 뱅어젓[白魚醢], 감동젓(感動醢, 甘冬醢, 權停醢, 充貞醢, 紫蝦醢), 하란젓[蝦卵醢], 명란젓[明卵醢], 광란젓[廣卵醢], 석란젓[石卵醢], 연어알젓[鰱魚卵醢], 잡젓[雜醢]

기름 종류

참기름(창기름, 麻芝油, 脂麻油, 淸油, 眞油), 급히 참기름 내는 법[急造麻油法], 들기름 내는 법[荏子油法], 급히 들기름 내는 법, 콩기름[黃白大豆油], 삼씨기름(태마자유), 동백기름[桐柏油], 피마자기름蓖麻子油(아주까리기름)

엿 만드는 법

흑당(飴 黑餳), 엿기름 내는 법(造糱法, 養麥芽法), 백당(餳 白餹)(흰엿), 밤엿[栗餹], 흑두당[黑豆餅]

약념 만드는 법

깨소금[麻鹽] 만드는 법, 잣가루柏子末(잣소금) 만드는 법, 겨자[芥子醬] 만드는 법, 초장醋醬 만드는 법, 초고추장[醋苦草醬] 만드는 법, 초젓국[醋醯] 만드는 법, 소스[素酢]

요리사도 아니고, 음식 관련 일을 한 것도 아닌 저자가 저리 많은 양념을 숙지하고 있었다는 사실이 놀랍다. 조선 후기 남성들이 쓴 음식 관련서인 유중림柳重臨(1705~71)의 《증보산림경제》나 서유구의 《임원경제지》〈정조지〉를 잇는 저술이라고 할 수 있다.

조선 반가의 조리서, 《조선요리법》의 양념

1939년에 출간된 《조선요리법朝鮮料理法》은 서울 반가 음식의

 1부 역사를 통해 살펴본 한식의 양념문화

전통 조리법을 서술한 책이다. 최초의 근대 조리서라 평가하는 방신영의 《조선요리제법》과 어깨를 나란히 하며, 당시 대중에게 큰 호평을 받았다. 저자인 조자호趙慈鎬(1912~76)는 서울 양반 가문의 자제로, 순종의 계비인 순정황후 윤씨의 이종사촌이다. 일본 동경제과학교를 졸업한 후 동료들과 함께 경성가정여숙(현 중앙여자고등학교)을 설립, 교사로 근무하며 전통 음식을 가르쳤다. 저자의 이런 배경 덕에 조선 말기의 왕실 음식과 반가 음식을 요리책에 담을 수 있었다.

이 책은 35장으로 나누어 모두 400여 종의 음식에 관해 상세하게 설명했다. 특히 '고명 만드는 법'을 첫 장에 배치한 것이 이채로운데, 지단, 완자, 파지단, 미나리지단, 모루기(완자)와 함께 윤집(초고추장), 겨자집(겨자장), 초장(초간장), 초젓국(새우젓국) 등 음식에 곁들이는 양념장류까지, 고명과 양념을 나열하며 소개했다. 이어 메주와 장 담그는 법, 가루 만드는 법이 나온다.

한편, 이 책은 '메주 쑤는 법'과 '장 담그는 법'을 따로 소개하고 있다. 메주 쑤는 법에서는 간장 메주와 고추장 메주 만드는 법을 다르게 설명했으며, 장 담그는 법에서는 정월장, 이월장, 삼월장, 고추장(2), 무장, 담북장, 청국장, 합장 등 다양한 장 만들기를 설명했다. 반가의 장 만드는 법이 얼마나 섬세하고 중요한 작업이었는지를 짐작할 수 있다.

재미있는 것은 '각종 가루 만드는 법'이다. 각종 곡물의 가루는 면 요리의 재료가 되지만, 양념의 기초가 되는 가루도 있다. 이 책에는 녹두 녹말, 감자가루, 수숫가루, 미숫가루, 꿀 소, 콩가루가 나온다. 젓갈 담그는 법에는 조기젓, 준어젓, 병어젓, 굴젓, 게젓, 속젓, 뱅어젓, 새우젓을 소개했을 뿐 아니라 보관 시 주의할 점을 일러두고 있다.

한국과 일본의 양념 사용 차이

지금까지 고조리서를 통해 전통 양념 사용법을 살펴보았다. 그렇다면 우리와 비슷한 음식문화를 가졌다고 생각되는 일본의 양념 사용은 어떤지 궁금증이 생긴다. 한국 음식과 일본 음식은 비슷하면서도 다르다. 그래서 음식의 맛과 향을 결정짓는 양념, 특히 주로 반찬에 사용하는 조미료와 향신료 사용에서의 차이를 두 나라의 조리서[*]를 분석한 논문[**]을 통해 살펴보았다.

두 나라에서 함께 사용하는 양념은 참깨, 후추, 고추, 파, 생강 등이었다. 한국만 주로 사용하는 양념은 고추장, 마늘로 나타났고, 일본에서 주로 사용하는 양념은 감귤류, 무즙, 초피(산쇼) 싹, 시소, 와사비였다. 두 나라 간에 확연한 양념 사용의 차이가 보였다.

한국의 조리서에서는 마늘, 후추, 파, 참깨, 생강, 고추, 고추장 순으로 사용 빈도가 높았다. 마늘의 사용 빈도는 70퍼센트를 넘으며 조림, 무침, 전골, 국, 절임 등 다양한 요리에 마늘이 들어간다. 갖은양념을 많이 사용하는데, 이는 소금, 간장, 설탕, 참기름 등의 기본 조미료에 마늘, 파, 깨 등의 향신료를 섞은 것이다. 고기 재는 양념 외에도 나물이나 조림 등에 이용한다.

---

[*] 한국과 일본의 각각 4개의 요리책으로 각각 가정 요리책과 전문 요리책을 선택했다.

[**] 김정은, 〈한국 및 일본의 요리책에서의 식재료, 조리법, 조미법, 양념의 비교〉, 《배화논총》, 2011, 29-30: 337-347.

반면 일본의 조리서에서는 생강이 가장 많이 사용되며, 초피 싹, 참깨, 와사비, 감귤류(유자, 영귤, 레몬 등), 무즙의 순으로 사용 빈도가 높았다. 이는 향을 내거나 장식용으로 음식을 보기 좋게 하는 데 주로 쓰인다. 한국과는 향신료 이용에 차이가 있다고 할 수 있다.

한국과 일본의 주식에 쓰이는 양념을 살펴보면 반찬에서의 사용과 유사한 실태를 보인다. 한국에서는 양념을 비벼 먹을 때 주로 사용하며, 쌀과 함께 넣어 밥을 짓지는 않았다. 일본은 주식에는 생강, 감귤류, 무즙의 순서로 사용하지만, 와사비를 날생선에 사용하는 것 외에는 솥밥이나 스시 등에서 장식이나 곁들이로 많이 사용했다. 한국은 밥 자체에 조미하는 일은 적으나 일본은 밥 자체에 가미하는 경우가 적지 않았다. 한일 모두 소금이나 간장을 기본으로 사용하며, 단맛을 내는 감미료를 많이 사용하는 것이 유사하다. 한국은 특히 참기름을 많이 사용했다.

반찬에 사용하는 양념의 경우, 한국은 양념 종류는 적지만 사용 빈도가 높은 것으로 나타났다. 반면 일본은 사용하는 양념의 종류는 많지만 사용 빈도는 낮다고 볼 수 있다. 그 내용을 보면 한국은 반찬에 사용하는 양념은 마늘, 파의 사용을 많이 하고 매운맛의 양념을 많이 사용한다. 일본은 생강을 자주 사용하고 양념은 한국보다 적은 양을 사용한다.

전통 조미료의 세계

조미료調味料를 풀이하면 맛[味]을 도와[調] 좋게 해주는 재료[料]다. 음식의 맛은 모든 재료가 어우러져 완성되므로 각각의 맛을 조절하는 것이 중요한데, 이것이 조미료의 역할이다.

음식 맛의 기본은 짠맛이고, 이는 소금이 주로 담당했다. 소금은 짠맛을 낼 뿐 아니라 미네랄 성분을 제공하기에 우리 몸의 대사를 조절하는 데 필수적이다. 소금 외에 전통적인 짠맛 조미료는 콩과 소금, 물로 만드는 된장과 간장이 있다. 인간은 본능적으로 단맛을 좋아하고, 쓴맛을 피한다. 과일과 꿀 등에서 단맛을 느낄 수도 있고, 엿이나 설탕처럼 자연 재료를 가공하고 응축해서 단맛을 만들어낼 수도 있고, 인공 감미료도 있다. 쓴맛은 피해야 할 맛으로 인식되지만, 재료 자체에 포함된 쓴맛이 오히려 고급스러운 맛을 내며 입맛을 돋워주기도 한다.

신맛은 재료 자체에서 나기도 하고 재료를 발효시켜 만들기도 한다. 덜 익은 과일을 비롯해 각종 식재료에 신맛이 포함되어 있어 그 자체의 맛을 즐기기도 하지만, 곡물이나 과즙을 발효시켜 식초를 만들어 음식의 풍미를 높인다. 서구에서는 매운맛을 통증으로 보고 맛으로 인정하지 않는다. 그러나 우리는 매운맛을 중요한 맛으로 간주해 고추장과 겨자즙 등을 이용해왔다. 요즘 조미료는 대부분 화학조미료를 가리키며, 천연 식품에서 맛을 나는 특정 성분을 추출해 인공적인 가공 과정을 거쳐 생산되는 제품을 말한다.

여기에서는 한국인이 전통적으로 사용해온 다양한 맛의 조미료를 살펴보자.

5장

짠맛 조미료

인류 대표 짠맛 조미료, 소금

인류가 이용해온 조미료 중 가장 오래된 것이 바로 소금이다. 소금은 음식의 기본적인 맛인 짠맛을 내는데, 단맛이나 신맛을 내는 조미료와는 달리 다른 물질로 대체할 수 없다는 점에서 인류의 식생활에서 절대적인 비중을 차지한다. 소금은 가장 강력한 맛 성분이자 동물의 생존을 위한 필수품이다. 음식을 만들 때 소금만큼 적은 양으로 강력한 효과를 주는 것은 없다. 음식이 맛이 없는 것은 소금 부족일 경우가 많다. 또 소금은 음식에 짠맛을 부여할 뿐 아니라 전반적인 풍미를 높여준다. 또 쓴맛을 없애고 이취異臭는 줄이며 단맛을 더 강하게 하고 향을 풍부하게 만들어준다.

소금의 화학명은 염화나트륨이며 화학식은 NaCl이다. 소금 혹은 바닷물을 뜻하는 라틴어 sal은 영어 salt를 비롯해 salz(독일어), sel(프랑스어), sal(스페인어·포르투갈어), sale(이탈리아어)의 어원이다. 한편, 음식에 사용하는 정제된 소금은 식염 또는 식탁염table salt이라고 구분한다.

인류의 소금 이용 역사

소금은 가장 오래된 조미료로, 인류가 소금을 통해 염분을 섭취하기 시작한 시기는 기원전 6,000년경으로 추정된다. 유랑 생활을 하던 원시시대에는 동물의 고기나 젖을 먹음으로써 그 속에 들어 있는 소금 성분을 자연스럽게 섭취할 수 있었다. 그러나 점차 농경사회로 바뀌면서 곡류와 채소 위주의 식생활을 하게 되어 따로 소금을 섭취할 필요가 생겼다.

동서양을 막론하고 예전부터 소금 생산자는 경제·사회적으로 막강한 영향력을 행사했다. 소금은 고대국가의 종교의식에서 중요한 제물祭物로 이용되었으며, 변하지 않는 소금의 성질 때문에 계약을 맺거나 충성을 맹세하는 과정에서 징표로 사용되는 등 실제적인 필요성과 함께 상징성을 획득하면서 널리 보급되기 시작한 것으로 보인다.

소금의 생산지인 해안이나 염호, 암염 등이 있던 장소는 수렵민이나 농경민이 소금을 얻기 위해 모여들면서 교역의 중심지가 되었으며, 점차 소금을 얻기 위한 국가 간의 교역로가 발달했다. 또한 이집트, 페르시아, 중국 등 고대 제국에서는 행정적으로 소금의 생산과 공급을 통제했는데, 중국은 세계 최초로 소금세를 도입해 경제와 행정의 기반을 마련했다. 로마 제국에서는 군인과 관리의 봉급을 소금으로 주었다. 일을 하고 받는 급여를 영어로 salary라고 하는데, 이 단어는 '병사에게 주는 소금돈'이라는 뜻의 라틴어 salarum에서 유래했다고 한다.

유럽에서는 중세에 들어서면서 소금이 더욱 귀한 자원으로 여겨졌다. 9~13세기 지구의 온난화로 인해 유럽의 평균기온이 약 2도 상승했는데, 이때 해수면이 1미터 가까이 높아져 모든 염전의 소금 생산량이 급격히 줄어들었고 소금 품귀 현상이 발생했다. 사람들은 소금 대신 염분을 섭취하기 위해 동물이나 사람의 피를 빨아먹기까지 했는데, 이는 동물의 피는 어느 정도의 염분을 함유하고 있기 때문이다. 지금도 소금을 구하기 어려운 아프리카 내륙 지방에는 소의 동맥에 뾰족한 대나무 관을 꽂고 피를 빨아먹는 풍습이 있다고 한다.

소금은 도시와 교역 중심지의 발전에 기여했다. 솔트로드Salt Road라 불리는 소금 무역로는 유럽 경제에서 중요한 역할을 했다. 근대 산업혁명 이후 소금 생산 방식이 대규모화되었고, 현대에는 바닷물 증발, 소금광산 채굴 등 다양한 방식으로 소금을 생산하고 있다.

한반도의 소금 이용 역사

우리 조상들도 오래전부터 소금을 만들었다. 삼국시대에 이미 소금을 생산해 사적으로 거래했으며, 공물로 사용하기도 했다.《삼국사기》고구려본기 미천왕조에 "왕이 젊었을 때 소금 장사를 하며 망명 생활을 하였다."라는 기록이 있고,《삼국유사》에는 "소금 장수 사위를 보았다."라는 기록이 있다. 고려시대에는 소금의 소비량이 증가하자 국가 재정을 확충하고자 국가가 소금 생산과 유통을 장악하기도 했다.

조선시대에 이르면 중앙정부가 연해 주군沿海州郡*에 염장鹽場을 설치하고 직접 소금을 생산하고 전매하는 제도를 시행했다.

세종 때에는 의염색義鹽色이라는 기구를 설치해 소금 생산을 증대하는 방법을 모색했는데, 소금 생산에 적합한 지역을 찾고 실험을 통해 효율적인 소금 제조 방법을 개발하는 일을 맡았다. 실험 방법은 소금 생산에 필요한 노동력, 소요 시간, 바닷물을 가열할 때 사용하는 철분鐵盆과 토분土盆, 그리고 노동력을 제공하기 위해 동원된 선군船軍 등을 비교하는 것이었고, 실험 대상 지역은 강원도 삼척, 경기도 남양(현재의 화성), 황해도 웅진, 경상도 동래, 충청도 태안, 전라도 흥양(현재의 고흥) 등이었다. 실험 결과, 대상 지역 가운데 소금을 가장 많이 생산한 지역은 전라도 흥양이었다.[1] 이러한 사정은 세종 29년(1447)에 예조 참의 이선제李先齊가 올린 상소문에서 확인된다.

대저 소금은 인민의 일상생활에서 하루라도 빼놓을 수 없는 것이

---

* '연해 주군'은 [바다에] 연해 있는 주와 군을 의미하며, 특정 지역의 명칭이 아니라 조선의 전 해안에 걸쳐 있는 주·군을 포괄한다. 따라서 연해 주군에 염장을 설치했다는 것은 조선의 전 해안 지역에서 소금을 생산했다는 뜻이다.

어서 천지간에 없는 곳이 없습니다. … 이제 보고 들은 바를 말씀
드리면, 가마솥에서 바닷물을 달여 하루 밤낮을 지내면 하얗게 나
오는 것이 동해東海의 소금이고, 진흙 솥에서 하루에 두 번 달여서
짜게 만든 소금이 서남西南의 소금입니다.*

이렇듯 조선의 소금은 흙이나 쇠로 만든 솥에 바닷물을 넣고
불을 지펴서 달이는 방법으로 만들었다. 이것을 '자염煮鹽'이라
하는데, 구한말까지 이 방법으로 소금을 만들었다.

천일염을 우리의 전통 소금으로 알고 있지만, 천일염은
1907년 처음 도입된 소금 제조 방식이다. 인천 주안 염전이 최
초이며, 이후 경기도와 충청도, 전라도에 집중적으로 염전을 만
들어 천일염을 생산했다. 천일염은 햇볕과 풍력을 이용해 바닷
물을 농축시켜 만든 소금이다. 따라서 천일염은 기후 조건만 맞
으면 해변에서 쉽게 생산할 수 있었다. 더욱이 우리나라는 국토
의 삼면이 해안이라 소금 생산에 유리한 지리적 조건을 갖추고
있다.

해방 이후 정부는 1949년 '염 증산 5개년 계획'을 세워 소금
증산을 위해 염전 확대를 꾀했다. 1961년에 염 전매법이 폐지되
었고, 1997년부터 소금 수입이 자유화되었으며, 2005년 이후

---

* 원문: 大抵鹽者, 吾民之日用, 不可一日闕, 所以天地間無地無之, 況我東方三面濱海,
皆爲煮鹽之地乎? 不唯煮鹽爲然, 捕魚採藿, 亦猶是也. 今見聞言之, 用釜鐵而煎, 經日
夜而出素者, 東海之鹽也. 塗泥爲釜, 或一日而再成醎者, 西南之鹽也. 西南勞役稍歇,
功倍於東海矣. 且捕魚亦多術焉, 或用結箭, 或用網罟, 或操舟入海, 從流漁釣, 其所獲
亦有多寡之殊, 而西南尤多, 其大致如此. 《세종실록》권117, 세종 29년 9월 23일 기사 중)

　　　　　　　　　　2부　전통 조미료의 세계

그림 2-1 김준근의 〈염조지인〉. 자염 만드는 법을 이 그림에서 확인할 수 있다.

소금 관리 업무가 지방자치단체로 이양되었다. 2008년에는 염 관리법 및 식품공전이 개정되면서 광물로 취급되던 천일염이 식품으로 인정되었다.

현재 한국의 소금은 대기업 및 중소업체에서 다양한 제품으로 생산하고 있으며, 전통 소금이라는 이름으로 천일염 및 자염도 생산되고 있다.

소금의 종류와 제조법

소금은 단순한 조미료를 넘어서 문화적·경제적·역사적 중요성을 갖는다. 종류와 생산 방식에 따라 소금의 맛과 용도가 다르며, 이는 지역적 특성과 전통을 반영한다. 소금은 지구상의 어느 곳에나 존재하지만, 자원으로 생각할 수 있는 것은 지하에 매장되어 있는 암염과 바닷물에 포함된 해염이다. 그 밖에 염호[*], 염천[**] 등에서 산출된 소금도 있다. 암염은 지층 중에 있는 암염층으로부터 다른 광물과 마찬가지 방법으로 채굴하는데, 소금광산에서 채굴된 것으로 비엘리치카 소금, 히말라야 소금 등을 들 수 있다. 히말라야 소금은 분홍빛을 띠며 미네랄 함량이 높다.

제염업의 기원을 정확하게 추정하기는 어렵지만 그 역사는 매우 오래되었다. 바닷물은 약 3퍼센트의 소금을 포함하고 있어 인류에게 가장 중요한 염분원이다. 우리 조상들은 오랫동안 바닷물을 끓여 소금을 만드는 전오제염법煎熬製鹽法(자염)에 의존해왔는데, 1907년 천일제염이 시작된 것을 계기로 일대 전환을 맞았다. 천일제염은 태양과 바람을 이용해 수분을 증발시켜 결정화된 소금을 얻는 방법이다. 이 방법은 기후풍토의 조건만 좋으면 해변에서 쉽게 소금을 생산할 수 있어 바다를 낀 지역에서

---

[*] 바다였으나 지각변동으로 인해 육지에 갇힌 내륙 호수.
[**] 물의 소금기가 1,000분의 1 이상 들어 있는 온천.

- 플뢰르 드 셀Fleur de Sel은 프랑스에서 주로 생산되는 고급 소금으로, 바닷물 증발 시 표면에 형성된 얇은 결정을 채취한 것이다. 섬세한 맛과 향을 지니며, 고급 요리에 사용된다.
- 코셔 소금은 입자가 크고 불순물이 적은 소금으로, 유대교의 코셔 규정에 따라 육류를 손질하는 데 사용한다. 일반적으로 고기를 염장하는 데 유용하다.
- 흑소금Kala Namak은 주로 인도에서 사용되며, 유황 성분으로 인해 독특한 맛과 향을 지니며. 채식 요리와 아유르베다 요법에서 사용된다.

많이 사용한다. 주로 한국, 프랑스, 일본 등에서 생산되는데, 천일염은 미네랄이 풍부하며 독특한 풍미를 제공한다.

정제염은 천일염이나 암염을 가공해 불순물을 제거한 소금이다. 순도 높은 염화나트륨으로, 가정용은 물론 산업용으로 사용한다. 그리고 최근 많이 사용되는 맛소금 및 가공 소금은 MSG, 요오드 등 첨가물이 포함된 소금으로, 요리 시 특정한 맛을 더하기 위해 사용한다.

소금의 다양한 기능

소금은 기본적인 조미료 중 하나로, 음식의 맛을 돋우고 조화를 이루게 하는 중요한 역할을 한다. 조미료로서 소금은 단순히 짠맛을 제공하는 것을 넘어 다양한 기능을 가지고 있다.

첫째, 식재료의 보존이다. 소금은 오래전부터 기생물의 번식을 억제하고, 음식의 신선도를 유지하는 데 도움을 주는 방부제로 사용되었다. 절임(피클), 장아찌, 간고등어 같은 생선의 염장은 소금을 활용한 보존 기술의 대표적인 예다.

둘째, 소금은 음식에 짠맛을 더해줄 뿐 아니라 단맛, 신맛, 감칠맛 등을 더 잘 느끼게 한다. 이는 소금이 미각을 더욱 활성화하기 때문이다. 특히 단맛이 강조된 디저트나 과일에 소금을 소량 첨가하면 맛이 더욱 풍부해진다.

셋째, 소금은 삼투압 작용을 일으켜 식재료에서 수분을 빼내는 작용을 한다. 채소의 아삭함을 유지하거나 고기의 조직을 연하게 만드는 데 소금을 사용하는 건 이 때문이다. 또 단백질 분해 효과가 있어 고기나 생선의 단백질을 부분적으로 분해해 질감을 부드럽게 하고 풍미를 강화한다. 그리고 소금을 물에 첨가하면 끓는점이 약간 상승해 조리 시간을 조절할 수 있다.

넷째, 감칠맛을 강화한다. 소금은 단독으로 감칠맛umami을 내는 글루탐산 성분은 없지만, 감칠맛 성분이 들어 있는 재료와 함께 사용할 때 그 맛을 극대화한다. 예를 들어 다시마, 치즈, 토마토 등과 함께 사용할 때 맛이 더욱 깊어진다. 또한 음식의 마무리 단계에서 사용하는 플레이크 소금이나 히말라야 소금은 시각적 매력을 더하고 고급스러움을 강조한다.

소금을 사용할 때는 적정량을 지키는 것이 중요하다. 소금은 음식의 맛을 크게 좌우하지만, 과도한 사용은 고혈압, 심혈관 질환 등을 유발할 수 있다. 저염 소금을 활용하거나 다양한 향신료와 조미료를 사용해 소금을 대체할 수 있다.

한국 대표 조미료, 장류

장醬은 아시아 지역에서 음식의 맛을 내는 데 사용하는 가장 중요한 조미료다. 아시아의 장류는 만드는 재료에 따라 두장豆醬, 곡장穀醬, 어장魚醬, 육장肉醬 등으로 구분되는데, 한국의 장은 대부분 콩으로 만드는 두장이다. 보통 장이라고 하면 좁은 의미로는 액체 상태인 간장을 뜻하며, 넓은 의미로는 간장, 된장, 고추장을 모두 말한다. 장은 식물성 단백질이 풍부한 콩으로 메주를 만들고 소금물에 넣어 미생물의 작용으로 발효시킨 것이다. 이 과정에서 단백질이 아미노산으로 분해되어 구수한 향미가 나며 짠맛과 감칠맛이 나는 조미료로 사용한다.

간장과 된장은 짠맛을 내지만, 조미료로는 무엇보다 감칠맛을 내는 역할이 더 중요하므로 감칠맛 조미료로 분류할 수도 있다. 고추장은 짠맛, 감칠맛도 있지만 매운맛을 즐기기 위해 주로 사용하므로, 여기서는 매운맛 조미료로 분류한다.

콩은 척박한 토양에서도 잘 자라는 식물로, 한반도 전역에서 경작이 쉽게 이루어졌다. 그런데 콩은 생으로 먹으면 소화가 안 되는 작물이므로 삶아 먹어야 했다. 아마 먹다 남겨둔 삶은 콩이 우연히 발효되어 두장이 되었을 것이다.

두장은 우리 조상들의 삶에 깊숙이 파고들었다. 한반도는 목축에 부적합했고 농작물을 경작할 수 있는 땅이 부족했다. 따라서 우리 조상들은 주로 자연에서 채취하는 식자료에 의존해 단백질이 늘 부족한 식사를 했다. 이런 식생활을 했음에도 콩과 콩을 발효시킨 장이 있었기에 단백질은 물론 채식을 할 경우 결핍되기 쉬운 비타민 B_{12}를 섭취할 수 있었다.

장은 나물을 무치거나 고기를 볶을 때 등 다양한 한식 조리에서 필수 양념으로 쓰인다. 한국의 불고기가 세계적인 음식이 될 수 있었던 것도 바로 간장의 힘이다. 고기의 잡내를 잡아주면서 감칠맛을 더하는 간장이 있었기에 불고기를 만들 수 있었던 것이다. 오랜 세월 우리 민족의 밑반찬 역할을 해온 장아찌 또한 장을 기본으로 한 음식으로, 추운 계절에도 채소를 먹을 수 있게 해주었다.

콩과 함께 장이 시작되다

장의 주재료는 콩이다. 콩의 원산지에 관해서는 한반도·만주 중심설, 중국 화북설, 남방설, 다기원중심지설 등 여러 논의가 있으나 한반도와 만주가 품종의 다양성 및 재배종과 관련해 매우 중요한 지역임은 부인할 수 없다.

고대 한민족의 활동 무대였던 만주 지역의 약 6,000년 전 유적에서 야생 콩의 유체遺體가 출토됐다. 한반도에서는 울산광역시 세죽細竹 유적, 경상남도 진주시 태평리 어은동漁隱洞 유적, 이외에도 경기도 시흥시와 강원도 고성군 문암리 등에서 신석기시대 초기부터 후기까지 콩, 콩과작물, 화분 유체 등이 발굴됐다. 이렇게 선사시대 사람들이 이용한 콩은 대부분 채집한 야생 콩이었다.[2] 조나 기장, 벼, 맥류 등의 곡물 유체와 함께 출토되었기에 콩은 다른 곡물과 함께 이용되거나 주식으로 먹은 곡물

을 보조하는 역할을 한 것으로 보
인다.

청동기시대에 접어들면서 콩은 사
람이 재배하는 곡물이 되었다. 이
를 보여주는 콩 유체가 경북 포항
시 원동의 청동기시대 유적지에서
발굴되었다. 확인된 유체의 수량은
1,800립이며, 야생종과 재배종의 중
간 단계임이 확인됐다(그림 2-2 참

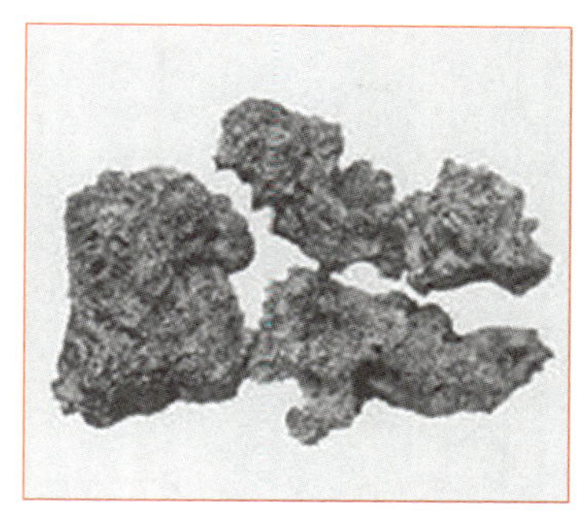

그림 2-2 경북 포항시 원동 유적에서 출토된 콩류 덩어리.

고).[3] 이러한 연구 결과는 야생 콩을 작물화하려는 시도가 청동
기 전기 이전부터 진행됐음을 알려준다.

그럼, 언제부터 콩을 발효한 두장을 먹기 시작했을까? 앞서
언급한 콩의 작물화는 콩을 발효시킨 두장을 먹었다는 직접적
인 증거는 되지 않는다. 두장을 만들기 위해서는 우선 콩을 물
에 불리는 '팽윤' 과정이 필요하고, 여기에 곰팡이와 효모, 세균
등의 미생물이 서식하면서 발효가 일어날 수 있는 환경이 조성
돼야 한다. 추측건대, 어느 날 식기로 쓰던 토기에 먹다 남은 삶
은 콩을 방치했는데, 여기서 곰팡이와 세균이 자라나 고분자 물
질인 단백질과 탄수화물이 각각 저분자 물질인 당분과 아미노
산으로 분해돼 콩에서는 맛볼 수 없던 단맛과 감칠맛을 경험했
을 것이다. 호남과 강원도의 삼국시대 유적에서 익힌 콩을 으깨
어 만든 것으로 추정하는 대두 탄화물이 출토됨으로써 고대인
들이 두장을 나름대로 제조했음을 확인할 수 있었다.[4]

그림 2-3 함경북도 나진 출토 시루.

이미 고조선시대에 두장 제조가 가능했다고 보는데, 그 이유는 다음과 같다. 먼저, 장의 원조쯤 되는 시豉를 고대국가가 건국되기 이전부터 만들어 먹었다는 기록이 있기 때문이다. 즉, 기원전 1세기경의 중국 역사서 《사기史記》에 시는 외국 산이어서 만들어 팔면 큰 이윤을 남긴다는 기록이 있다. 여기서 말하는 외국은 중국의 북방인 지금의 산둥성과 고구려의 지배 구역이었던 만주 일대다. 이렇게 우리 민족은 중국 주변에서 질 좋은 야생 콩을 일찍부터 작물화하고 여러 조리법을 고민해 시를 만들어냈다.[5]

두장이 만들어지려면 무엇보다 콩을 푹 익힐 수 있는 토기가 필수적이다. 그런데 이는 당시 만들어진 800~900도로 구운 민무늬토기로는 불가능하다고 보인다. 그러나 최근 청동기시대 초기의 유적지인 함경북도 나진시 초도 유적에서 시루가 출토되었다. 시루를 사용한다면 콩을 찌는 증숙蒸熟이 가능하고, 콩을 발효한 시와 초기 장의 출현이 가능했을 것이다.

장의 역사가 시작된 북방 지역은 대체로 고인돌이 분포하고 온돌 주거문화가 발달한 지역과 일치한다. 따라서 장은 한족의 중국과는 다른 별도의 역사·문화 공간이었던 만주 그리고 산 둥성 지역의 음식문화유산이다. 이후 북방 지역에서 한민족이 한반도로 이동해 역사를 만들어간 이후로도 장의 역사는 계속됐고, 이것이 일본 열도로까지 전해져 발전했을 것으로 추정된다.[6]

정리해보자면, 장의 원조쯤 되는 시豉가 기원전 1세기 문헌에 등장하는 것으로 볼 때 그 이전부터 존재했다고 짐작된다. 삶은 콩의 유체나 시루 같은 유물로 볼 때 기원전 8~6세기까지 거슬러 올라갈 수 있다. 그러나 당시 시는 소금을 콩에 미리 섞어 발효시킨 '염시鹽豉'다. 중국 고서에 외국산으로 나타난 염시는 식품이자 조미료였을 것이다. 한편, 장은 해醢(젓갈)나 저菹(채소절임)와 마찬가지 용도, 즉 콩의 저장성을 높이기 위해 만들어졌을 것이다. 장은 소금을 넣는 시기가 다르고 물을 사용한다는 점에서 시와 차이가 있다. 이미 만들어진 시가 조미 재료가 되기 위해서는 젓갈처럼 소금과 물을 이용해 발효 과정을 거쳐야 했고, 이는 초기 장의 형태라 볼 수 있다. 실제로 초기 장은 간장과 된장이 분리되지 않은 걸쭉한 형태로, 시를 젓갈처럼 만든 것이 곧 장이었을 것으로 추측한다.

고구려와 발해의 장문화

중국 역대 왕조의 정사正史에도 한민족의 장문화를 유추할 수 있는 기록이 있다. 290년에 나온 《삼국지》 위지 동이전의 "고구려 집집마다 부경桴京이라 부르는 작은 창고가 있그, 그 사람들은 깨끗하고 탐욕이 없으며 발효음식을 잘 만든다[家家自有小倉 名之爲桴京 其人絜清自喜 善藏釀].”라는 내용이다. 여기서 ‘선장양善 藏釀’의 양釀은 ‘빚는다’라는 뜻으로 발효를 의미한다.

고구려 광개토대왕 18년(408)에 축조된 평안남도 남포시 강서구역 덕흥리 고분에는 무덤 주인의 집에 “아침에 먹을 염시를 한 창고분이나 두었다[旦食鹽豉食一椋].”라고 적혀 있다. 여기서 염시는 소금을 넣은 시를 뜻한다. 이렇게 덕흥리 고분의 주인처럼 신분이나 지위가 높은 사람은 백성들이 바치는 곡물과 고기, 소금 외에도 이를 활용해 가공한 염시 같은 물품도 공납받았다고 짐작된다. 따라서 묘 주인은 공납받은 염시를 창고에 쌓아두고 과시했을 것이다.

삼국시대에 시를 어떻게 만들었는지에 관한 구체적인 기록은 없다. 다만, 세계 최고의 종합 농서인 《제민요술》에서 우리 조상들의 장문화를 엿볼 수 있다. 《제민요술》은 6세기경 산둥 반도에서 쓰인 농업서이자 조리서인데, 여기에 작시법作豉法을 비롯해 작장등법作醬等法, 황증黃蒸, 맥국麥麴 등이 나온다. 산둥 반도는 한반도와 가깝기 때문에 음식문화에 있어서도 서로 영향을 주고받았을 것으로 추정된다.

《제민요술》에는 “두시豆豉는 만들기 어렵고 잘 상하기 때문에 반드시 세심한 마음 씀씀이가 필요하다. … 온도가 적당해야 하므로 술 담그기보다 더 어렵다.”라고 서술돼 있다. 이렇게 부재료를 첨가하지 않고 콩만 발효해 시를 만들기 위해서는 오랜 기간 콩을 재배해온 전통과 품질이 우수한 콩을 생산·소비할 수 있는 여건을 먼저 갖춰야 한다. 따라서 《제민요술》에서는 질 좋은 대두의 종류도 소개하고 있는데, 여기에 황고려두黃高麗豆와 흑고려두黑高麗豆가 있다.*

'고려'라는 나라 이름을 붙인 것은 황대두와 흑대두 산지가 고구려임을 알려주는 동시에 고구려의 대두가 특별한 품질을 지녔다는 의미로 볼 수 있다. 이렇게 고품질의 콩을 일찍부터 재배하고 소비해온 사람들이 장문화를 발전시켜온 것이다.

한편 《신당서新唐書》의 발해전에는 "그 나라가 귀중히 여기는 것은 책성柵城의 시豉다."라는 기록이 있다. 책성은 당시 발해의 수도 격으로, 현재 러시아 연해주 크라스키노Kraskino로 추정된다. 이 크라스키노에서 고구려 및 발해의 성곽 터가 발굴되었는데, 다른 곳보다 두류가 많이 발견되었고 보관용 콩도 함께 출토됐다.

발해는 고구려 멸망 이후 고구려 유민들이 고구려 계승을 천명하며 세운 나라다. 책성은 일찍부터 고구려 동북방의 주요 거점으로, 왕이 이 지역을 순행하며 바위에 공적을 새기고 관리를 위무했던 역사적 장소다. 발해에서도 책성은 5경의 하나인 동경용원부東京龍原府로 명명돼 중요시됐다. 이 지역의 발해 유적에서는 잡곡류, 맥류, 두류 등 다양한 작물이 발견돼 농업이 상당한 수준이었음을 알 수 있다.[7] 또한 발해 때 이 지역은 염주성鹽州城으로 불렸을 만큼 소금 생산과 소비가 왕성하고 용이했다. 대두

---

* 원문: 黃高麗豆, 黑高麗豆, 䔄豆, 䅈豆, 大豆類也. 《제민요술》 권2)

유체 출토가 많고 소금 획득이 유리한 점은 이곳에 좋은 시를 만들 수 있는 여건이 충분히 갖춰졌음을 의미한다. 게다가 시루나 질그릇 솥, 철제 솥편, 항아리, 뚜껑 등의 유물도 주거지에서 발굴돼 이를 활용한 시 제작이 활발했을 것으로 보인다.[8]

이곳에서 발견된 유적과 유물은 고구려 역사와 문화를 계승한 발해인의 흔적이다. 발굴된 다양한 곡물 유체 중 대두가 이곳에서 가장 높은 출토 비율을 차지한 것도 예로부터 유명했던 '고려두'의 생산자이자 소비자인 고구려인들의 음식 풍속이 일상생활에 나타난 결과다. 다른 지역과 구별되는 고품질의 콩을 발효시켜 '선장양'의 전통을 이어왔다.

신라 왕실 폐백 음식이었던 장과 시

우리나라의 고문헌 중 장에 대한 최초 기록은 김부식의 《삼국사기》(1145)에서 찾아볼 수 있다. 신라 신문왕 3년(684)에, 왕이 김흠운의 딸을 부인으로 맞이하면서 납채 예물로 보낸 물품 목록이 나온다. 그중 장과 시가 있는데, 그만큼 장류가 중요한 식품

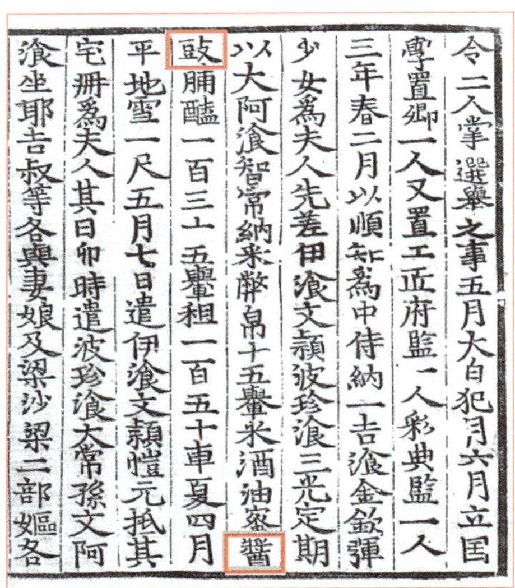

令二人掌選舉之事。五月，大白犯月。六月，立國學，置卿一人。又置工正府監一人，彩典監一人。三年春二月，以順知爲中侍。納一吉飡金欽運少女爲夫人，先差伊飡文穎波珍飡三光定期，以大阿飡智常納采。幣帛十五轝，米酒油蜜醬豉脯醢一百三十五轝，租一百五十車。夏四月，平地雪一尺。五月七日，遣伊飡文穎愷元抵其宅，冊爲夫人。其日卯時，遣波珍飡大常孫文阿飡坐耶吉叔等，各與妻娘及梁沙梁二部嫗各

그림 2-4 《삼국사기》 속 장과 시.

이었다.

또한 장은 살생을 금하는 불교에서 필수적인 식품이었다. 종교적 계율로 인해 육식을 하지 않고 영양분을 보충해야 했던 사찰에서 풍부한 양분을 제공하는 장을 제조·확보하는 것은 매우 중요했다. 당시 각 사찰에서 제조·저장한 장의 양은 상당했으며, 특별한 시기에는 사찰에서 신자들에게 장을 제공하기도 했다.

신라 사찰의 장문화를 확인할 수 있는 유적도 있다. 통일신라 때 조성된 것으로 추정되는 강원도 삼척 도계읍 흥전리 절터와 전라도 남원 실상사에서는 항아리에 장류와 저장 음식을 담아 별도로 보관하기 위한 장고醬庫 터가 발굴됐다.

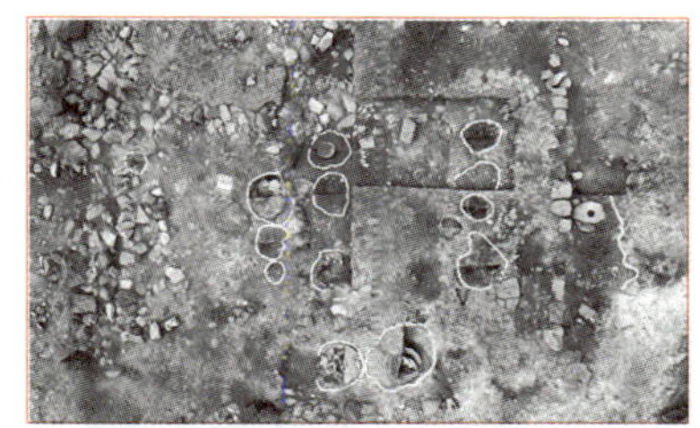
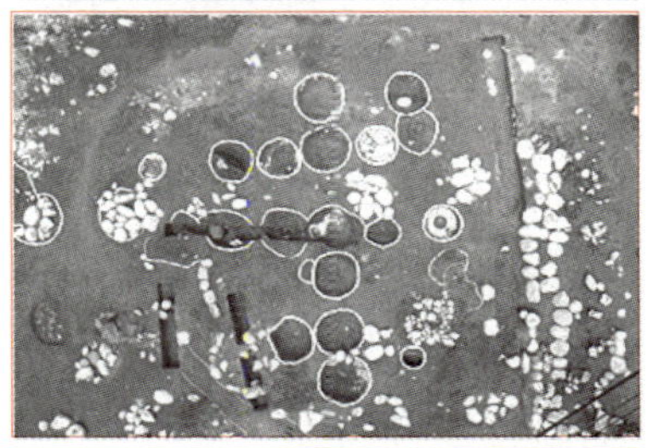
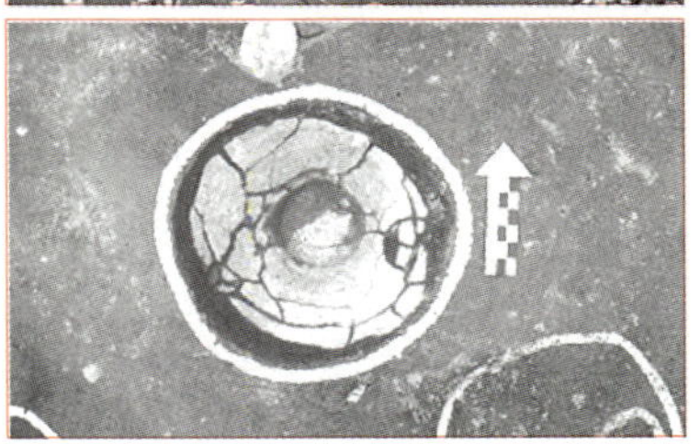

그림 2-5 삼척 도계읍 흥전리 절터의 장고 흔적(위)과 남원 실상사 장고 터(가운데와 아래).

고대사회에서 콩을 발효한 시와 장은 일상용, 조세 또는 공납용, 군납용, 의례품, 사찰용 등으로 쓰였다. 이와 관련된 기록을 정리하면 〈표 2-1〉과 같다.

시기	출처	이름	기록
광개토대왕 18년(408)	덕흥리 고분	시豉	아침 식사로 먹을 염시鹽豉를 한 창고분이나 보관해두었다[旦食鹽豉食一椋].
정관 19년 (645)	《책부원구冊府元龜》 권126 제왕부帝王部 납항納降	시豉	태종 … 성중 부로승려가 이락夷酪, 곤포昆布, 미병米餠, 무이시蕪荑豉 등을 바치자 … 포목을 하사하였다[太宗…城中父老僧尼貢夷酪昆布米餠蕪荑豉等…而賜之以帛].
문무왕 11년 (671)	《삼국사기》 권7 신라 본기 문무왕조	시豉	복신은 승세를 타고 … 이 때문에 웅진은 길이 끊겨서 염시鹽豉가 떨어지게 되었다[福信乘勝… 因即熊津道斷, 絶於鹽豉].
신문왕 3년 (683)	《삼국사기》 권8 신라 본기 신문왕조	장醬	예물로 보내는 비단이 15수레, 쌀米·술酒·기름油·꿀蜜·장醬·시豉·포脯·젓갈醢이 135수레이고[幣帛十五轝, 米酒油蜜醬豉脯醢一百三十五轝]…
원성왕 (785~798)	《삼국유사》 권5 감통感通 김현감호조金現感虎條	장醬	오늘 내 발톱에 상처를 입은 사람들은 모두 흥륜사의 장을 바르고[今日被爪傷者皆塗興輪寺醬]…
698~926년	《신당서》 권219 북적 열전北狄列傳 발해전渤海傳	시豉	그 나라가 귀중히 여기는 것은 … 책성의 시豉다[俗所貴者…柵城之豉].

고려의 장문화

고려시대에도 장은 매우 중요한 식품이었다. 그러나 조리법에 대한 기록이 없어 당시의 장류가 어떤 모습을 가졌는지 구체적으로 알기는 힘들다. 고려시대 문헌에는 염장, 막장 또는 묽은 장을 의미하는 '만장漫醬', 뒤집은 장을 의미하는 '번장飜醬', 묽은 장이나 장국을 의미하는 '수장水醬'과 '장국[醬湯]'이 나온다. 장즙醬汁은 집장이나 간장을 뜻하는 것으로 추측하나 확실하지 않다. 청국장류로는 시豉와 소금을 넣은 염시鹽豉가 있다. 이들 중 장의 등장 빈도가 가장 높고, 염장과 시, 염시 순으로 나온다.

고려시대의 식생활은 문인들의 시와 글을 통해 알 수 있다. 당시의 문집에 실린 장류를 살펴보면 문인 이규보李奎報(1168~1241)는 장醬, 염시鹽豉, 시豉, 장국[羹], 채소절임[漬鹽] 등을 소재로 시로 읊어 남겼다. 그중 여섯 가지 채소를 노래한 〈가포육영家圃六詠〉 중 무[菁]에 관한 시를 통해 당시 장이 조미료로, 또한 채소 절임용으로 다양하게 이용되었음을 알 수 있다.

장을 곁들이면 한여름에 먹기 좋고	得醬尤宜三夏食
소금에 절이면 긴 겨울을 넘긴다	漬鹽堪備九冬支
땅속에 도사린 뿌리 비대해지면	根蟠地底差肥大
좋기는 날 선 칼로 배 베듯 자르는 것	最好霜刀截似梨

—《동국이상국집》권4, 〈가포육영〉 중에서

목은 이색李穡(1328~96)도 음식에 관한 시를 많이 남겼는데, 다양한 장과 장을 사용한 음식들을 만날 수 있다. 시 속에 등장한 장과 관련된 음식은 오이장아찌[醬瓜], 장독[醬瓿], 장醬, 장즙醬汁, 장탕醬湯, 얼음장[氷醬] 등이다.

그중 한 시에서 장즙을 메밀떡에 발랐다고 나오는데, 아마도 묽은 간장에 가까운 것으로 생각된다. 장으로 끓인 장탕과 빙장도 나온다. 빙장은 승려가 이색에게 선물했다고 전하는데, 아마도 장을 푼 시원한 여름 음료로 생각되나 확실한 것은 알 수 없다.

대로 깎은 꼬챙이에 메밀떡을 꿰가지고	削竹串穿蕎麥餻
거기에 간장을 발라서 불에 구워 먹다가	仍塗醬汁火邊燒
옥천자의 차를 얻어 마시고만 싶어라	玉川欲得茶來喫
어찌 향적반이 소화 안 될까 걱정하랴	香積何憂食不消
땀 흐르는 한여름에 처음 씨 뿌릴 텐데	汗滴火雲初下種
상서로운 납설이 또 곡식을 보호했으니	呈祥臘雪又藏苗
명년엔 가서 농촌의 즐거움을 맛보면서	明年往試田家樂
배 두들기고 노래하여 성조에 감사하련다	鼓腹長歌謝聖朝

―《목은시고》 권27,〈가동家童을 보내서 나잔자懶殘子에게
차茶를 얻어 오게 하고, 가동이 떠난 뒤에 한 수를 읊어 이루다〉

고려에서 장은 식재료이자 세금 또는 지대 등으로 활용되었는데, 이 내용이 고려 목간과 문헌에 나타난다. 목간에 기록된 장은 모두 말장末醬으로 표기되었는데, 고구려의 장을 계승한 것이다. 말장은 조세로도 납부되었는데, 고려 문종은 말장에 들어가는 재료를 표준화해 제조하게 했으며 공납된 장은 전쟁이나 기상재해로 굶주린 백성들에게 구휼품으로 지급되었다. 《고려사》 식화지食貨志에는 현종 9년(1018)에 거란의 침입으로

2부 전통 조미료의 세계

굶주림과 추위에 떠는 백성들에게 소금과 장을 나누어주었다는 기록이 있고, 문종 6년(1052)에는 개경의 굶주린 백성 3만여 명에게 쌀·조·시豉를 내렸다는 기록이 있다. 사찰에서는 장을 보관할 창고를 지었고, 민간에서는 병을 고칠 약식으로 사용했다.

현존하는 최고最古의 의약서로 알려진 《향약구급방鄕藥救急方》(1236)에는 "염塩과 시豉를 각각 조금씩 물에 담가"라는 구절이 나오는데, 여기서 시는 오늘날의 메주와 비슷한 것을 가리키는 것으로 보인다.

고려의 장은 일본의 '미소'로 발전하기도 했다. 송나라 때 편찬된 고려어사전인 《계림유사鷄林類事》(1104)에 고려에서는 장을 '밀조蜜祖'라 하며, 일본에서는 '고려장'이라 했다는 내용이 있다. 일본 〈정창원문서〉*에는 '말장末醬'이라는 단어가 나오고, 이를 '미소みそ'라고 읽는다고 기록되어 있다. 헤이안 시대의 《화명류취초》(938)와 아라이 하쿠세키新井白石**(1657~1725)가 저술한 《동아》(1719) 등의 일본 유서類書에도 "고구려의 말장이 일본에 들어와 미소味噌로 불리게 되었다."라고 설명했다. 아라이 하쿠세키는 "고려의 장인 말장이 일본에 들어와서 고려의 방언 그대

---

* 일본 나라현 도다이지에 있는 고대 왕실의 보물창고인 정창원에 보관된 옛 기록. 이 중 '신라장적'이 있었으며, 이는 통일신라시대 서원경(지금의 청주) 인근 4개 촌락의 호구, 토지, 우마, 수목 등을 기록한 문서로 한국 고대사 연구에 중요한 자료가 되었다.
** 에도 시대 중기의 무사, 유학자 겸 정치인이다. 하쿠세키는 호이며, 이름(휘)은 긴미君美 혹은 기미요시君吉다. 주자학뿐 아니라 역사학, 지리학, 언어학, 문학에도 뛰어났으며, 그가 지은 많은 한시漢詩가 전해진다.

로 '미소'라고 불리게 되었다."라면서 "고려장高麗醬이라 적고 '미소'라 읽는다."라고 설명했다.

조선시대와 근대기의 장문화

조선시대에는 장과 시의 구분이 명확해진 가운데 마침내 '간장'이라는 표현이 등장하고, 장 종류도 세분화되었다. 묵힌 장을 '진장陳醬'이라 한 것이《단종실록》단종 원년(1452)의 기사에 등장하고, 중종 22년(1527)에 발간된《훈몽자회訓蒙字會》(1527)에서는 간장을 첨장甛醬, 단장, 장유醬油로 분류했다.

장 제조는 민간에서는 물론, 공적으로도 이루어졌다. 관과 궁에서도 신하들이나 노인을 위한 하사품, 전장의 병사를 위로하거나 병참을 위한 물품, 구휼이나 외교 활동을 위한 물품으로 장을 제조하거나 민간의 장을 세금처럼 거두기도 했다. 특히 구휼장은 긴박한 상황에서 배고픈 이들을 돕는 역할 외에 기력 보충이나 부종 등을 예방하는 약으로도 쓰였다.

조선시대 유학자들은 다양한 입장과 목적으로 장에 관한 정보를 수집해 그 제조법을 책에 담았다. 이 책들은 크게 농서, 백과사전류, 의서, 조리서, 구휼서 등으로 나눌 수 있다. 조리서뿐 아니라 의서나 구휼서 등에 장의 제조법을 기록한 것은 조선에서 장이 단순한 음식이 아니라 정치이자 민생경제, 사회복지, 농업 생산, 의료 활동 등과 깊이 연관되었음을 보여준다. 조선 후기에는 여성들이 간행한 한글 조리서가 등장해 장의 제조에 관한 가문의 비법을 담았으며, 임진왜란 이후 고추가 전해짐으로

써 매운맛을 내는 고추장이 널리 이용되었다.

근대 이후 장 생산은 산업화되었다. 먼저 20세기에 들어온 일본 미소味噌(된장)와 쇼유醬油(간장)의 제조·판매가 이루어졌다. 한반도에 거주하는 일본인의 증가로 점차 장을 만드는 공장과 이를 판매하는 업자가 늘어나게 되었고, 조선인 중에서도 일본 장을 먹는 이가 많아졌다. 게다가 근대에는 장과 관련된 생활상의 변화를 꾀해야 한다는 분위기가 형성되어, 집집이 장을 담가 먹을 것이 아니라 공장에서 생산한 것을 소비해야 한다는 주장이 제기되었다. 그러나 이런 사회 분위기에서도 사람들은 여전히 전통적인 장문화를 유지했으며, 제조법을 배우고 계승하기를 원했다. 이는 여러 전통 장 조리서 발간과 신문에 실린 다양한 기사를 통해 알 수 있다.

〈표 2-2〉는 조선시대 문헌과 근대 조리서에 등장하는 장의 종류를 정리한 것이다. 중국 문헌을 인용·참고해 기록한 장도 적지 않지만, 당시에 다양한 장이 실제 만들어졌음을 알 수 있다.

백가백미, 조미료로서 장문화의 다양성

한국인 DNA에는 수천 년 동안 익숙해진 장에 대한 애착이 박여 있다. 우리 식생활이 서구화되었지만, 여전히 장이 없는 식사는 상상하기 어렵다. 한국인 밥상에서 빼놓기 어려운 김치와 간장, 된장, 고추장은 오늘날에도 그 문화적 정체성을 이어오고 있다.

표 2-2 조선시대 고문헌과 근대 요리서에 나타난 장의 종류

연도	저자	식품서	장醬의 종류
1400년대 중반	전순의	산가요록	청장淸醬, 말장훈조末醬熏造(메주 제조법), 합장법合醬法, 훈조熏造, 간장艮醬, 난장卵醬, 기화청장其火淸醬, 태각장太殼醬, 청근장菁根醬(순무 장), 상실장橡實醬, 선용장(旋用醬: 급히 장 만드는 법), 천리장千里醬, 치장(雉醬: 꿩고기)
1500년대 중반	김유	수운잡방	장 담그는 법, 간장, 청장 만드는 법, 고추장, 일반 집장법
1680년	미상	요록	청장법淸醬法, 급장急醬
1600년대 말	하생원	주방문	즙디히[汁醬], 왜장[浣醬], 급히 쓰는 장[易熟醬], 쓴 장 고치는 법[救苦醬法]
1691년	강와	치생요람	조장造醬, 합장合醬
1715년	홍만선	산림경제	생황장生黃醬, 황숙장黃熟醬, 면장麵醬, 대맥장大麥醬, 유인장楡仁醬, 동인조장법東人造醬法
1720년대	이시필	소문사설	즙장법汁醬法, 순창고초장조법淳昌苦草醬造法
1752년	두암 노인	민천집설	조중국造重麴, 합장合醬, 구장실미법救醬失味法, 황숙장黃熟醬, 면장麵醬, 시장豉醬, 대맥장大麥醬, 조청장造淸醬, 급조장急造醬
1766년	유중림	증보 산림경제	장저품醬諸品, 조시법造豉法, 침장법沈醬法, 생황장법生黃醬法, 숙황장熟黃醬, 면장법麵醬法, 태맥장법太麥醬法, 소두장법小豆醬法, 청태장법靑太醬法, 급조장법急造醬法, 급조청장법急造淸醬法, 조고초장법造蕃椒醬法, 조즙장국법造汁醬麴法, 하절즙장법夏節汁醬法, 조전시장법造煎豉醬法, 청태전시장법靑太煎豉醬法, 수시장법水豉醬法, 자장법煮醬法, 담수장법淡水醬法, 유인장楡仁醬, 급조만초장법急造蕃椒醬法
1787년	서명응	고사 십이집	조시법造豉法, 장제법醬製法, 생황장生黃醬, 황숙장黃熟醬, 면장麵醬, 대맥장大麥醬, 유인장楡仁醬, 동국조장법東國造醬法, 홍화자전紅花子煎, 시豉
1815년	빙허각 이씨	규합총서	장 담그는 길일吉日, 장 담그는 기일忌日, 장 담그는 법, 어육장, 청태장, 급조청장법, 고추장, 청육장(청국장), 즙지이, 집장
1827년	서유구	임원 경제지	장醬, 동국장법東國醬法, 청두장방靑豆醬方, 남초장방南椒醬方, 감저장방甘藷醬方, 의장실미방醫醬失味方, 중국장방中國醬方, 숙황장방熟黃醬方, 생황장방生黃醬方, 소두장방小豆醬方, 완두장방豌豆醬方, 소맥면장방小麥麵醬方, 대맥장방大麥醬方, 부장방麩醬方, 지마장방芝麻醬方, 마재장방麻滓醬方, 유인장방楡仁醬方, 무이장방蕪荑醬方, 조장금충방造醬禁蟲方, 시豉, 담시방淡豉方, 함시방鹹豉方, 금산사시방金山寺豉方, 주두시방酒豆豉方, 수두시방水豆豉方, 십향두시방十香豆豉方, 성도부두시방成都府豆豉方, 부시방麩豉方, 과시방瓜豉方, 두황방豆黃方

연도	저자	식품서	장醬의 종류
1830년	최한기	농정회요	소맥부장小麥麩醬
19세기경	이규경	오주연문장전산고	상실장橡實醬, 대두엽장大豆葉醬, 대두각장大豆角醬, 사삼길경장沙蔘桔梗醬, 다취청장법多取淸醬法, 칠일장법七日醬法, 침장물료沈醬物料, 취부장출본미부취법臭腐醬出本味不臭法, 급조초장법急造椒醬法, 하절즙장법夏節汁醬法, 호남전주부즙장법湖南全州府汁醬法, 제즙장법製汁醬法, 조전시장법造煎豉醬法, 자유장煮柚醬, 금산사두시법金山寺豆豉法, 함두시법鹹豆豉法, 담두시淡豆豉, 조성도부시법造成都府豉法, 제부ㅅ법製麩豉法, 조과시법造瓜豉法, 전국장야戰國醬也, 숙황장방熟黃醬方, 생황장방生黃醬方, 소두장방小豆醬方, 조면장방造麵醬方, 완두장방豌豆醬方, 유인장방楡仁醬方, 부맥장방麩麥醬方, 조장벋造醬法
1800년대 말	미상	군학회등	침장沈醬, 침장법侵醬法, 취청장법取淸醬法, 생황장법生黃醬法, 숙황장법熟黃醬法, 면장법麵醬法, 대댁장법大麥醬法, 소두장법小豆醬法, 청태장법靑太醬法. 유인장법楡仁醬法, 동국조장법東國造醬法, 급조장법急造醬法, 급조청장벅急造淸醬法, 조만초장법造蠻草醬法, 급조만초장법急造蠻草醬法, 소맥부장법小麥麩醬法, 조즙장국법造汁醬麴法, 전주즙장법全州汁醬法, 하절즙장법夏節汁醬法, 전시장법煎豉醬法, 수시장법水豉醬法, 담수장법淡水醬法
1800년대 말	미상	시의전서	간장艮醬, 진장眞醬, 약고초쟝, 즙장汁醬, 담북장淡北醬, 청국장
1917년	방신영	조선요리제법	메주 만드는 법, 간장 담그는 법, ㅇ-육장, 청대장, 즙장, 급히 만드는 장, 무장, 밀장, 된장, 멥쌀그추장, 수수고추장, 팥고추장, 무거리고추장, 떡고추장, 약고추장, 담북장, 급히 만드는 고추장
1938년	조자호	조선요리법	간장 메주, 고추장 메주, 정월장, 디월장, 삼월장, 고추장, 무장, 담북장, 청국장, 합장
1943년	이용기	조선무쌍신식요리제법	장의 본색(간장, 醬汁, 醬油, 淸醬, 甘醬, 法醬), 장맛이 변하거던 고치는 법, 며주[末醬] 만드는 법, 장 담글 때 조심할 일, 장 담글 때 넣는 물건, 장 담그는 데 긔타는 일, 장 담그는 날, 콩장, 팟장, 대맥장, 집장, 하절집장, 무장, 어장, 육장, 청태장, 장 담가 속히 되는 법, 급히 청장 만드는 법, 고초장 담그는 법, 급히 고초장 만드는 법, 팟고초장, 벼락장, 두부장, 비지장, 잡장, 된장 만드는 법, 승거운 된장, 짠 된장

장을 만드는 기술은 대체로 공통의 과정을 따르나, 각 가정마다 나름의 노하우를 자랑하기도 한다. 따라서 장맛은 백가백미百家百味로, 집집마다 다르다. 장맛의 주관자는 그 집의 주부이며, 며느리가 들어오면 장 기술을 전수해 그것을 대대로 이어가도록 하는 것이 임무의 하나였다. 즉, 주부는 그 집의 장 기술자이고 관리 책임자였다. 장의 풍미는 집집마다 달라 마을에서는 '아무개네 집 고추장' 하는 식으로 명품을 지칭하기도 한다.

간장, 된장, 고추장은 다양한 형태로 변화되고 발전했다. 간장은 담근 이후의 기간에 따라 햇간장, 묵은 간장으로 나누고, 원료에 따라 콩이 주가 되는 조선간장(청장, 국간장), 콩과 밀을 사용하는 일본간장(진간장), 메주에 어패류나 쇠고기를 넣어 담그는 어육장 등으로 분류할 수 있다. 전통적인 방법으로 담근 재래간장, 곰팡이나 박테리아를 메주에 접종해 발효하는 개량간장으로도 나눌 수 있다. 된장은 재료, 만드는 방법, 조리에 이용되는 형태에 따라 일반 된장, 토장, 막장, 즙장 등 수없이 많은 종류가 있다. 메주를 만드는 데는 찌기, 삶기, 볶기 등 다양한 방법이 쓰이며, 가열하지 않는 팥장, 밥을 지어서 쓴 밀보리장 등 독특한 방법으로 담근 장도 있다. 메주의 형태는 콩알, 구형, 맷돌형, 원추형, 도너츠형, 납작형, 칼자루형, 조각형 등 다양하며, 정형화되어 있지 않다.

특히 각지의 특산물을 장의 주요한 재료로 사용하는 다양하고 독특한 장 담그기 문화가 지역마다 전해지고 있어, 우리 음식문화의 다양성과 창의성에 기여한다. 집장, 무거리장, 담북장, 팥고추장, 수수고추장 등이 지역의 특산 장인데, 오늘날 각 지역의 독특한 문화를 수용한 전통 장 담그기는 자기 것을 지키되 조금씩 다른 제조법을 수용해 새롭고 독자적인 문화를 창출하고 있다.

콩을 발효시켜 장과 같은 식재료를 개발해낸 것은 우리 조상의 지혜다. 그래서 장 종지는 우리 민족의 밥상에서 언제나 한가운데를 차지하고 있었다. 장을 담그고 이를 나누는 것은 우리 민족만의 문화적 전통으로, 가까운 일본과 중국, 중앙아시아의 동포는 물론이고 멀리 미국이나 유럽에 흩어져 살고 있는 우리 민족은 장 담그기를 유지하고 있다. 장 담그기 문화를 통해 한 민족의 생활양식과 민족정신이 계승되는 것이다.

한·중·일의 다양한 현대 장류

중국의 진秦나라 이전(기원전 221년 이전)에는 장이 서민 음식이 아닌 왕실과 귀족의 음식이었다. 한漢나라 이전(기원전 202년 이전)에는 절임 채소[菹]와 고기를 절여서 만든 육장이 있었으며, 한나라 이후에는 곡물장과 어장이 만들어졌다. 곡물장은 콩 발효장과 밀 발효장으로 나뉜다. 당나라 때(618~907)에 이르러서야 비로소 장 제조법이 민간에 전해진다. 중국의 장은 지역에 따라 다양한 종류가 있다. 중국 동북부 지역에서는 우리나라와 마찬가지로 콩을 발효시켜 만든 장을 많이 쓴다. 음력 2월에 콩을 삶아 메주를 만들고 4월이면 장독에 담가 장을 만드는데, 이를 재장 혹은 황두장이라고 부른다. 반면 베이징과 산둥 지역에서는 삶은 콩을 밀가루와 버무린 후 메주를 따로 빚지 않고 콩 자체를 펴서 발효시켜 장을 담근다. 두시豆豉와 비슷한 형태라고 볼 수도 있다. 밀가루 전분에서 발생한 당 때문에 장은 단맛이 나며, 이런 장을 첨면장甛面醬이라고 부른다.

중국에서 '장'이라고 하는 음식은 그 범위가 매우 넓다. 보통 발효 장으로 황두장이나 두반장이 유명하지만 육장, 어장, 새우장, 게장, 부추장, 참게장 등 재료 이름이 붙은 많은 장이 존재한다. 우리에게도 잘 알려진 두반장은 쓰촨 요리에 주로 이용되어 '쓰촨의 소울푸드'라고 불린다. 두반장은 고추, 잠두콩, 소금을 섞어 발효시키며 마파두부나 탄탄면을 만들 때 사용한다.

우리의 전통 간장과 달리 색이 짙고 단맛이 나는 간장을 왜간장 혹은 일본간장이라고 부른다. 일제강점기를 거치며 한국에는 일본 제품 혹은 일본의 기술을 통해 진간장이 보편화되었다. 그런 일본의 간장은 콩에 밀이나 쌀을 섞어 담근다. 그러나 이런 종류의 장이 일본의 독자적인 기술은 아니다. 장을 담글 때 밀을 섞는 방법은 중국의 첨면장과도 비슷하고, 그 조리법이 원나라 때의 《거가필용》과 1600년대 조선의 문헌에도 기록되어 있다. 1660년 신속申洬이 《구황촬요救荒撮要》에 누락된 구황법을 중국의 서적이나 민간의 속방에서 채집해 편찬한 《구황보유방救荒補遺方》에 "콩 1말을 무르게 삶아내고 밀 5되를 붓고 찧어서 이들을 서로 섞고 온돌에 펴 띄운다. 누른 곰팡이가 전면적으로 피면 볕에 내어 말린다. 이같이 하여 얻은 메주를 소금 6되를 따뜻한 물에 푼 소금물에 넣고 양지바른 곳에 두어 자주 휘저어주면서 숙성시킨다."라고 나와 있다. 이것은 현재 시판 개량간장 만드는 방법과도 비슷하다. 이렇게 옛 고구려 땅에서 발생한 두장문화는 이제 각자의 땅에서 각자의 기호에 맞게 계속 발전·진화하고 있다.

6장

신맛 조미료

신맛을 내는 대표적인 조미료는 단연 식초다. 식초食醋의 초醋에는 '술 유酉' 자가 들어 있어, 발효식품임을 짐작할 수 있다. 고문헌에는 식초를 가리키는 명칭이 다양하게 등장한다. 초醋 자만으로 식초를 뜻하며, '쓴 식초'라는 의미의 고초苦醋, '술 순醇' 자를 쓴 순초醇醋, '초 엄醶' 자를 쓴 엄초醶醋 등으로도 불린다. 또 식초는 醋 외에도 酢(초)로도 기록되었다. 초는 신맛과 함께 쓴맛을 지니고 있기에 민간에서는 이를 쓴 술이라는 의미로 '고주苦酒'라고도 불렀다.

식초는 곡물이나 과일을 원료로, 효모에 의한 알코올발효 후 초산균에 의한 초산발효를 거쳐 만들어진다. 식초의 맛과 풍미를 결정하는 데에는 유기산과 아미노산 등이 중요한 역할을 하며, 그 결과 신맛을 내는 초산(CH_3COOH)을 비롯해 다양한 유기산, 아미노산, 에스테르ester 등 각종 영양물질이 함유된 복합 산미 조미료가 된다. 최근에는 마시는 건강식품이나 기능성 음료로도 활용되고 있다.

대표적인 신맛 조미료, 식초

세계인이 즐기는 식초

식초는 술과 함께 인류가 가장 먼저 사용한 발효음식이다. 기록에 의하면 가장 오래된 식초는 기원전 5000년경 바빌로니아의 것이며, 당시 바빌로니아에서는 대추야자, 말린 포도로 빚은 술, 맥주 등으로 식초를 만들었다고 한다. 또 기원전 3000년경에는 맥주 양조의 부산물로써 식초를 상업적으로 생산하기 시작했다[9]고 전한다.

식초를 뜻하는 영어 vinegar의 어원은 프랑스어 그어 *vinaigre*를 어원으로 한다. 이는 와인을 뜻하는 *wyn*(wine)과 시다는 의미의 *egre*(sour)의 합성어로, '신 포도주'를 가리켰다. 그러니까 식초는 술의 일종 혹은 술을 숙성한 것을 의미했다. 현재 세계 각지에 수많은 종류의 술이 있듯이, 식초 또한 매우 다양하게 존재한다.

식초는 동서양 공통의 발효 조미료라고 할 수 있으나, 재료에서 차이를 보인다. 한국을 비롯한 동양에서는 곡물을 발효시킨 술과 함께 곡물식초를 주로 사용한다면, 서양에서는 포도, 사과 등의 과일을 이용한 과실식초가 발전했다. 유럽에는 프랑스, 스페인 등 와인 주요 산지에서 만든 포도식초(포도주식초)가 있다. 북이탈리아 모데나 지역에서는 와인으로 만드는 발사믹식초가 유명하다. 영국에서는 보리, 밀, 옥수수를 사용한 맥아식초가 유명하다. 재료뿐 아니라 만드는 방법에 따라서도 식초의 맛과 풍미가 달라질 수 있다.

중국에서는 주나라 시대(기원전 1046~771) 전반기에 식초를 고주苦酒라고 부르기 시작했다고 한다. 주대에서 춘추전국시대(기원전 770~221)를 거쳐 진대에 이르기까지는 식초류를 공통적으로 醯(식초 혜)로 일렀으며, 한대(기원전 202~기원후 220)부터 鮓(젓 자)도 식초를 가리키는 글자로서 醯, 苦酒와 함께 쓰였다. 선비족鮮卑族이 세운 북조北朝 최초의 왕조인 북위(386~534) 때 식초류의 공용 명칭으로 醋(초)가 추가되면서 이전 시대의 苦酒, 醯, 鮓와 공존했고, 그 후부터 청대에 이르기까지 공용 호칭으로 酢(초)가 지배적으로 내려왔다[10]고 본다.

한반도에 식초문화가 들어온 것은 한군현이 설치된 고조선 때였을 것으로 추정된다. 기원전 1세기에는 한반도에 식초문화가 형성되었을 것으로 생각된다. 그러나 술이 인류 초기에 자연 발생적으로 만들어졌듯이, 한반도 최초의 식초도 술로부터 우연히 만들어졌을 수 있다.

식초문화는 일본으로 건너갔다. 헤이안 시대에 저술된 사전인 《화명초和名抄》(10세기)에서 '초酢'를 "須須比(스즈히)"라 기록하고 있다. 이미 일본에서 식초가 토착화되었음을 의미하지만, 그 전래 시기는 아스카·나라 시대(6~8세기)로 거슬러 올라간다. 술을

의미하는 일본어 사케_{さけ}가 우리말 '삭히다'에서 온 것으로 추정하는 의견도 있는데, 아스카 시대 말기(701년) 이전에 이미 우리나라의 식초문화가 일본에 전달된 것으로 짐작할 수 있다. 이 시기는 정확히 알 수 없으나, 야요이 시대 이후 한반도의 사람들이 몇 차례 집단으로 이주해 가면서 이루어졌을 것이다.

다양한 식초 종류

우리 주변에는 다양한 식초가 있다. 식초는 합성식초와 발효식초로 나뉜다. 합성식초는 석유에서 추출한 에틸렌, 아세틸렌 등을 원료로 합성 초산을 만든 후 희석해 조미료, 감미료 등을 첨가해 만든다.[11] 전통적인 방법으로 만드는 발효식초는 천연의 곡물이나 과일을 원료로 한다. 보통 알코올발효와 초산발효의 두 단계로 이루어진다. 우선 곡식이나 과일에 누룩이나 효모를 넣어 술을 빚는 알코올발효가 첫 번째 단계이고, 알코올발효가 완료된 후 여기에 초산균을 접종해 계속 발효시킴으로써 알코올을 초산으로 전환하는 것이 두 번째 단계다.

현대의 발효식초는 주정식초와 천연식초로 나뉜다. 전통적인 발효식초는 복발효 방식으로 만든다. 즉, 알코올발효와 초산발효를 2단계로 거치는 방식이다. 반면 공장에서 대량 생산하는 식초는 알코올발효를 거치지 않고 주정을 사용해 호기적好氣的 상태에서 초산발효를 진행하는 방식으로 만든다

이렇게 만든 주정식초는 전통 발효 방식의 양조식초와 유사한 수준의 감칠맛을 갖지는 못하며, 아미노산, 유기산 등의 유용

물질 함량도 부족하다. 반면 우리 조상들이 만들어 먹었던 전통 발효식초는 신맛을 비롯해 풍부한 맛을 지니며, 영양적으로도 우수한 식품이다. 산도나 가용성 고형분 함량, 알코올 함량이 합성식초나 주정식초에 비해 높다. 따라서 체대로 만든 발효식초는 조미료로서만 아니라 음료로 즐길 수도 있다.

지금은 식초를 당연히 사 먹는 조미료로 생각하지만, 예전에는 식초도 집집마다 만들어 먹었다. 마시다 남은 막걸리를 부뚜막 옆의 촛단지(초 항아리)에 붓고 솔가지를 꽂아놓으면, 촛단지 안에 있던 식초(촛밑)와 막걸리가 함께 발효됨으로써 식초가 만들어졌다. 일제강점기의 문화 말살과 독립 이후 식량난으로 인해 집에서 술을 빚던 문화가 사라지고, 막걸리에서 비롯한 식초도 사라졌다.

한반도 식초 변천사

이수광李睟光(1563~1628)의 《지봉유설芝峰類說》(1614)에는 '초 일명고주醋一名苦酒'(《지봉유설》 권19 식물부 '식이')라는 문장이 나온다. 즉 '식초는 독하고 쓴 술'이라는 의미로, 술에서 식초를 만들었음을 알 수 있다.

누룩으로 술을 빚은 것이 삼국시대 이전부터라고 하니, 식초 또한 삼국시대 이전부터 만들었다고 추정된다.[12] 《삼국지》 위지 동이전 고구려조에는 '자희선장양自喜善藏釀'이라는 문장이 나온다. 이는 '스스로 장양을 잘했다.'라는 의미로, 당시 중국에 알려질 만큼 침채류, 장류, 주류 등을 만드는 고구려의 발효 기술이 발달했음을 알 수 있다. 따라서 식초도 함께 빚었을 것으로 추측할 수 있다.

식초 제조법의 변천

고려시대에는 식초 제조법이 나오는 기록은 찾기 어려우나 초를 이용한 것은 조선 후기에 편찬된 《해동역사海東繹史》(1823)를 통해 확인할 수 있다. 한치윤韓致奫은 중국의 《본초도경本草圖經》을 인용해 고려시대부터 음식을 만들 때 식초를 이용했다고 기록했는데(《해동역사》 권26 물산지1 '채류조'), 그 내용이 매우 재미있다. 고려시대 음식으로 '고려곤포확高麗昆布臛'이 있는데, 곤포는 미역, 확은 고깃국을 뜻하므로 미역국이라고 볼 수 있다. 그런데 이를 만드는 부재료로 파, 소금, 초酢, 시豉, 생강, 귤껍질, 초핏가루가 나온다. 지금의 미역국과 달리 다양한 향신료와 함께 식초가 들어가는 것이 이채롭다.

고려시대의 《향약구급방》을 통해서는 식초의 의학적 이용도 볼 수 있다. 여기에서는 질병 치료를 위한 처방으로 초를 이용했는데, 부스럼 치유를 위해서였다. 밀가루떡을 술잔처럼 빚어서 바닥에 구멍을 뚫고 부스럼 위에 올려놓은 다음 끓인 '고초苦醋'를 부스럼에 부으면 기묘하게 고쳐진다는 것이다. 또 다른 부스럼 처방에도 다른 약재와 함께 청애靑艾(푸른 쑥)를 식초로 반죽해 바르는 방법이 제시된다. 아마도 식초의 소독 효과를 활용한 것으로 생각된다. 부스럼 치료 외에 중풍을 고치는 처방에도 식초를 사용했다. 고려시대에는 식초를 조미료는 물론 약재로 광범위하게 사용한 것으로 보인다.

조선시대에도 곡물로 초를 만들었다. 초는 주로 조미료 역할을 했으나 초기에는 고려시대와 마찬가지로 부스럼이나 중풍을 치료하는 처방으로 이용된 것을 《향약집성방》을 통해 알 수 있다.

조선 후기의 〈사시찬요초四時纂要抄〉(《농가집성農家集成》 하권 중), 《음식디미방》, 《색경穡經》 등의 조리서 및 농서에 식초 만드는 법이 나오는데, 그 방식이 매우 발달한 것을 볼 수 있다. 이 시기에도 식초는 멥쌀, 찹쌀, 밀 등을 재료로 만든 전통적인 곡물식초였다. 그러나 채초菜醋(채소식초)류, 주초酒醋(술식초)류, 조초糟醋(지게미식초)류 등 곡물 외의 재료를 발효시킨 새로운 식초도 만들어지기 시작했으며, 꿀로 만드는 밀초蜜醋도 만들어져 전래 식초류의 주류를 형성하게 되었다.

즉, 조선 중기에 식초 제조 및 관리 기술이 발달해 식초 양조의 토대가 완성되었고, 조선 후기에는 식초 제조법이 발달하기보다는 새로운 종류의 식초가 등장했다. 조선시대 식초 제조법은 사대부가의 비법으로 전해 내려온 것으로 보인다.

이상을 정리하면, 조선시대 초기까지는 보리, 밀, 멥쌀, 찹쌀 등을 이용한 곡물식초가 있었고, 오매(덜 익은 매실을 연기에 그을려 말린 한약재)를 이용한 과실식초도 만들어졌다. 조선 중기에는 전통적인 곡물식초 외에 율무, 청량미(차조의 하나) 등을 원료로 한 새로운 곡물식초도 등장했다. 또한 매실 외에 감과 대

   2부 전통 조미료의 세계

추를 원료로 사용한 과실식초와 창포, 길경 등으로 만든 채소식초, 꿀을 이용한 밀초와 술로 만드는 주초, 술지게미로 만드는 조초 등이 나오며 식초의 종류가 다양해졌다. 이후 조선 후기에 와서는 전래의 곡물식초는 재정리되는 가운데, 과실식초의 원료로 복숭아가 추가되었다. 채소식초류는 창포, 길경 외에 연화초 등이 새롭게

그림 2-6 조선시대의 옹기촛병(입지름 12.5cm, 높이 29.5cm, 몸통지름 25cm, 바닥지름 13.6cm).

개발된다. 한편, 꿀 외에 엿기름을 이용한 엿초와 밀기울을 이용한 부초麩醋류 등 새로운 식초가 나타났다. 이처럼 식초를 만드는 원료가 확대되는 가운데 가장 대중적인 원료는 보리, 제법으로는 술을 거쳐 식초를 만드는 고초류가 주를 이루었다.

최근까지 전해지는 식초 제조법은 청주를 그대로 발효시키거나 약주에 누룩을 넣어 발효시키는 것이다. 또 약주나 탁주에 대추를 넣어 자연 발효시키거나 감을 이용한 식초 제조법도 보인다. 그런데 조선의 다양한 식초 제법은 지금은 거의 전해지지 않고 있어 아쉽다. 일제강점기를 지나면서 우리 술 제조법이 거의 자취를 감추었는데, 식초 제법도 같은 길을 걸었다. 조선 초기부터 제초용 누룩을 따로 만들었고, 양주용 누룩과 함께 병

용한 것으로 짐작된다. 이 제초용 누룩은 밀을 원료로 만들었
고, 그 제조법은 매우 단조로워 장류용 메주와 같은 방법으로
만들어졌다.

전통 식초의 제조법을 종류별로 소개하면 다음과 같다.[*]

곡물식초: 곡초류 양조법의 골격은 곡물과 초국(주로 소맥국),
정화수로 구성되었으며, 초국의 이용법이 다양하여 날누룩을
쓰는 방법[生麴法]과 소국법燒麴法(누룩 표면을 불에 그슬리는 것)이
전해지고 있다. 또한 초국을 전혀 사용하지 않는 無양조법도 전
해지고 있다.

- 미초米醋: 쌀만으로 담그는 식초로서, 쌀초라고도 한다. 쌀을
  2~7일간 담갔다가 쪄서 항아리에 넣고 다음 날과 제7일째
  에 아래위를 섞은 다음 정화수를 부어 봉했다가 17일째와
  27일째에 다시 섞어주고 다시 3주가 지나면 초가 된다. 쌀
  대신에 싸라기나 변질미를 이용해도 된다. 《증보산림경제》
- 소맥초小麥醋: 밀초라고도 하며, 밀누룩가루 1에 밀 3, 더운
  밥(찐 밥) 10의 비율로 빚은 식초다. 《증보산림경제》
- 속초俗醋: 차조밥 또는 쌀밥으로 빚은 식초로, 메주:쌀:물을
  2:1:3의 비율로 혼합해 끓인 후 곡식가루를 1의 비율로 섞

어 항아리에 담고 진하게 익었을 때 누룩덩이를 빚어 구워
서 초항아리에 넣어 만든 초다. 《증보산림경제》

- 대맥초大麥醋: 보리를 볶아 물에 담갔다가 찐 다음 누룩을
섞어서 누렇게 황의漢文(곰팡이)가 생기도록 띄워 말린 다음
다시 볶은 보리를 쪄서 섞어 담근 식초다. 이 보리초는 곡
초류 가운데에서 가장 보편적으로 만들어졌다고 한다. 《증
보산림경제》

술식초 또는 술지게미식초

- 술초: 주로 농촌에서 막걸리를 이용해 만들어 먹는데, 막걸
리를 병에 넣어 초산발효에 적당한 온도인 부엌의 부뚜막
위에 올려둔다. 2~3개월이 지나면 자연에 존재하는 초산
균에 의해 막걸리 중의 에틸알코올이 산화되어 초산이 생
기면 황록색의 투명한 상등액(위에 뜬 액체)으로 되어 신맛
을 갖게 된다. 이때쯤에는 주위에 초파리가 서식하며, 필요
에 따라 상등액을 식초로 쓰고 나서 다시 막걸리를 부어넣
으면 또 식초가 만들어진다.
- 술지게미초: 술 찌꺼기를 물에 섞어 주정발효시키고 압착
한 즙액에 동량의 종초種醋를 합해 30도에서 초산발효를
시킨다. 한 달 후에 발효가 끝나면 맑게 뜬 액을 약 반년간
밀폐저장했다가 여과해 쓴다. 일본에서는 청주박을 이용한
주박식초가 있다.
- 엿기름초: 현대적으로는 Malts vinegar(麥芽醋)로서, 맥아

즙에 효모를 가해 주정발효시킨 후 초산발효를 거친다.

과실초: 당분이 많은 과일의 즙액을 발효시켜 알코올로 만든 다음 여기에 초산균을 작용시켜 발효시킨 식초다. 과실초는 과실에 곡주와 초국을 넣어 초산발효를 유도한다.

- 능금초: 능금을 갈아서 체에 거른 후 술 만드는 법대로 발효시키고 다시 산화시킨 초다.(《조선요리제법》) 현대적으로는 cider vinegar다.
- 대조초大棗醋: 끓는 물을 병에 담고 반쯤 식었을 때 따서 말린 대추 3~4홉을 넣고 밀봉해 따뜻한 데 두어 발효시킨 초다. (《산림경제》)
- 매자초: 씨를 뺀 오미자 1에 엿초 5의 비율로 담갔다가 볕에 말려 가루를 내고 필요할 때 소금물에 타서 쓴다. 매자초는 대표적인 즉석 초류로서 합성주의 성격을 갖는다. (《음식디미방》)
- 오매육초烏梅肉醋: 오매의 과육을 독한 양조초에 담가 불렸다가 말려서 또다시 독한 식초에 담가 말리는 과정을 되풀이한 후 가루로 만들어 저장했다가 염수에 녹여 식초로 사용한다.
- 시초柿醋: 감식초를 가리킨다. 감이 빨갛게 익을 무렵 꼭지를 따고 항아리에 넣었다가 청주를 붓고 누룩 한 덩이를 불에 구워 초항아리에 넣어 만들며 초를 다 쓰면 다시 술을 붓고 누룩을 구워 쓴다. 감을 다시 넣지 않아도 해를 거

듭하여 초 맛이 달고 시다. 《산림경제》

- 포도초: 껍질을 제거한 포도를 술 만드는 법대로 발효시키고 다시 산화시켜 만든 초다. 《조선요리법》
현대적인 와인식초의 경우 포도주를 약 2배 희석해 종초를 가하거나 종초에 희석한 포도주를 소량씩 가하면서 연속 발효하는 방법으로 만들기도 한다.
- 밀초蜜醋: 꿀 또는 엿을 이용해 발효시켜 만든다.

식초 관리법의 변천

식초를 관리하는 기술 또한 발달했다. 처음 빚은 식초를 '촛밑'으로 삼아서 오래도록 식초를 얻는 방식이 조선시대 초기부터 행해졌다. 초 한 잔을 쓰면서 청주나 소주를 첨가해가며 계속 발효시키는 원리는 조선 이전부터 전승된 것으로 추측된다. 조선시대 중기부터는 이 관리 기술이 더 강화되어, 누룩을 넣어주되 소국燒麴(표면을 그슬린 누룩)을 넣거나 소국과 함께 소소맥燒小麥(구운 밀)을 넣는 방법이 사용되었다. 조선시대 중기 이후부터 이와 같은 관리 기술은 곡초뿐 아니라 과실초 등에도 적용되었다.

한편, 고조리서에는 식초를 만들기 좋은 길일吉日과 피해야 하는 기일忌日이 중요하게 언급된다. 《산가요록》과 《규합총서》에는 식초를 빚는 길일이 기록되어 있는데, 신미일辛未日, 을미일乙未日, 경자일庚子日이 공통으로 언급된다. 《규합총서》에서는 식초 빚는 길일이 술 빚는 길일과 같다고 했고, 반면 기일로는 무자일

戊子日, 갑진일甲辰日, 정미일丁未日을 꼽았다.《증보산림경제》에서도 같은 날을 기일로 삼았다. 이외에도 식초 빚을 때 금기사항으로《임원경제지》에는 "날물, 짠맛을 피하고, 여러 사람의 손을 거치지 말 것"과 "부인을 가까이한 사람이나 부정한 것을 피하라."라고 되어 있다. 이렇게 식초 빚는 날을 중시한 이유는 발효음식인 식초에 영향을 미치는 미생물의 활동을 은연중에 고려했기 때문일 것이다.

7장

매운맛 조미료

장과 고추의 절묘한 만남, 고추장

누구에게나 고향을 떠올리게 하는 특유의 맛과 향이 있다. 그만큼 냄새와 맛은 뿌리 깊은 것이고 좀처럼 바뀌지 않는데, 고향을 떠올리게 하는 맛은 사실 음식에 사용하는 조기료의 맛이라고 할 수 있다.

우리 조상들은 한국을 대표하는 향과 맛을 가진 된장에 고추를 더해 고추장을 만들었다. 고추장은 가장 한국적인 조미료라고 할 수 있다. 고추장은 매운맛, 단맛, 구수한 맛, 짠맛을 가지고 있지만, 우리는 고추장을 한국의 대표적인 매운맛으로 사용해왔다. 한자로는 고초장苦椒醬이라 썼다. 찹쌀가루로 만드는 찹쌀고추장, 보릿가루를 넣어 담그는 보리고추장, 밀을 넣어 담그

는 밀고추장이 있다. 예로부터 찹쌀고추장을 최고로 생각해 다양하게 활용했다.

고추장은 매운맛을 내는 여러 음식에 조미료로 사용되는데, 매운탕 국물을 만들 때, 된장국이나 찌개에 매운맛을 더할 때 고추장을 넣었다. 더덕무침이나 도라지생채 등의 나물무침을 할 때에도 고추장을 쓰고, 북어구이나 더덕구이, 장어구이 등에 고추장 양념을 발라 굽기도 한다. 장아찌를 만들 때도 사용한다. 생선조림이나 생선찜, 닭볶음탕 등에도 양념으로 들어간다.

고추장을 조미료로 쓰기도 하지만, 소스처럼 사용할 수도 있다. 된장에 고추장을 섞으면 해외에서도 인기 많은 쌈장이 만들어진다. 세계에 알려진 대표 한식인 비빔밥에도 고추장이 양념으로 들어간다. 비빔밥의 인기로 고추장은 한국의 매운 소스[hot sauce]로 유명세를 탔다. 이때 날 고추장을 쓰기도 하지만 약고추장을 만들어 쓰기도 한다. 약고추장은 고추장볶음을 가리키는데 고추장에 꿀과 참기름을 넣고 오래 볶아서 만든다. 생선회나 생선회무침에 소스로 사용하는 초고추장도 있다. 초고추장은 고추장에 식초와 설탕 등을 첨가해 달고 시게 만든다. 새콤달콤매콤한 이 초고추장은 고추장과 더불어 효자 수출 상품이 되었다.

고추장 이용 역사

고추장은 우리가 현재 이용하는 장류 가운데 가장 늦게 출현했지만, 간장이나 된장과 달리 우리만의 독특한 장이라고 할 수 있다. 고추는 임진왜란 이후 한반도에 전래되어 빠르게 조선에 정착하고 활용되며 기존의 매운맛을 내는 여러 식재료를 대체했다.

고추장 제조법은 1720년대 《소문사설》의 '순창고초장조법淳昌苦草醬造法', 1766년 저술된 《증보산림경제》의 '조만초장법造蠻草醬法'과 '급조만초장법急造蠻草醬法'에서 확인된다. 특히 이시필이 쓴 《소문사설》에는 '순창'이라는 구체적 지역명이 나온다. 고추장을 좋아했던 영조가 궁에서 담근 것보다 '순창고추장'만 찾았다고 하는데, 순창고추장은 순창 지역의 고추로 만든 고추장이 아니라 순창조씨 가문의 고추장을 뜻한다. 《소문사설》의 순창고초장법은 콩과 백설병白雪餠, 고초말苦草末, 맥아麥芽, 점미粘米, 감장甘醬 외에 전복, 대하, 홍합, 생강을 넣어 항아리에 담아 15일 동안 삭히는 독특한 고추장 제법이다. 이에 비해 《증보산림경제》에 수록된 '조만초장법'은 메줏가루에 고춧가루, 찹쌀가루, 청장을 넣어 만드는, 현재의 고추장 제조법과 유사한 고추장 제조법이다.

1800년대 초에 편찬된 《규합총서》에는 순창고추장과 천안고추장을 팔도 명물로 소개했으며, 1861년의 《월여농가月餘農歌》*에서는 고추장을 '번초장蕃椒醬'이라고 표기했다.

임진왜란 이후 고추가 보급됨에 따라 오늘날과 비슷한 고추장을 만들게 되었다. 그런데 고추가 들어오기 전에도 우리 조상들은 매운 장을 담가 먹었다. 허균의 《도문대작屠門大嚼》(1611)에 '초시椒豉'라는 이름으로 등장하는 것이다. 이를 고추장이라고 해석하는 사람도 있지만, 이는 초피로 만든 '천초장川椒醬'이다. 매운맛을 좋아했던 우리 조상들은 고추 도입 이전에도 초피나 산초를 이용한 매운 양념을 만들어 먹었다.

우리 민족 특유의 창의성을 발휘해 된장을 변형해 만든 음식이 고추장이다. 간장과 된장은 중국이나 일본에서 비슷한 유형을 찾아볼 수 있지만, 고추장은 우리에게만 있는 독특한 음식

---

* 1861년 김형수金逈洙가 정학유丁學游의 《농가월령가》를 한문으로 옮기고 증보하여 편찬한 농업서.

  2부 전통 조미료의 세계

이다. 고추장의 맛은 매우면서 달짝지근하고, 씁쓰름하면서 시큼하고, 짭짤하면서 톡 쏘는 훈향을 가진, 그야말로 복합적인 맛이다.

비록 고추는 조선시대 후기에 외국에서 전래된 식물이지만, 고추장은 우리 민족에게 빼놓을 수 없는 식품이 되었다. 고추장에는 한민족의 음식문화가 응축되어 있다. 메줏가루, 찹쌀가루, 고춧가루에 엿기름을 넣어 숙성시킨 고추장의 맛은 그저 맵기만 한 것이 아니다. 한민족 음식문화의 깊이가 그대로 배어 있는 깊이 있는 매운맛이다. 고추장은 김치와 더불어 한국의 맛을 대표한다. 김치는 고추를 만나면서 맛이 더욱 오묘해지고 영양도 더욱 풍부해져 다른 나라의 절임 음식과는 확실하게 차별화되는 한국의 대표 식품이 되었다.

매운맛과 향기로운 겨자즙

우리 민족이 예로부터 매운맛을 내는 조미료로 이용한 것은 겨자즙[芥子汁]이다. 황갈색의 겨자씨를 물에 불린 후 갈아서 더운 김을 쐬어 설탕(꿀)이나 식초, 소금을 넣어 만드는 것으로, 겨자장[芥子醬]이라고도 한다. 지금은 생선회를 비롯한 찬 음식에 매운맛을 내는 양념으로 와사비나 초고추장을 곁들이지만, 조선시대 주요 연회에서는 매운 양념으로 겨자장을 사용했다. 조선시대 명나라 사신 접대에 관한 기록인 〈영접도감의궤迎接都監儀軌〉(1609)에 의하면 돼지머리편육[豬頭片]에 겨자장을 곁들여

냈고, 혜경궁 홍씨의 환갑잔치 상차림을 기록한 〈원행을묘정리의궤園幸乙卯整理儀軌〉(1795)에 의하면 쏘가리회, 양만두, 육채肉菜, 길경채桔梗菜 등에 겨자장을 곁들였다.

대한제국 시기의 〈진연의궤進宴儀軌〉(1902)에는 겨자장 조리법이 설명되었는데, 황개자黃芥子 3홉에 꿀 5작, 초 1홉, 소금 1작을 합해 만든다고 나온다. 서유구의 《임원경제지》에서도 겨자즙을 만드는 방법을 볼 수 있다.

다음은 《증보산림경제》에 설명되어 있는 겨자장 만드는 법이다.

붉은 겨자는 좋지 않고 반드시 노란 겨자로 딴다. 노란 겨자가 익으면 채취하여 물에 4~5일 담가 따뜻한 곳에 두고 표면에 거품이 생기면 바로 건져서 햇볕에 말려 보관한다. 또 다른 방법은 겨자를 일어 모래와 돌을 제거하여 낮에는 햇볕에 말리고 밤에는 이슬을 맞혀 4~5일이 지나 보관하면 쓴맛이 없어진다. 매번 사용할 때 1홉을 취하여 백미 0.5숟가락을 넣고 함께 빻아 가루를 내어 체에 내려 찌꺼기를 제거하고 자기 그릇에 담아 찬물을 부어 아주 걸쭉하게 개어 숟가락으로 고루 섞고, 그릇의 주둥이를 습기가 많은 곳이나 불을 향하게 하여 엎어두고 더운 김을 주면 매운 향이 난다. 얼마 후 그릇을 가져다가 식초와 간장을 적당하게 넣고 섞은 다음 걸러서 즙을 취한다. 꿀 혹은 참깨즙을 약간 첨가하면 독한 성질이 조금 감소된다. 만일 쓰고 남는 것이 있으면 병에 넣고 주둥이를 밀봉하면 10여 일이 지나도 맛이 변하지 않는다. 바람이 통하지 않게

  2부 전통 조미료의 세계

조심하고 그러지 않으면 맛이 쓰게 된다.[*]

한글 조리서인 《음식디미방》에도 나물 만들 때 겨자를 조미료로 넣는 동과돈채법[**]이 나오며, 1800년대 말의 《시의전서》에는 겨자의 용도를 "어채·조개회·굴회·낙지·소라·전복·해삼·숙회 熟膾는 초장에 곁들이되 그 초장에 고춧가루·파·생강을 다져 넣고 겨자도 넣으며, 어회에는 겨자장을 한 조로 한다."라고 설명해 민간에서 다양한 음식에 사용했음을 보여준다.

---

[*] 원문: 每於芥子熟時(赤芥不佳, 必取黃芥), 取浸水四五日, 置溫, 待水自然起作泡毬子, 卽出乾收之. (一法: 芥子淘去沙石, 日夜露, 四五日後收之, 則無苦味.) 每用時, 取一合, 投白粳米半匙, 同作末, 篩去滓, 盛磁椀中, 滴冷水作泥, 要極稠, 以匙攪之, 以口噓入氣(或向火上熏片時生辣氣), 待出辣氣, 卽以其椀覆於濕地上, 少頃取起, 和醋醬適宜, 篩汁, 小加蜜或少加芝麻汁, 則烈性少矣. 如有用餘者, 納中密封口, 可留十餘日味不變. 勿透風, 恐致味苦.

[**] 동아를 작은 두부누르미만큼씩 썰어 말갛게 살짝 데쳐 건져둔다. 간장에 기름을 합하여 달여 식혀서 겨자, 초를 알맞게 넣은 다음 깨소금을 합하여 즙을 만든다. 동아를 접시에 담고 즙을 끼얹는다

8장

단맛 조미료

단맛에 대한 인류의 기호는 매우 강하다. 세계사적으로는 설탕의 확보가 제국주의의 일면을 이루고 있다. 대규모 사탕수수밭을 찾아 식민지 아메리카 대륙에 거대한 농장을 세우고 그곳 원주민들을 노예화한 데서 나아가 아프리카 주민들을 강제로 끌고 가 노예로 만든 잔인한 역사가 바로 설탕의 이면이다. 인류의 단맛에 대한 집착은 끈질긴 데가 있다. 한국인도 마찬가지로 단맛을 즐겼지만 설탕과는 다른 단맛이었다.

인류와 함께해온 꿀

인간은 오래전부터 꿀에서 단맛을 얻었고, 우리 조상도 마찬가지였다. 꿀은 한자는 蜜(밀) 또는 蜂蜜(봉밀), 淸(청), 白淸(백청)

이라고 표기되었다. 꿀은 꽃 속 자당이 꿀벌 효소에 의해 과당과 포도당으로 분해되어 점성 있는 액체가 된 것이다. 꿀은 설탕이 이 땅에 들어오기 전부터 조청 등과 함께 단맛을 내는 조미료 역할을 했으며, 지금도 여전히 사랑받고 있다. 스페인의 한 동굴에 인간이 벌꿀을 채집하는 벽화가 새겨져 있는데, 이를 통해 인간이 벌꿀을 얻기 시작한 것이 최소한 8,000년 전부터라는 사실을 알 수 있다.《일본서기》에 백제의 마지막 왕자 부여풍이 일본에서 양봉을 시도했으나 실패했다는 기록이 있어, 한반도에서는 최소한 삼국시대에 양봉이 이루어졌음을 알 수 있다.

꿀은 야청野淸과 석청石淸으로 나눌 수 있는데, 야청은 벌을 길러 얻은 꿀이고, 석청은 자연에서 벌들이 친 것을 채밀한 꿀이다. 꿀은 아카시아꽃, 싸리꽃, 메밀꽃, 밤꽃 등에서 주로 얻는

그림 2-8 인류가 예로부터 사용한 단맛 조미료, 꿀.

데, 종류에 따라 향기와 맛, 점도가 다르다. 꿀은 특별한 향과 맛을 주고 부드러운 질감까지 주어 예로부터 한과와 음청류(술을 제외한 기호성 음료) 등에 많이 이용했다. 꿀을 약으로 간주해 꿀이 들어간 음식에 약藥 자를 붙이곤 했는데, 약과藥果, 약식藥食, 약藥고추장, 약포藥脯 등이 있다. 이외에도 꿀 자체를 중시해 죽이나 다과상을 차릴 때는 꿀을 종지에 담아 함께 내기도 했다.

화려한 단맛, 설탕

현대에 들어 전 세계인의 식생활에서 단맛을 내는 대표 조미료는 설탕雪糖으로, 열대작물인 사탕수수나 온대작물인 사탕무에서 추출한 즙을 졸이고 정제한 것이다. 즙액을 가열해 수분을 증발시키고 자당을 침전시켜 원당(암갈색 결정체)을 얻고, 이 원당을 물에 용해해 불순물을 제거하고 재결정화하는 정제 과정을 거치면 흑설탕이 되는데, 이를 다시 정제해 황설탕을 만들고, 또 계속 정제해 백색의 결정체인 백설탕이 된다. 단맛은 백설탕이 가장 강하고 황설탕, 흑설탕 순이다.

사탕수수 재배는 처음 열대 아시아인 뉴기니가 원산지이며, 점차 남태평양 지역, 인도네시아, 인도, 중국, 필리핀 등지로 퍼져나갔다. 기원전 400년 이전에 인도에서 이미 사탕수수로부터 얻은 설탕을 이용했을 것으로 본다. 알렉산드로스 대왕의 인도 원정에서 한 장교가 인더스 강가를 따라 내려가다가 벌의 도움 없이 꿀을 만들어내는 풀을 발견했는데, 그것이 사탕수수였던 것으로 추측한다. 로마인과 그리스인은 인도로부터 설탕을 약재로서 수입했고, 중세에는 설탕을 조미료로 수입하여 적은 양을 사용했다. 스페인을 정복한 북아프리카의 이슬람 세력에 의해 700년경에 스페인에 설탕이 들어갔다. 그 뒤 200여 년간 스페인은 유럽에서 유일한 설탕 공급국이었다. 900년경에서 1100년경까지는 이슬람 상인과의 교역을 독점한 베네치아가 설탕 무역의 중심이 되었다.[13] 설탕은 고대에 이미 유럽과 아시아 여러 지역으로 전파되었으나 오랫동안 왕족이나 부유층이 독점하는 사치품이나 약재로 쓰였다.

콜럼버스에 의한 아메리카 대륙의 발견은 서인도 제도 및 남미의 여러 나라에 사탕수수를 전파하는 계기가 되었다. 16세기 초에 산타도밍고(현재 도미니카공화국)에 처음으로 설탕공장이 세워진 이후 이 지역은 설탕의 최대 생산지가 되었다. 19세기 초에는 유럽 중부 슐레지엔 지역에 세계 최초로 사탕무를 이용한 설탕공장이 건설되었다. 사탕수수와 사탕무에 의한 설탕 생산량이 급증했고, 이제 설탕은 모든 사람이 먹을 수 있는 식품이 되었다.

한반도에는 삼국시대나 통일신라시대에 설탕의 존재가 알려졌을 것으로 추측되나 문헌상의 기록은 없다. 고려시대에 들어 설탕은 후추와 더불어 송나라에서 수입되었다. 당시에는 약재로만 사용했으나 점차 일부 상류층에서 값비싼 기호품으로 이용했다. 근대 이후 설탕은 산업화의 길을 걸었고 저렴하게 시장에 공급되고 있다.

　설탕은 단맛을 내는 조미료 외에도 여러 기능을 가지고 있다. 케이크나 과자를 만들 때는 반죽을 부드럽게 하고 수분을 유지하는 역할을 하고, 비효소적인 갈변에 관여함으로써 빵의 풍미를 증진한다. 또한 달걀 거품을 안정시키는 역할도 한다. 젤리나 잼을 만들 때 과일즙을 굳게 하며, 삼투압 작용을 통해 미생물의 성장·번식을 억제해 보존 기간을 연장한다.

　백설탕은 정제 과정을 여러 번 거쳐 얻은 백색 설탕을 말한다. 백설탕은 단맛을 강하게 내며 음식에 윤기를 더하고 부패를 방지하므로 잼이나 청 같은 보존식품을 만들 때에도 사용한다. 대부분 음식에 강한 단맛을 낼 때 사용한다. 황설탕은 연한 갈색의 설탕으로, 정제 정도가 백설탕보다는 낮고 흑설탕보다는 높다. 단맛과 함께 독특한 향을 주는데, 음식을 연한 갈색으로 만드는 데에 도움을 준다. 약식을 만들거나 수정과 같은 음식에 사용한다. 흑설탕은 정제 정도가 가장 낮은 짙은 갈색의 설탕을 말한다. 흑설탕은 음식에 독특한 진한 향과 짙은 갈색을 줄 때 사용한다. 약식이나 수정과 국물의 색을 진하게 내고 싶으면 흑설탕을 사용해도 좋다.

　최근에는 지나친 설탕 섭취가 비만과 각종 성인병의 원인으로 지목되고 있다. 설탕 자체를 섭취하는 일은 거의 없지만, 사탕, 과자, 케이크, 청량음료 등을 많이 섭취하고, 외식 시장에서, 가공식품 생산에서, 가정에서 음식을 만들 때 설탕을 과다하게 첨가하는 경향이 커져 설탕 섭취량이 많아지고 있다.

느긋하게 즐긴 단맛, 조청

조청造淸은 곡물을 엿기름으로 삭힌 다음 줄여서 만든, 단맛을 내는 전통 감미료다. 꿀을 청淸이라 하는데, '제조한 꿀'이라는 뜻으로 조청이라 했다. 곡물의 전분은 찌거나 삶으면 호화糊化가 일어나는데, 여기에 엿기름물을 섞고 따뜻하게 중탕하거나 묻어두면 밥알이 삭으며 당화糖化되어 풀어진다.

설탕이나 꿀과 달리 조청은 한국인이 느긋하게 즐긴 단맛이다. 설탕은 사탕수수나 사탕무의 즙을 그대로 농축시키고 정제해 강한 단맛이 난다. 그러나 조청은 그 원료부터가 다르다. 우리가 늘 먹는 곡류를 엿기름(싹틔운 겉보리)으로 당화시킨 후 약한 불에 오래 끈기 있게 고아서 만든 것이다. 그래서 조청은 독특한 향이 있으며, 단맛은 은근하고 부드럽다. 우리는 단맛을 내는 조청을 만들어두고 1년 내내 한과나 밑반찬의 조림에 쓰고, 떡을 찍어 먹을 때에도 유용하게 썼다.

조청은 설탕보다 덜 달아 은은한 단맛을 주며 다른 양념과 잘 어울린다. 설탕만 사용하면 음식이 식거나 시간이 지나면서 결정화되어 서걱서걱한 모래 같은 느낌을 준다. 그러나 조청은 시간이 지나도 부드러운 식감을 유지해 요리의 안정성과 보존성을 제고한다. 이러한 장점으로 인해 각종 제과류나 빙과류, 음료 등에 널리 쓰인다. 또한 멸치볶음이나 콩자반 같은 밑반찬에 넣으면 윤기를 줄 수 있어 조리의 마지막 단계에 조청을 넣어 무쳤다.

그림 2-9 한국인이 사랑하는 은은한 단맛, 조청.

조청은 점성 때문에 여러 가지 재료를 붙게 하는 접착제의 역할을 한다. '조청이 묽다, 되다'라는 표현을 하는데, 이는 엿물의 농축 정도를 말하는 것이다. 떡을 찍어 먹을 조청은 흐를 정도의 묽은 것이 좋고, 조금 더 곤 것은 강정에 바르는 조청이 된다. 더 조리면 볶은 깨나 후추 등을 섞어 단지에 담아두고 숟가락으로 퍼 먹는 되직한 조청이 된다. 과거에 꿀은 흔하게 쓸 수 없는 귀한 것이었으므로 떡이나 약과나 다식, 잣박산, 강정 같은 한과류를 만들 때 조청을 많이 썼다.

조청이 꼭 필요한 우리 한과

우리 고유의 음청류는 세면細麵, 청면淸麵, 화면花麵, 수면水麵, 수단水團, 수정과水正果, 가련수정과假蓮水正果, 화채花菜, 상설고霜雪膏, 이숙梨熟, 식혜 등으로 다양하다. 특히 수정과와 식혜를 즐겨 마셨다. 수정과는 생강과 계피를 달인 물에 곶감, 잣 등을 띄운 음료로, 꿀이나 조청으로 단맛을 더했다. 식혜는 찹쌀을 쪄서 엿기름물을 붓고 삭힌 다음 밥알은 냉수에 헹구어 건져놓고, 그 물에 꿀이나 조청을 넣고 끓여 식힌 다음 다시 밥알을 띄워 마시는 것이다.

과자류에도 대부분 조청이 들어간다. 조청 없이는 한과를 만들 수 없다. 예를 들어 유밀과인 약과는 밀가루에 참기름, 술, 꿀을 넣고 반죽하여 약과판에 박아 모양을 빚은 다음 기름에 지져 익힌 후 조청을 입히는 즙청 과정을 거쳐 만들고, 매작과梅雀菓도 밀가루 반죽을 얇게 밀어 썬 다음 칼집을 넣어 뒤집어 기름에 튀긴 다음 조청에 즙청해 마무리한다.

곡류를 기름에 튀기고 꿀이나 엿을 사용하여 만든 유밀과나 강정류는 고려시대의 기록에도 자주 나온다. 고려시대 이규보의 《동국이상국집東國李相國集》에 '행당맥락杏餳麥酪'이라는 단어가 등장하는데, 여기서 당餳은 단단한 엿이고, 낙酪은 식혜나 감주를 뜻하는 것으로 추측한다.

차를 마실 때 함께 먹는 과자인 다식은 고려시대부터 만들었던 것으로 추정되는데, 다식을 만들기 위해 조청이 필요하다. 송화다식은 송홧가루를 꿀과 조청으로 반죽해 다식판에 박아 모양을 내는데, 색이 곱고 향이 좋다. 흑임자다식은 검은깨를 볶아 찧어서 반죽한 것이고, 승검초다식은 승검초가루와 송홧가루를 섞어서 반죽한 것이다. 녹말다식은 녹두 녹말을 꿀과 오미자 물에 반죽한 것이고, 밤다식은 황률(밤)가루(쪄낸 밤을 체에 내린 것)를 꿀과 조청으로 반죽한 것이다.

정과는 채소를 조청에 조려 단맛을 낸 과자다. 주재료를 얇게 썰어 삶은 후 조청에 조려낸 것이다. 연근을 쓴 연근정과, 생강

그림 2-10 조청 없이는 못 만드는 한과인 강란(위)과 생강 정과(아래).

으로 만든 생강정과, 살구씨로 만든 행인정과 등이 있는데, 이 중 행인정과는 쓴맛을 뺀 살구씨를 조청에 조린 정과로, 다른 정과를 담을 때 웃기로 사용한다.

과편은 과일을 달게 조린 과자류인데, 이것을 만들 때에도 조청과 꿀 등이 중요한 역할을 한다. 복분자딸기로 만드는 복분자편, 살구 열매로 만든 살구편, 앵두로 만든 앵두편이 있다. 주재료인 과육을 끓인 후 걸러서 조청이나 꿀, 녹말을 넣고 조린 후 굳혀서 만든다.

숙실과熟實果는 밤과 대추 등 과실의 열매나 식물의 뿌리를 익혀서 다시 과일 모양 또는 여러 가지 형태로 빚어 굳힌 것이다. 주로 잔치 음식으로 쓰였으며, 제상에도 올렸다. 생란은 생강즙을 짜낸 생강 건지를 꿀과 조청에 조려 다시 생강 모양으로 빚어 잣가루를 묻힌 것이다. 조란은 다진 대추를 쩌 계핏가루를 섞고 조청을 넣어 빚은 다음 잣가루에 굴린 것이고, 율란은 삶아 찧은 밤에 설탕, 꿀, 조청, 소금, 계핏가루를 섞어 빚은 다음 잣가루를 묻힌 것이다. 밤초는 깐 밤을 끓인 조청에 조린 것이고, 대추초는 대추를 통째로 쪄 계피, 꿀, 조청, 참기름 등을 넣고 중탕한 다음 꼭지에 잣을 박은 숙실과다. 잣박산은 잣을 꿀이나 조청에 버무려 판판한 곳에 펴서 굳힌 것이다.

조청을 접착제로 이용한 과자가 강정이다. 콩엿강정은 콩을 얼린 후 볶아 중탕한 조청에 버무려 만든 것이고, 땅콩엿강정은 볶은 땅콩을 중탕한 조청에 버무려 굳힌 것이다.

강엿과 물엿

전통적으로 엿은 전분을 함유한 곡식을 엿기름으로 삭혀서 고아 만든 달고 끈적한 식품을 말한다. 엿은 물성에 따라 강엿과 물엿으로 구분한다. 강엿은 딱딱한 한과류를 말한다. 엿은 설음식인 세찬을 만드는 데 필요하므로 각 가정에서는 엿을 만들어두고 활용했다. 따라서 각 가정이나 각 지방에서는 독특한 엿을 만들었다. 강원도 지방에서는 옥수수로 만든 황골엿이 유명했고, 충청도 지방에서는 무엿을 많이 만들었다. 무엿은 쌀을 당화시킨 물에 무를 채 쳐서 넣은 다음 가열, 농축한 것으로, 딱딱한 강엿이 아니고 숟가락으로 떠먹는 물엿이다. 물엿은 각종 음식이나 약과를 만드는 데 쓰이는 단맛 조미료로, 곧 조청이다.

현재 '물엿'이라고 불리는 것은 산업적인 효소 당화 방식으로 만들어진다. 쌀 외에 값싼 옥수수나 고구마로부터 얻은 전분을 사용하고, 엿기름 대신 미생물로부터 얻은 당화효소를 사용해 물엿을 만든다. 즉 전분에 물을 가해 가열하여 호화시킨 다음 효소(아밀라아제)를 더해 당화시킨다.

요즘 많이 이용하는 전분 시럽starch syrup이나 옥수수 시럽 corn syrup은 말 그대로 액체 엿으로, 전분을 산이나 효소로 가수분해해 얻는다. 저렴하므로 꿀이나 조청 대신 많이 이용한다. 전분을 분해해 만들지만, 이당류인 말토오스maltose(엿당)를 함유한다는 점에서 액상과당과는 다르다. 액상과당은 전분을 포도당으로 분해하고 포도당 일부를 과당으로 이성질화해 만든다. 물엿은 포도당으로 전부 분해하는 데까지는 가지 않고 중간에서 멈춘다. 그래서 물엿에는 단당류인 포도당glucose, 이당류인 말토오스, 저분자 다당류인 덱스트린dextrin 등이 섞여 있다.

단맛의 욕망이 만들어낸 감미료들

사탕수수나 사탕무 등에서 추출한 설탕 같은 천연 감미료와 달리, 화학적으로 합성된 물질로 단맛을 주는 물질이 인공 감미료다. 특히 비만이거나 당뇨가 있는 사람들은 칼로리가 높은 설탕 대신 칼로리가 낮으면서 단맛이 나는 물질을 선호해왔다. 이러한 소비자들의 욕구를 만족시키기 위해 개발된 것이 인공 감미료다. 설탕보다 비싸지만, 단맛이 강해 적은 양만 사용해도 되므로 경제적이다.

　　　　　　　　　　　　　　　2부 전통 조미료의 세계

여러 가지 인공 감미료가 개발되었는데, 그중에서 가장 오래된 것이 사카린saccharin이다. 사카린은 1879년 미국에서 개발된 최초의 인공 감미료다. 설탕보다 단맛이 300배나 강하고, 대량 생산이 가능하고 값이 싸 세계적으로 선풍적인 인기를 얻었다. 사카린은 체내에서 그대로 배설되기 때문에 칼로리가 없으며, 혈당에도 영향을 주지 않는다.

그러나 사카린은 발암 논쟁을 비롯해 건강상의 유해성을 의심받았다. 여러 논란을 거쳐 결국 2010년 미국 환경보호청이 사카린을 '유해물질' 명단에서 제외했다. 현재 사카린은 미국, 일본, 유럽연합 등 전 세계적으로 사용되고 있다. 한국에서는 1992년 3월 사카린의 허용 범위를 대폭 축소했으나 2011년에 소스 종류, 탁주, 소주, 껌, 잼, 양조간장, 토마토케첩, 조제커피(커피믹스) 등 8개 품목에 대해 사카린을 사용할 수 있도록 허용했다.

아스파탐aspartame은 1969년 발견된 디펩타이드(두 개의 아미노산으로 구성된 유기 화합물) 물질로, 널리 사용되고 있다. 한국에서는 껌, 청량음료, 잼, 주류, 식탁용 감미료 등에 저칼로리를 목적으로 이용되고 있다. 사카린과 구조가 비슷한 아세설팜칼륨acesulfame potassium은 설탕보다 200배 달며 칼로리는 내지 않는다. 굽거나 끓여도 성질이 변하지 않는다.

천연 감미료 중 설탕 이외에 스테비오사이드stevioside가 식품에 이용되는데, 이것은 천연물질이면서 설탕보다 300배 달다. 한국에서는 1973년부터 식품에 이용하고 있다.

대부분의 인공 감미료는 하루 섭취 허용량이 정해져 있다. 일

부 인공 감미료는 건강에 영향을 미칠 가능성이 있다는 논란
이 있으므로, 의사나 영양사의 조언을 구한 후 사용하는 것이
좋다. 단맛을 추구하는 인간의 욕망이 만들어낸 편리한 감미료
이지만, 편리함에는 대가가 따른다는 것을 잊지 말아야 한다.

기능성 당, 올리고당

올리고당oligosaccharides은 글루코오스, 프럭토오스, 갈락토오
스처럼 단당이 2~10개 결합한 것으로, 단맛을 가진 수용성 물
질이다. 기존의 감미료인 설탕, 맥아당 등이 건강에 미치는 악
영향을 개선할 목적으로 만들어진 기능성 당이다. 기능성 당은
탄수화물로부터 유래한 물질로, 생리적 기능과 물리화학적 특
성이 우수하여 식품에 응용할 수 있는 범위가 넓다. 올리고당
은 설탕과 물리적인 특성이 비슷하고 단맛도 있기 때문에 설탕
대체물질로 사용되고 있으나 생리적인 특성은 다소 다르다. 순
수한 올리고당의 단맛은 설탕의 20~40퍼센트이며, 장내 소화
효소에 의해 분해되지 않고 칼로리도 거의 없어 당뇨나 비만 등
설탕 섭취에 제한을 받는 사람에게 좋으며, 변비 개선 효과도
있다.

올리고당은 화학구조의 특징에 따라 프럭토fructo 올리고당,
갈락토galacto 올리고당, 이소말토isomalto 올리고당, 말토malto 올
리고당으로 분류한다.

원래 천연 올리고당은 콩, 양파, 마늘, 바나나, 감자 등 어떤 식
물에나 소량 함유되어 있다. 현재는 효소를 이용해 공업적으로

  2부 전통 조미료의 세계

대량 생산한다. 최초의 상업적 올리고당은 1960년대 일본에서 개발되었다. 1970년대 이후 일본에서 이소말토올리고당, 프럭토올리고당 등이 식품 원료로 처음 상품화된 이래 여러 종류의 올리고당이 생산되고 있다.[14] 올리고당은 주로 음료수, 과자류, 캐러멜, 초콜릿, 쿠키, 케이크, 빵, 과일 통조림, 아이스크림, 잼, 젤리, 푸딩, 요구르트 등에 이용되고 있다.

9장

고소한 맛의 기름 조미료

올리브유가 건강한 지중해식을 상징하는 기름이라면, 한민족에게는 참기름과 들기름이 있다. 제사나 잔치는 으레 고소한 기름으로 부치는 전 냄새에서 시작한다고 기억하는 한국인이 많다. 특히 고소한 참기름 향은 한식의 특징을 잘 드러낸다. 우리 민족이 고소한 맛의 조미료로 주로 이용한 전통 기름에 관해 알아보자.

기름 사용의 역사

아시아권에서 식물성 기름을 사용한 것은 최소한 약 1,400년 전이라고 보인다. 550~560년 중국 산둥성에서 편찬된 《제민요술》에 들기름과 참기름의 채유법이 나오기 때문이다. 한반도에서 기름에 대한 최초 기록은 《삼국사기》 신문왕 3년조에 나온다. 신문왕이 김흠운의 딸을 부인으로 삼을 때 납채로 보낸 예물 품목 중에 기름[油]이 있다. 그러나 그것이 어떤 기름인지는 확실치 않다. 또 《삼국유사》 선율환생조善律還生條에 호마유胡麻油가 나오는 것으로 미루어볼 때 삼국시대에 이미 참깨나 들깨에서 짠 기름을 사용한 것으로 추측할 수 있다. 기름은 통일신라시대에 주식인 쌀과 저장 발효식품인 술·장·시·포·혜와 함께 중요한 식품이었다.

삼국시대부터 불교 융성으로 육식이 배제되면서 동물성 지방 이용이 줄었고, 그 대신 식물성 기름으로 조리하는 경향이 커졌다고 보인다.[15] 《고려사》에는 고려에서 중국으로 보낸 공물 품목으로 금은 장식품과 함께 삼蔘과 잣, 향유香油의 세 가지 음식이 나온다. 향유는 혜종 2년(945)에 50근, 문종 26년(1072)에 20항아리, 문종 34년(1080)에 220근을 보냈다.* 공물로 보낸 향유가 어떤 용도로 쓰였는지는 확실치 않으나 고려 기름의 품질을 중국에서 높이 샀음을 알 수 있다.

송나라 사신으로 고려에 왔던 서긍의 《선화봉사고려도경》(1123)에는 백동으로 만든 기름병인 유앙油盎에 관한 언급이 있다(《고려도경》 권31 기명器皿). 병의 배 지름은 3촌, 높이는 8촌, 용량은 1승 5작이라 묘사되어 있는데, 당시는 식물성 기름을 병에 담아 저장해두면서 쓰는 것이 생활화되었다고 보인다.[16] 그리

---

* 《고려사》 권2 혜종 을사 2년, 권9 문종 임자 26년, 권9 문종 경신 34년.

고 《고려사절요高麗史節要》 인종 10년(1132) 윤4월조에 '기름 짜는 것을 업으로 하는 사람'에 대한 기록이 있다. 이를 통해 당시 전문 착유업자가 존재했고, 기름을 가정에서 짜서 자급한 데서 나아가 전문적으로 양산하고 매매했음을 알 수 있다. 아마도 고려시대에는 상류층은 물론 서민층까지도 기름을 널리 식용했을 것이다.

조선시대에 들어와서 기름의 이용은 더 활발하게 이루어졌다. 조선 초기의 왕실 관청 조직 중 내자시가 왕실의 재산과 관련된 행정 업무를 담당했는데, 궐 내의 쌀·밀가루·술·장·기름·꿀·채소·과일 등의 관리와 연회 등을 관장했다. 이곳에서 주식인 쌀과 채소 그리고 술과 장 등의 저장 발효식품과 더불어 기름과 꿀이 중요한 식품으로 관리되었음을 알 수 있다.

《세종실록지리지》에는 경기도와 충청도, 평안도의 특산물로
참깨[芝麻]와 참기름[芝麻油], 들기름[蘇子油]이 나오며, 경상도와
강원도에서는 참깨와 참기름[香油], 들기름이, 전라도에서는 참
깨와 들깨[蘇子]만 나오고 기름은 없는 반면, 황해도어서는 참기
름[香油]과 들기름만 나오며 참깨와 들깨가 특산물토 거론되지
는 않는다. 참기름은 한자로 芝麻油(지마유)와 香油(향유)의 두
가지로 나오는데, 어떤 차이에 의한 것인지는 알 수 없다. 팔도
중 유일하게 함길도만 깨와 기름이 언급되지 않는데, 이는 지리
적으로 깨 재배가 부적합해 산출이 아주 적거나 없었기 때문이
라고 생각된다.

조선시대에는 궁중의 의례와 연회는 물론 민가의 제사와 잔
치에서도 유밀과를 올렸으므로 꿀과 기름의 소비량이 컸다. 때
문에 조정에서 유밀과 만드는 것을 여러 차례 금지한 기록이 조
선왕조실록에 등장한다. 태조 3년(1394)에 "중국 사신을 접대하
는 연회는 제외하였으나 여전히 궁중과 사대부가나 혼례나 제
례 등에 유밀과를 쓰는 일이 그치지 않았다."라고 한 것이나 세
종 원년(1419)에 "신하들의 연회와 사대부의 혼례와 신부가 구고
舅姑(시부모)를 뵈올 적에도 모두 유밀과 쓰는 것을 금지시켰다."
라고 한 것이 한 예다. 귀한 손님을 맞이할 때에만 제한적으로
사용할 만큼 기름이 귀한 식재료였음을 알 수 있다.

이처럼 귀한 기름과 꿀로 만든 음식은 왕실이 신료들에게 하
사하는 물품이기도 했다. 유희춘柳希春이 지은 《미암일기眉巖日

記》(1567~77)에는 선조 원년(1568)에 궁중에서 약과를 두 차례 하사받은 사실과 함께, 선물로 받은 식품 중에 쌀, 고기, 생선, 과일, 술 외에 참기름과 꿀이 있었고 유밀과의 일종인 한과, 연사과, 약과, 대계大桂 등도 받았다고 기록되어 있다. 그리고 오희문吳希文이 지은《쇄미록鎖尾錄》(1591~1601)에는 정유재란 중에 증조부의 기일에 기름이 없어서 조과造果를 만들 수 없어 원통해한 일이 기록되어 있다.

이와 같이 조선시대에는 전 등을 부치는 식용유로서뿐 아니라 민가의 잔치나 관혼상제의 의례상에 올리는 유밀과를 만드는 데 참기름 등을 필수적으로 사용했다. 그만큼 기름은 매우 중요한 식품이었다.

기름 짜는 법

참깨나 들깨 등 기름을 짜는 종자를 종실류種實類라고 한다. 깨 외에도 유채, 해바라기, 면화 등이 종실류에 속한다. 그러면, 우리 조상들은 깨에서 어떻게 기름을 짰을까?

고려 인종 10년(1132)에 기름을 전문으로 짜는 업자가 있었다는 기록이《고려사절요》에 있으나 기름의 제조 방법과 기름틀[油搾器] 구조에 관한 구체적인 정보는 조선시대 문헌에 등장한다.《훈몽자회》기명器皿조에는 "자搾라는 것은 조槽라는 술을 짜는 틀과 그 맥을 함께하는 것으로, 기름을 눌러 짜는 틀을 유자油榨라 한다[榨搾, 俗稱 酒搾 又 壓油子曰油榨]."라고 설명되어 있다. 즉 술 짜는 틀과 기름틀은 구조적인 차이가 있으나 모두

그림 2-12 《소문사설》에 묘사된 대착유기(좌)와 소착유기(우).

가압해서 술이나 기름을 얻을 수 있는 목제 가압기라는 공통점이 있어서 자榨로 통일해 표기했다는 설명이다.[17]

영조 재위 시기에 의관 이시필이 지은 《소문사설》에는 그림과 함께 대착유기와 소착유기에 관해 자세한 설명이 제시된다. 그러나 그림의 착유기는 당시 중국 것으로 보이고, 현재 유물로 남아 있는 우리나라 기름틀과는 다른 형태다. 우리의 기름틀은 지렛대 원리로서 참깨나 들깨, 콩 등의 식물로 기름을 짜는 형태다.

기름의 종류

고소한 진짜 기름, 참기름

참깨에서 추출한 기름을 참기름이라고 하며, 한자로는 眞油(진유), 芝麻油(지마유), 혹은 香油(향유)로 표기했다. '진짜 기름'

이라는 이름 그대로, 고소한 맛과 향이 독특해 한식에서 가장 널리 이용하는 조미료다. 음식에 적당히 넣으면 특유의 고소한 향으로 식욕을 증진할 뿐 아니라 매끄럽고 부드러운 질감을 주지만, 많이 넣으면 강한 향이 오히려 음식의 맛과 향을 죽여 식욕을 떨어뜨릴 수도 있다. 참기름은 비린내와 누린내를 제거해주기도 하고, 고기를 구울 때 수분을 잡아주기도 하며, 채소 요리에 넣으면 약간의 소독 효과도 가진다.

참기름은 콩나물, 호박나물, 가지나물 같은 숙채무침에 사용하며, 약과나 약식에 넣어 고소한 맛을 더한다. 그러나 시원하고 새콤하고 칼칼한 맛으로 먹는 차가운 음식에는 넣지 않는 것이 좋다. 또한 발연점이 낮아 튀김용으로는 적합하지 않다. 참기름을 가장 많이 넣는 음식으로는 반죽에 참기름을 사용하는 유밀과를 꼽을 수 있다.

참기름의 고소한 향은 휘발성이므로 조리 과정의 가장 마지막에 넣는 것이 좋다. 특히 불고기를 조리할 때 다른 양념을 다 섞어 무치고 나서 맨 마지막에 참기름을 넣으면 고기 수분도 잡아주고 질감도 부드럽게 한다. 반면 더덕구이를 할 때에는 참기름을 먼저 바르고 다른 양념을 넣어 무쳐야 양념이 스며들어 너무 짜게 되는 것을 막을 수 있다. 고기로 국물을 낼 때는 고기를 참기름에 먼저 볶아야 국물 맛이 고소하고 진하다. 반면 맑은 국물 맛을 원할 때는 고기를 볶지 않고 그대로 끓이는 것이 좋다.

들기름, 콩기름, 옥수수유, 면실유, 낙화생유

우리 민족이 주로 사용한 식용유로는 참기름 오에도 들기름, 콩기름, 면실유가 있다. 현재는 옥수수유나 낙화생유도 많이 이용한다.

들기름은 한자로 法油(법유)라고 하며, 들깨를 볶아서 짠 기름이다. 특이하고 진한 향을 가지고 있다. 호불호가 갈리는 향이지만, 독특한 향으로 별미 음식을 만드는 데 사용되었다. 전통적으로 들기름은 들깨를 깨끗이 씻어 일어 절구에 찧은 후 자루에 넣고 눌러서 짰다. 들깨 한 말(약 18리터)이면 들기름 두 되(약 3.6리터) 정도 짤 수 있다고 한다. 들기름은 다른 기름에 비해 산패가 빨리 진행되므로 짜고 난 후에는 빨리 사용하는 것이 좋으며, 밀폐해 냉장 보관해야 한다. 기호에 따라 여러 가지 나물을 무치거나 김에 발라 굽거나 두부를 구울 때 사용한다.

대두유(콩기름)는 콩에서, 옥수수유는 옥수수 배아에서, 면실유는 목화씨에서, 낙화생유는 땅콩에서 추출한 기름이다. 이들은 참기름이나 들기름과는 달리 향이 없다. 이 중 대두유와 옥수수유가 가장 많이 이용된다. 비교적 값이 저렴하므로 참기름 대용으로도 많이 이용한다. 재료를 익히는 과정에서 팬이나 냄비에 들러붙지 않게 해주고, 재료가 서로 붙는 것도 막아준다. 음식의 색을 노릇노릇 맛있게 보여주고, 입안에서의 느낌을 부드럽게 해준다. 따라서 여러 가지 재료를 볶을 때 주로 사용하고, 전이나 적 등을 팬에서 부치거나 지질 때에도 사용한다. 튀김을 할 때 꼭 필요하며, 전통 음식으로는 튀각, 부각, 미역자반 등에 이용해왔다. 또 약과나 매작과 같은 유밀과와 강정, 산자를 튀겨낼 때에도 사용한다.

이상의 식물성 기름은 무색무취의 투명한 것이 좋다. 전을 부칠 때 눋지 않을 정도로만 사용량을 조절하는데, 기름을 지나치게 많이 사용하면 주재료의 독특한 향과 질감을 잃어버리게 된다. 빈대떡이나 파전처럼 두께가 있는 전은 자주 기름을 둘러주면서 넉넉한 기름에 서서히 지져낸다. 기름을 한 번에 많이 넣어 튀기듯 지지면 골고루 익지 않는다.

고소한 풍미를 주는 돈유(돼지기름)

돼지고기의 비곗덩어리로 만드는 기름을 말하며, 한자로 豚油(돈유)라고 썼다. 과거에는 많이 사용했으나 지금은 사용 빈도가 낮다. 비곗덩어리를 곱게 다져 생강 다진 것을 조금 섞은 후 약한 불에 볶아서 기름을 낸다. 대두유나 옥수수유보다 음식에 부드럽고 고소한 질감을 준다. 그래서 빈대떡을 지질 때 돼지기름을 쓰면 부드럽고 바삭한 질감이 오래 유지된다. 가늘게 썬 채소나 고기를 돼지기름으로 볶으면 향미 있는 볶음이 되므로 짜장면을 볶을 때 많이 이용한다. 요즈음은 건강상의 우려로 식물성 기름으로 대체되고 있다.

10장

감칠맛 조미료

인간이 느끼는 맛에는 짠맛, 단맛, 신맛, 쓴맛 외에 제5의 맛이라고도 하는 '감칠맛'이 있다. 감칠맛은 다른 말로 구수한 맛, 구수한 단맛이라고 표현할 수도 있다. 어육장, 두장, 어장 등을 먹을 때 우리가 '맛있다'라고 느끼는 것이 감칠맛 때문이다. 쉽게 말해, 감칠맛은 무언가를 먹었을 때 '맛있다'라고 느끼게 하는 맛이다. 이런 감칠맛을 더하는 조미료는 음식의 맛을 더욱 깊고 풍부하게 만드는 역할을 한다. 주로 글루탐산염glutamate이나 이노신산염inosinate, 구아닐산염guanylate 같은 물질을 포함한다. 이 성분들은 자연 식재료에서 발견되는데, 다시마와 멸치, 효모 추출물, 간장, 된장, 고추장 등의 장류 및 파르메산 치즈 등이 감칠맛을 내는 식재료다. 여기서는 전통적으로 한국에서 사용해온 젓갈 유래 조미료, 그리고 화학조미료로 분류되는

MSG를 다룬다.

감칠맛 폭발, 젓갈 유래 조미료

젓갈은 한국은 물론 동남아시아 등지에서 주로 먹는 수산 발효음식이며, 짠맛과 더불어 감칠맛을 내는 조미료로 사용돼 왔다. 냉장 시설이 없던 과거, 소금을 뿌려 수산물을 발효시킴으로써 수산물을 장기간 보존할 수 있게 한 것이다. 이 보존법은 중국 남서부와 인도차이나 반도의 메콩강 유역에서 시작되어 차츰 전 세계로 퍼져나갔다. 초기에는 생선을 소금으로 절이는 단순한 방식이었지만, 시간이 지나면서 점차 다양한 형태로 발전했다.

젓갈류는 크게 젓갈, 액젓, 식해로 그 종류를 나눌 수 있다. 젓갈은 소금 등 양념류로 발효시킨 생선이다. 이 젓갈을 오래 발효시킨 후 그 즙만 거른 것이 액젓으로, 이를 장에 비유해 어장魚醬이라고도 한다. 수산물과 곡물을 함께 삭힌 것이 식해다.

젓갈은 세계적으로 많이 먹는 식품이다. 유럽에서 많이 먹는 안초비anchovy도 멸칫과의 생선을 소금에 절인 것이다. 세계 최고의 악취 음식으로 이름을 날리는 북유럽의 발효 생선 수르스트뢰밍surströmming도 청어를 낮은 염도의 소금에서 삭힌 것이다. 심지어 토마토케첩도 젓갈에서 유래했다. 동남아시아의 젓갈 중 하나가 유럽으로 건너가면서 변형된 것으로, 실제로 케첩이라는 단어도 '생선으로 만든 즙'이라는 뜻의 한자어 '규즙鮭

汁'에서 유래했다.

젓갈 발효는 생선이나 조개류의 조직 내 효소와 혐기성 및 내염성 세균의 작용으로 이루어진다. 이 과정에서 단백질의 가수분해가 일어나고 아울러 향미 성분이 생성되어 조미료 역할을 하게 된다. 현재 우리나라에서는 30여 종의 젓갈류가 쓰이고 있는데, 고문헌을 살펴보면 과거에 즐겼던 젓갈류는 식해까지 포함해 그 종류가 무려 200여 종에 이른다.[18] 이 중 양념으로 주로 사용하는 것은 새우젓, 멸치젓, 조기젓, 황석어젓, 곤쟁이젓(감동젓), 갈치속젓, 소라젓, 꼴뚜기젓, 창난젓, 까나리젓 등이 있다. 액체 형태의 젓국을 이용하는 것으로는 새우젓국, 멸치액젓, 조기젓국, 황석어젓국, 까나리액젓 등이 있으며, 최근에는 참치액젓도 조미료로 많이 사용한다.

젓갈 이용의 역사

젓갈에 관한 최초의 기록은 기름과 마찬가지로 《삼국사기》 신라본기에 나온다. 신문왕이 김흠운의 딸을 왕비로 맞이할 때 납채 예물로 기름과 함께 기록된 '해醯'다. 이 해는 생선을 발효시킨 젓갈과 고기를 주로 발효한 해를 모두 뜻한다고 보인다. 아마도 당시에는 수조육류를 발효시킨 육해와 어패류를 발효시킨 젓갈을 모두 먹고 있었을 것으로 생각된다.

고려시대에 이르면 젓갈을 포함한 해류 식품이 문헌에 많이 등장한다. 고려 초기에 풍년이 들기를 기원하며 정월 첫 신일辛日에 원구단圜丘壇에서 제사를 지냈는데, 이때 진설된 음식으로

   2부 전통 조미료의 세계

그림 2-14 김홍도의 〈고기잡이〉. 이렇게 잡은 작은 물고기로 젓갈을 담갔다.

어해魚醢, 토해兎醢, 녹해鹿醢, 안해雁醢 등이 있다(《고려사》 권59 예지禮志 '원구진설조圓丘陳設條'). 생선뿐 아니라 토끼고기, 사슴고기, 기러기고기 등 다양한 육류로 해류 음식을 만들었음을 알 수 있다. 또한 송나라 서긍의 《고려도경》에는 "신분의 귀천을 가리지 않고 상용하던 음식이 젓갈이다.”(권23 ‘잡속雜俗’)라고 나와 고려시대에 젓갈이 보편화되었음을 알 수 있다.

　조선시대에는 젓갈이 한층 더 발달했는데,《미암일기》에는 새우젓, 곤쟁이젓, 밴댕이젓, 뱅어젓, 고등어내장젓, 전복젓, 조기알젓, 게젓, 굴젓, 수어식해, 전복식해 등 20종의 젓갈이 등장하며,[19] 같은 시기에 나온《고사촬요》와《쇄미록》, 17~19세기에 나온《음식디미방》,《산림경제》,《증보산림경제》 등에는 젓갈의 종류가 무려 180여 종 등장한다.[20] 또 조선 중기부터 많이 잡히기 시작한 명태, 조기, 청어, 멸치, 새우 등을 말리거나 젓갈로 만들어 전국에 널리 유통했다.

　《음식디미방》에 세 가지 젓갈이 나오는데, 이 중 ‘청어 염해법’이 있다. 지금은 청어젓을 많이 담그지 않으나《음식디미방》이 쓰인 과거의 경북 지역에서는 청어로 젓갈을 담갔다고 전해진다.《증보산림경제》에는 곤쟁이젓갈 만드는 방법이 ‘자하법紫蝦法’이라는 이름으로 소개된다.

　젓갈로만 담글 수 있다. 그 방법은 먼저 전복, 소라, 오이, 무(네 조각으로 썰면 된다)를 마련하여 소금을 많이 뿌리고 갈무리하여 둔다. 곤쟁이가 날 때를 기다려서 앞의 네 가지 재료를 가져다가 소금을 뺀다. 짠맛을 조금 남겨둔다. 곤쟁이도 보통 방법대로 소금을 뿌리고 네 가지 재료와 함께 항아리에 한 겹 한 겹 깔아 넣는다. 다 끝나면 기름종이로 항아리 주둥이를 단단하게 막아 땅에 묻는데, 뚜껑을 닫고 또 잘 타고 남은 재(맹회猛灰: 참나무를 태운 재처럼 진한 잿

　　　　　　　　　　　2부　전통 조미료의 세계

물을 내릴 수 있는 독한 재)로 항아리 주둥이를 둘러 바르고서 묻는다. 이렇게 하면 개미를 막을 수 있고 또 비와 습기도 막을 수 있다. 오래도록 두었다가 먹으면 더욱 맛있다.

조선 전기까지 젓갈은 주로 반찬으로 먹었고, 김치에는 사용하지 않았다. 그러던 중 임진왜란을 전후해 고추가 전래된 이후 젓갈 또한 다양한 용도로 쓰이게 되어 양념용 젓갈과 반찬용 젓갈로 나뉘었다. 특히 김치를 담글 때 고추와 함께 젓갈을 사용하게 되면서, 고추가 젓갈의 비린내를 줄이고 젓갈이 김치의 감칠맛과 저장성을 더욱 높여 젓갈의 사용이 늘어났다.

젓갈은 반찬으로도 먹지만 뭐니 뭐니 해도 조미료로서의 역할이 크다. 한국 음식 고유의 맛이 여기서 나온다. 김치에 많이 들어가는 젓갈로 새우젓, 조기젓, 황석어젓, 멸치젓 등이 있고, 찌개의 간을 맞추는 데에는 새우젓, 나물을 무치는 데에는 멸치젓을 달인 멸장을 많이 쓴다. 합자장蛤子醬(홍합 삶은 물에 소금을 넣어 끓인 액젓) 등은 아미노산이 풍부한데, 이것으로 간을 맞추면 두장과는 다른 독특한 감칠맛을 낸다.

젓갈 만드는 법
전통 젓갈은 생선 전체, 껍데기를 제거한 조갯살, 새우 등을 그 중량의 20퍼센트 내외의 식염과 버무려 토기 항아리처럼 광선이 차단되는 용기에 채워 넣고, 윗부분을 2~3센티미터 두께의 식염으로 덮은 후 빗물이나 공기를 차단할 수 있는 덮개를 씌워 2~3개월간 상온에서 저장함으로써 만든다. 내염성 세균과 효소의 작용으로 생선 비린내가 없어지면서 아미노산 발효로 인해 구수한 맛을 내며 즙액이 다소 생긴다. 이 젓갈을 고춧가루 등으로 양념하면 우리가 먹는 창난젓, 조개젓, 새우젓 등이 된다. 이렇게 만든 젓갈을 상온에서 6~12개월간 발효시켜 살이 모두 분해된 후 체에 거른 후 끓여 살균하면 수년간 보관할 수 있는 젓국이 된다.

보통 젓갈은 생선의 종류와 담그는 시기의 기온에 따라 소금 농도를 원재료 무게의 10~30퍼센트 정도로 조절한다. 대표 젓갈인 새우젓의 소금 농도는 10~15퍼센트이고, 멸치젓의 소금 농도는 20~25퍼센트다. 현재 젓갈은 높은 염분 함량 때문에 소비가 줄고 있다. 식품업계는 염분은 줄이고 맛은 향상시킨 제품을 개발하기 위해 노력하고 있다. 기존의 저염 젓갈은 처음부터 소금의 양을 줄이고 저온 숙성으로 만든 탓에 젓갈 특유의 깊은 맛이 나지 않지만, 요즘은 탈염 기법을 적용한 저염 젓갈이 만들어지고 있다. 이는 전통 방식으로 소금을 넣고 숙성한 뒤 소금기만 빼내는 방법으로, 젓갈의 맛이 그대로 살아 있고 보존성 또한 뛰어나다.

감칠맛을 주는 젓갈 조미료

젓갈은 그 쓰임새가 넓다. 김치를 담글 때 넣기도 하고, 달걀찜이나 순댓국 같은 음식의 간을 맞추는 데에도 쓴다. 이러한 젓갈의 종류를 살펴보자.

그림 2-15 새우젓.

먼저 새우젓[白蝦醢]이 있다. 생새우에 소금을 넣고 버무려 발효시킨 젓갈로, 오젓, 육젓, 추젓, 동백하젓, 동젓, 풋젓* 등으로 나뉜다. 이 중 조미료로 이용되는 것은 오젓, 육젓, 추젓으로, 육젓이 으뜸으로 꼽힌다.

조미료로 쓸 때는 새우 건더기를 다져 젓국과 함께 소금 대신 쓴다. 주로 김치, 국, 찌개, 나물 등의 간을 맞추는 조미료로 사용하며 배추김치나 깍두기, 오이소박이 등을 담글 때에도 넣는다. 찌개에 감칠맛을 주기 위해 넣으며, 두부젓국찌개, 굴젓국찌개, 암치(민어)젓국찌개, 애호박젓국찌개, 알찌개, 김치젓국찌

---

* 오젓은 음력 5월에 잡은 새우로 담근 것이고, 육젓은 음력 6월경에, 추젓은 가을에 잡은 새우로 담근 것으로 크기가 작다. 동백하젓은 음력 2월에, 동젓든 음력 11월에, 풋젓은 음력 3~4월에 잡힌 새우로 담은 것이다.

개, 비지찌개, 생선조치 등에 사용한다. 호박나물볶음이나 무나물, 돌나물무침에도 넣고 우거지찜에 넣어도 좋다. 돼지고기편육, 쇠고기편육, 우설편육에는 초젓국(새우젓에 초를 넣은 양념)을 곁들인다. 콩나물국밥이나 북엇국에 곁들이며, 선짓국을 끓일 때는 먼저 넣어 냄새를 잡는다. 닭볶음 양념이나 갈비구이 양념에 섞기도 하는데, 개성에서는 새우젓을 꼭 사용했다.

좋은 새우젓은 새우 형태가 변하지 않았고 단맛이 있으며, 액즙은 맑은 백색이다. 음식에 곁들이는 양념장으로 쓸 때는 건더기가 들어가지 않도록 젓국을 꼭 짜서 만든다. 초젓국은 새우젓국에 식초와 다진 파, 고춧가루 등을 섞어서 만든다.

멸치젓과 멸치액젓은 늦은 봄에 잡은 생멸치에 굵은 소금을 고르게 뿌리거나 버무려 항아리에 담아 발효시켜 만드는데, 초가을이 되면 완전히 숙성된다. 이때 투명하고 짙은 갈색의 즙액이 고이는데, 이를 젓국 혹은 액젓이라고 한다. 이 즙액을 달여 맑게 받치면 검은색의 액이 되는데, 이를 멸간장(멸장)이라고 한다. 멸치젓이나 멸치액젓도 김치 담글 때 넣는데, 설 전 먹을 김치나 무김치에 잘 어울린다. 그리고 무말랭이젓지나 깻잎장아찌, 콩잎장아찌 등에 넣기도 하고, 무젓찌개나 두부젓국찌개에 넣어도 좋다. 멸치젓은 뼈가 만져지지 않게 푹 삭고 비린내나 기름기가 없는 것이 좋고, 크기는 중간 것이 좋다.

황석어젓은 황새기젓, 황석어해黃石魚醢, 황숭어리젓, 황시리젓, 황강달이젓이라고도 한다. 5~6월에 잡은 황석어를 굵은 소금에 절여 3개월 이상 발효시켜 먹는다. 젓갈을 담그려면 황석어 중량의 약 20퍼센트의 소금을 준비한다. 먼저 싱싱한 황석어를 손질해 비늘과 내장을 없애고 소금물에 깨끗이 씻어서 건진 후 물기를 뺀다. 그러고 나서 손질한 황석어의 아가미와 입에 소금을 가득 채워 넣고, 항아리 바닥에 소금을 깔고 황석어를 한 켜 놓고 위에 소금을 고루 뿌려 다시 황석어를 한 켜 놓고 다시 소금 뿌리기를 여러 차례 반복하며, 맨 위에는 황석어가 안 보일 정도로 소금을 넉넉히 뿌린다. 여기에 10퍼센트 농도의 소금물을 끓여 식힌 후 붓고 무거운 돌로 눌러서 기름종이로 입구를 봉하고 뚜껑을 덮어 볕이 들지 않는 서늘한 곳에 3개월 이상 두어 삭힌다.

숙성된 황석어젓은 잘게 썰거나 살만 발라 고춧가루·식초·깨소금 등 갖은양념으로 무치거나 통째로 물을 약간 부어 쪄서 반찬으로 먹는다. 김치에 넣을 때는 황석어 살은 다져서 김치 양념에 섞고, 젓국에 물을 보태 끓여 거른 후 국물에 넣는다. 잘 삭은 황석어젓은 독특한 냄새가 나며 구수한 뒷맛이 일품이다.

조기젓은 조기 살과 아가미에 소금을 가득 채워 항아리에 넣은 다음, 무거운 돌로 눌러 발효시킨 젓갈이다. 예로부터 연평도에서 잡은 조기로 5월 초순에서 6월 중순에 담근 것을 으뜸으로 꼽았다. 조기젓은 조선시대 이래 여러 용도로 쓰였다. 잘 삭은 조기젓을 잘게 저며 식초와 고춧가루를 조금 섞어 먹거나 토막 쳐서 파나 홍고추를 썰어 얹어 찐 다음 먹는다. 남은 조기젓은 끓여서 젓국을 만들어 국이나 찌개의 맛을 내는 데 쓰며, 김치를 담글 때에도 쓰는데, 시원한 국물 맛을 낸다. 1년 이상 잘 숙성된 조기젓은 젓국이 맑고 누런빛이 도는 은색을 띤다. 배추김치에 넣을 때는 조기젓의 살을 저며 고춧가루에 버무려 배춧잎 사이사이에 넣는다. 조기 머리는 김장 담글 때 넣어주면 익으면서 녹아내려 형태가 없어지고 김치 국물 맛을 더 풍성하게 해준다.

곤쟁이젓은 자하紫鰕젓, 권쟁이젓, 노하鹵鰕젓이라고도 한다. 곤쟁이는 새우의 일종으로, 보리새우와 비슷하나 크기가 작다. 이 곤쟁이에 굵은 소금을 뿌려 담근 젓갈로, 오래 묵은 곤쟁이젓은 감동甘冬젓이라고 한다. 다 삭은 곤쟁이를 쪄서 반찬으로 먹기도 하지만 주로 감동젓무김치를 담글 때 넣고, 쇠고기 수육이나 편육에 곁들여 먹는다. 깍두기찌개나 두부찌개에 넣고 끓이면 별미 조미료가 된다.

갈치속젓은 싱싱한 갈치의 내장만 골라 소금에 버무린 후 1년 이상 숙성시켜 만드는데, 검은색을 띠어 '창젓'이라고도 부른다. 여름에 갈치속을 썰어 고추와 마늘을 넣어 무쳐 먹으면 좋은 밑반찬이 된다. 총각김치나 무김치같이 무로 담그는 김치에 넣는데, 연한 무보다 억센 무에 더 적합한 조미료다. 연한 무는 뭉개질 수 있으나 억센 무에 사용하면 질감이 연해지고 아삭한 맛을 즐길 수 있다.

까나리액젓은 멸치액젓, 황석어젓국과 함께 대표적인 한국 전통 액젓이다. 주로 서해와 남해에서 잡히는 까나리를 소금에 절인 후 발효·숙성시켜 만든 액젓이다. 까나리젓이 잘 발효·숙성되면 달여서 받친다. 멸치액젓보다 비린내가 적고 맛이 부드럽고 담백하나 향은 상대적으로 은은하고 순해 김치 담글 때 국물 맛을 깔끔하게 낸다. 색은 연한 갈색이다. 감장甘醬(단 간장) 대용으로도 사용한다. 주로 김치를 담글 때 사용하는 액젓인데, 비린 맛은 김치의 향신료에 묻히고 감칠맛이 극대화된다. 그러나 단맛과 짠맛의 농도가 진해 양 조절을 잘못하면 김치를 망칠 수도 있다. 여러 나물을 무칠 때에도 이용한다.

근대화의 맛? 화학조미료의 탄생과 쇠퇴

감칠맛을 어패류, 육류, 버섯류 등 천연에서 얻는 대신, 공장에서 가공 과정을 거쳐 만든 것이 화학조미료다.

MSG의 등장과 쇠퇴

감칠맛을 끈질기게 추구한 인류는 결국 인공조미료를 만들어내기에 이른다. 우리가 잘 아는 MSG다. 화학조미료는 일본에서 가장 먼저 만들었다. 1908년 이케다 기쿠나에池田菊苗가 다시마에서 글루탐산을 추출해 그로부터 유래하는 맛을 우마미うま味라고 이름 지었고, 1913년에 고타마 신타로小玉新太郎가 가다랑어에서 이노신산을 발견한 것이 시작이었다. 이런 발견을 기반으로 1909년 일본에서 공업적으로 제조한 화학조미료가 MSGmonosodium glutamate로, '아지노모토味の素'라는 이름으로 상품화되었다. 일제강점기인 1926년경 한반도에도 들어온다. 당

시에는 매우 고가의 상품으로, 아지노모토 작은 병이 40전[*]이었다. 일부 부유층에서만 사용할 수 있는 가격이었다.

특히 아지노모토를 출시한 스즈키상점鈴木商店[**]은《사계의 조선요리四季の朝鮮料理》라는 요리책까지 출간하며 조선인에게 아지노모토의 소비를 적극 권장했다.《사계의 조선요리》는 1925년에 일본어판이 도쿄할팽여학교東京割烹女學校에서 집필, 스즈키상점에서 출간되었고, 이후 1934년에 한글판이 출간되었다. 일제강점기 언론인이자 작가인 이능선李能善(1902~63)은 한글판의 머리말에서 경제, 맛, 자양, 간편 면에서 아지노모토의 사용이 바람직하다고 썼다.《사계의 조선요리》에서는 아지노모토를 국물에 넣거나 양념장에 넣으라고 하며, 음식을 찍어 먹는 초장이나 초고추장, 음료, 달걀지단 부치는 데까지 빠짐없이 사용하는 조리법을 소개했다.

당시 아지노모토는 '신여성은 아지노모토를' '근대 여성은 모두 애용자'라는 광고 문구를 내세움으로써 아지노모토를 근대적 미각의 대명사로 내세웠다. 아지노모토를 사용해야 신여성이 될 수 있다는 듯이 표현한 것이다.

1900년대 초에는 각 가정에서 직접 장을 만들어 음식의 간을 맞추었다. 손맛에 따라 집마다 달랐던 음식 맛은 화학조미

---

[*] 쌀 상등미(돌 고른 것) 한 말에 4원 70전, 조선쌀 상등미 한 말에 4원 65전, 쌀 중등미 한 말에 4원 30전, 좁쌀 한 말에 2원 50전(동아일보 1920년 6월 14일자).

[**] 원래 '스즈키제약소'였으나 '스즈키상점'을 거쳐 1946년 사명을 아예 '아지노모토'로 변경했다.

    2부 전통 조미료의 세계

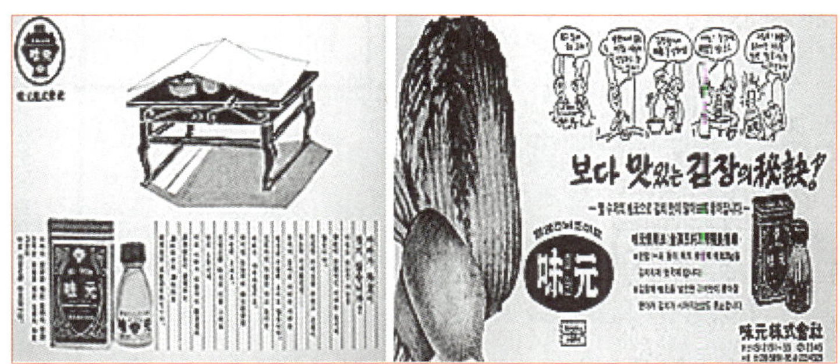

그림 2-16 1965년 신문에 게재된 미원 광고.

료의 등장으로 점차 소멸했고, 모든 가정의 음식 맛이 비슷해졌다. 물론 화학조미료의 사용이 각 가정에서 일반화되기까지는 시간이 필요했지만, 일단 일반화된 후 그 파급효과는 강력했다. 화학조미료의 강점은 간편한 방법으로 음식에 감칠맛을 부여한다는 것이다. 예전과 같이 복잡한 과정과 긴 시간을 들이지 않고 같은 맛을 낼 수 있다는 매력은 순식간에 가정을 파고들었다. 다시 말해, 음식 맛의 균일화가 시작된 것이다.[21]

해방 이후 한국에서 출시된 최초의 화학조미료는 '미원'이다. 초기에는 일제강점기에서와 마찬가지로 매우 고가여서 서민 가정에서 사용되지는 못했다. 그러나 1960년대 중반부터 서서히 일반 가정으로 침투하며 이윽고 거의 모든 가정에서 화학조미료를 사용하게 되었는데, 이는 고가 전략에서 저가 전략으로 마케팅 방법을 바꾼 것이 주효했기 때문이다.

1965년 신문에는 "미원은 5인 가족 1개월분으로 100g이면

충분합니다. 미원 100g은 68원, 계란 1줄 값보다 훨씬 싼 셈이죠. 즉, 하루 약 2원 30전으로 온 가족이 맛있게 식사할 수 있으니 얼마나 싼 조미료입니까." "미원은 사치품이 아니요, 기호품도 아닙니다. 생활필수품입니다."라는 문구의 광고가 실렸다. 미원의 적극적인 마케팅으로 '조미료는 미원, 미원은 조미료'라는 인식이 소비자에게 형성되었다. '화학조미료=食의 근대화=간편화=미원'이라는 등식은 경제 발전과 함께 살림살이가 나아지고 건강한 식품에 관심을 가지게 되어 '화학'이라는 단어 자체에 거부감을 갖게 될 때까지 계속된다.

한편, 후발주자로 1963년 제일제당이 원형산업을 인수해 '미풍'이라는 제품을 내세우며 화학조미료 시장에 뛰어들었다. 그러나 미원에 눌려 미풍은 빛을 보지 못했다.

제일제당은 이런 상황을 새로운 제품의 출시로 타개하고자 했다. 제일제당은 1975년에 '어머니 손맛' '고향의 맛' '전통 양념'이라는 콘셉트로 '다시다'를 등장시켰고, 조미료 제품에 쇠고기, 조개, 멸치 등 천연 식품을 첨가한 '아이미'를 1977년에 출시해 시장점유율을 40퍼센트까지 올린다. "국내 최초로 맛과 성분과 강도에서 시중의 조미료와는 본질적으로 차원을 달리하는 핵산 복합 조미료” 혹은 “소고기와 송이버섯을 삶아 우려낸 국물 성분으로 신비한 맛을 지니고 있습니다.”라는 문구로 미원과 차별화했다. 쇠고기, 송이버섯 분말에 기존 조미료의 주성분인 글루탐산

그림 2-18 1975년 신문에 게재된 다시다 광고.

나트륨에 이노신산나트륨과 구아닐나트륨 등을 복합한 핵산 조미료임을 강조했고, 고급화 선전에 공을 들였다. 이후 현대 조미료 시장은 춘추전국시대에 돌입한다.

현대적인 감칠맛 조미료

경제가 발전하고 생활이 풍요로워지면서 MSG의 위해성과 인공(화학)적인 것에 대한 반감이 생겼다. 이에 천연 식품으로 가공·제조한 조미료에 관심이 모였다. 현재는 발효 조미료, 복합 조미료, 천연 조미료의 형태로 조미료 제품의 대세가 바뀌었다.

지금 시판되는 인공 조미료는 다음과 같이 분류할 수 있다.

첫째, MSG는 감칠맛의 주성분인 글루탐산과 나트륨이 결합한 물질로, 순수한 감칠맛(우마미)을 제공해 음식의 풍미를 높이는 데 사용된다. 투명한 결정 형태로 주로 판매되며, 소량으로도 강한 맛을 낼 수 있어 저렴하고 효과적이다. 미원(대상), 아지노모토(일본 원조 제품)가 대표적인 브랜드다. 한때 건강 논란이 제

 글루탐산나트륨의 결정.

기되었으나, 과학적으로는 안전성이 입증되었다.

둘째, 복합 조미료(MSG 혼합 제품)로, MSG에 핵산계 조미료(이노신산나트륨, 구아닐산나트륨 등) 또는 설탕, 소금, 향미 증진제 등을 혼합하여 만든다. 다시다(농심)나 맛소금이 그 예다. MSG 단독으로 사용할 때보다 더 복합적인 맛을 제공하며, 사용이 편리해 다양한 요리에 활용할 수 있다.

셋째, 천연 조미료로, 자연 식품(멸치, 다시마, 버섯 등)을 기반으로 가공한 조미료다. 화학적인 첨가물을 줄여 건강을 고려한 대안 제품으로 인식되며, 주로 분말이나 과립 형태를 갖는다. 제품화된 천연 조미료, 다시마가루, 표고버섯가루 등이 있다. 천연 원료로 건강과 맛의 균형 측면에서 호평을 받지만, 가격이 높고 감칠맛 강도는 상대적으로 낮을 수 있다

넷째, 핵산계 조미료로, 이노신산나트륨, 구아닐산나트륨 등
이 있다. 단독으로 사용되기보다 MSG와 혼합되어 효과를 발휘
한다. 대부분의 복합 조미료의 핵심 원료다. 감칠맛 시너지 효과
가 있으나 생산 비용이 상대적으로 높다.

다섯째, 소스형 조미료로, 굴소스, 된장 등 액체나 페이스트 조
미료 형태를 갖는다. 감칠맛 성분을 포함하면서 요리에 풍미를
더한다. 굴소스, 고추장 기반 조미 소스 그리고 일본의 쓰유つゆ
나 국내 브랜드의 다양한 양념장이 이에 해당한다. 요리에 직접
사용할 수 있어 간편하나 MSG 기반 조미료에 비해 감칠맛은 부
족하다.

이렇게 다양하게 인공 조미료가 만들어지는 이유는 소비 트
렌드가 변화했기 때문이다. 최근 건강을 중시하는 소비자들 사
이에서 MSG-free, 천연 성분 조미료가 인기를 끌고 있기에, 이
를 반영한 제품들이 속속 개발되고 있다.

전통 향신료의 세계

양념은 조미료와 향신료를 포괄하는 개념으로, 예를 들어 '갖은양념'에는 간장, 소금, 참기름 같은 조미료뿐 아니라 고추, 파, 마늘 등 향신료도 들어간다. 향신료는 말 그대로 향기로우면서[香] 매운맛[辛]을 내는 식재료로, 향신료 자체로는 자극적이지만 음식에 사용하면 매력적이다. 향신료는 맛도 갖지만 코와 입단의 점막을 자극해 음식 맛을 돋우는 데 특히 중요하기 때문이다.

현재 전 세계의 여러 민족은 고유한 향신료를 가지고 있고, 이는 각 민족음식ethnic food에 정체성을 부여한다. 특히 어떤 향신료를 어떤 조합으로 얼마나 사용하느냐에 따라 음식의 맛과 향이 결정된다고 해도 과언이 아니다. 향신료는 각 국가의 전통 음식에서 중요한 위치를 차지해 세계 음식문화 비교연구에서도 빼놓을 수 없다.

많은 이가 우리 민족은 특별히 향신료를 즐기는 편은 아니라고 인식하고 있지만, 사실 파, 마늘, 고추뿐 아니라 깻잎, 겨자, 초피, 계피 등 알게 모르게 다양한 향신료를 즐겨왔다. 여기서는 우리 음식문화를 일구어온 전통 향신료에 관해 알아보자.

11장

향신료는 무엇인가

향신료와 민족정체성

향신료의 정의

'향신료香辛料'는 식물의 꽃과 열매, 씨앗, 뿌리, 나무껍질 등에서 얻는, 향을 지닌 물질을 가리킨다. 표준국어대사전에는 '고추, 후추, 파, 마늘, 생강, 겨자, 깨 등 음식에 맵거나 향기로운 맛을 더하는 조미료'라고 향신료가 정의되어 있다.

영어로는 spice이며, 이는 '약품'이라는 뜻의 라틴어인 species(스페키에스)에서 유래한 단어다. spice를 국제표준화기구 International Organization for Standardization, ISO에서는 "Such natural plant or vegetable products or mixtures of thereof, in whole or ground form, as are used for imparting flavor, aroma and piquancy to and for seasoning food[식품에 풍미, 향기 및 매운맛을 부여하고 조미하기 위해 사용하는 천연의 식물성 재료 또는 그 혼합물로서, 원형 또는 분쇄된 형태의 것을 말한다]."로 정의하며, 미국향신료무역협회American Spice Trade Association, ASTA에서는 "Any dried plant product used primarily for seasoning purposes[주로 조미를 목적으로 사용되는 모든 말린 식물성 재료를 말한다]."라고 정의한다.

향신료는 마찬가지로 향이 있는 식물을 가리키는 허브herb와 혼용되기도 한다. 향신료는 식물(목본과 초본 모두)의 대부분(열매, 씨앗, 뿌리, 껍질, 꽃봉오리 등)을 이용하며, 허브는 주로 식물(주로 초본)의 잎을 이용한다. 보통 향신료는 건조된 상태로, 허브는 신선한 상태로 이용한다. 향신료의 종류는 매우 다양한데, 전 세계에서 사용되는 향신료는 50여 가지로, 맛과 향의 성분, 채취/이용 부위 등 여러 가지 기준에 따라 분류할 수 있다. 국제표준화기구에서는 '맛의 정도degree of taste'에 따라 매운 향신료hot spices, 순한 향신료mild spices, 아로마틱 향신료aromatic spices로 분류한다.[1]

한국에서는 향신료를 주로 음식의 맛과 향을 돋우는 양념으로 활용하는데, 이는 다음과 같은 여러 효능에 의한 것이다.[2] 첫째, 특유의 방향 성분이 식욕을 촉진하며, 음식에 첨가되었을 때 음식의 성분과 함께 복합미複合味를 형성한다. 둘째, 나쁜 맛 성분을 약화·억제·소멸시키는 작용이 있다. 셋째, 식품의 조리, 가공, 저장 시에 발효를 촉진하거나 억제하는 효과가 있다. 넷째, 산화 방지 효과를 가진다. 마지막으로, 향신료는 고유의 색으로 음식의 빛깔을 아름답게 하고, 살균 및 살충 효과와 방부 효과가 있어 음식의 부패를 막아준다. 건강에도 유익한 효능이 있어 관련 연구도 많은 편이다.

민족음식의 정체성을 드러내는 향신료

우리는 인도 하면 카레 냄새를 떠올리고, 베트남 하면 쌀국수에 든 고수 맛을 떠올린다. 일본인이 와사비로 회나 초밥의 풍미를 돋운다면, 중국의 한족은 팔각八角이나 화자오花椒로 맛을 돋운다. 향신료의 맛과 향은 이처럼 민족음식의 정체성을 나타낸다. 한국 음식의 정체성 또한 우리 민족이 오랫동안 사용해온 향신료인 마늘과 파 등의 맛과 향에서 비롯된다.

우리 조상들이 오래전부터 사용해온 대표 향신료로 마늘, 파, 생강이 있다. 그런데 이들의 원산지는 한반도가 아니다. 중국을 통해 들어온 뒤 한반도에서 재배되면서 오랫동안 한국인의 입맛을 지배해왔다. 이에 비해 후추, 석란육계(시나몬), 육두구nutmeg, 정향clove은 한반도에서 재배되지 않아 수입에 의존했다. 이 향신료들은 귀한 만큼 식재료보다는 약재로 많이 쓰였다. 후추가 한반도에 전래된 시기는 정확히 알 수 없지만, 송 및 아라비아 상인과의 교류가 활발했던 고려시대에는 한반도에도 수입되었을 것으로 보인다. 조선 전기에는 유구국에서 후추를 조공받거나 수입했다. 조선 중기에 이르면 음식 조리에 자주 사용될 정도로 흔해진 것으로 보인다.

향신료는 최근 세계 식품산업에서 중요한 품목이 되었다. 국경을 넘나드는 이주가 늘어남에 따라 향신료 또한 전 세계에서 사용되는데, 음식 세계화로 인해 향신료를 통한 음식의 민족정체성이 흐려지기도 한다. 인도를 상징하는 카레로 만든 카레라이스가 일본인의 소울푸드가 된 것처럼 말이다.

향신료와 한국 음식의 정체성

전래 향신료의 종류

우리 음식문화는 향신료를 많이 사용하지는 않았다. 그러나 다섯 가지 매운맛 혹은 향을 가진 채소라는 뜻의 오신채(오훈채)를 즐겼다. 향신료는 식물의 열매, 종자(씨), 잎, 줄기, 뿌리 등으로 향이나 매운맛을 주어 음식의 풍미를 돋우는 재료다. 우리 민족이 평소 즐기는 온갖 종류의 산채와 들나물이 이에 해당한다. 그런데 이 향신료들은 점차 잊히고, 어느새 외국에서 들어온 향신료들이 우리 식탁을 지배하고 있다.

다행히, 한국 전래 향신료를 연구한 농학자 이춘녕(1917~2016)의 연구[*]와 우리나라 전통 양념('약염'으로 표기)류를 연구한 식품학자 장지현의 연구[**]가 오래전부터 이어진, 그러나 지금은 잊힌 전통 양념에 대한 중요한 단서를 제공하고 있다.

---

[*] 이춘녕, 〈한국 고래의 향신료〉, 《식품산업과 과학》, 1986, 19(2): 18-24.
[**] 장지현, 〈우리나라 전래의 약염류〉, 《식품산업과 과학》, 1986, 19(2): 5-17.

먼저, 이춘녕이 '고래古來의 향신료'로 선정한 것은 다음과
같다.*

- 십자화과: 갓, 순무, 평지, 물냉이, 섬고추냉이
- 백합과: 염교, 파, 부추, 마늘, 달래
- 산초과(운향과): 초피(좀피, 조피, 젠피), 산초(분지, 분디), 광귤
  (등자橙子)
- 가짓과: 고추
- 생강과: 생강, 양하
- 미나리과: 신감채, 미나리, 고수, 파드득나물, 방풍
- 광대나물과(꿀풀과): 들깨荏, 차조기
- 벗나무과(장미과 벗나무속): 살구杏

한편 장지현이 소개한 한국의 전통 약념류 중에서 향신료에
속하는 것으로는 천초川椒(초피), 산초山椒, 호초胡椒, 고초苦椒, 파
[蔥], 산蒜, 생강生薑 그리고 겨자[芥子]가 있으며, 오미자五味子와
매실梅實도 향신료로 보았다.

향신 채소의 결정판, 오신채

예로부터 한국 전통 향신료의 대명사가 바로 오신채五辛菜 혹
은 오훈채五葷菜로, 강한 향과 매운맛으로 일상의 식생활에 악센

---

* 이춘녕의 분류는 현재 국립생물자원관 국가생물종목록의 과명과는 차이가 있다. 괄호
  안에 넣은 것이 현재 분류체계에 의한 과명이다.

트를 주는 식재료다. 이 오신채는 승려들의 수행을 방해한다 하여 섭취가 금지된 나물인데, 자극적인 강한 향을 가져 날로 먹으면 성내는 마음을 일으키고, 익혀 먹으면 음심淫心을 일으켜 수행에 방해가 된다는 이유였다. 게다가 오신채를 먹고 경을 독송하면 입에서 나는 냄새 때문에 선한 신들이 도망간다고 했다. 그러니까 오신채는 강한 맛과 향이 있어 향신료의 조건을 잘 갖춘 셈이다.

그런데 이 오신채가 어떤 채소들을 가리키는지에 관해서는 견해 차이가 있다. 후기 대승불교의 경전으로 400년경에 나온 《능가경楞伽經》은 마늘, 파, 부추, 염교, 흥거興渠를 오신채로 꼽았고, 기원전에 편찬되어 최초의 자전으로 꼽히는 중국 문헌《이아爾雅》13장 ‘석초釋草’에서는 육䔖-산부추[山韭], 각䔷-산파[山葱], 경蒛-산염교[山䪥], 력䔖-산마늘[山蒜], 훈葷-흥거를 꼽았다. 당시의 한자 표기로써 현대 채소에 적용하기에는 무리가 있다.

북위의 가사협이 지은《제민요술》3권에 총 22종의 채소*류가 언급되었는데, 이 중 매운맛의 향채소라는 뜻의 신훈채辛葷菜가 보인다. 이는 12종으로, 마늘, 택산, 염교, 파, 부추, 갓, 유채, 겨자, 고수, 여뀌, 생강, 양하다. 그런데《제민요술》에서는 신훈채 외에 사훈채를 언급하고 있다. 중국에서 오랫동안 먹어온 세 가지 훈채인 부추, 파, 염교에, 한나라 때 장건張騫(?~기원전 114)의

서역 사행에서 들여온 마늘이 합쳐진 것으로, 중국 농업사에서 중요한 네 가지 백합과 채소를 함께 이르는 것이다.

그러니까 오신채는 중국문화와 불교의 영향이 결합한 것이라고 할 수 있다. 실제로 사전에 오신채의 하나로 나오는 홍거는 지금은 그 정체를 알기 어려운 채소다. 불교음식학자 공만식은 "홍거는 asafoetida라는 인도계 아위阿魏라고 할 수 있고 현재 한국에서는 찾기 어려운 채소"[3]라고 했다.

현재는 파, 마늘, 부추, 달래, 염교 정도가 불교에서 금하는 오신채로 꼽히고 있다. 불교에서 금하는 이 오신채가 오랜 세월 한국의 음식문화에서는 향신료로서 중요한 역할을 해왔다.

입춘 절식으로 먹은 향신 채소 비빔밥, 오신반

우리 조상들은 긴 겨울을 지나고 봄을 맞으며 오신채로 만든 오신반五辛飯을 먹었다. 말 그대로 다섯 가지 매운맛이 나는 햇나물의 모둠으로, 입춘 절식의 하나다. 움파[葱芽], 산갓, 당귀 싹, 미나리 싹, 무 싹 등 봄에 돋아나는 나물의 여린 싹으로 봄을 느끼기도 하고, 신맛과 매운맛으로 겨울 동안 지친 입을 달래기도 했다.

조선 후기 실학자 홍석모洪錫謨(1781~1857)가 쓴 《동국세시기東國歲時記》에 "경기도 여섯 지역(양주, 청평, 포천, 가평, 삭령, 연천) 사람들은 눈 밑에서 돋아난 움파 새순, 산갓, 마늘, 자총이, 당귀 싹, 무릇, 달래, 부추 가운데 매운맛이 나면서 노랗고 붉고 파랗고 검고 하얀색이 나는 다섯 가지 봄나물을 골라 입춘 날 궁중에 진상하였는데, 이를 오신반五辛盤 혹은 오신채五辛菜, 진산채進山菜, 입춘채立春菜라 한다."라고 나온다. 다음은 홍석모의 《도하세시기속시都下歲時紀俗詩》에 실린 시 〈채반菜盤〉으로, 오신채의 색감이 잘 살아 있다.

하얀 파와 노란 부추와 푸른 미나리	白蔥黃韭與靑芹
승검초와 개자로 오신채를 이바지하네	甘菜芥芽供五辛
봄에 아녀자들이 캐서 궁궐에 보내는데	春入千門纖手送
그릇 가득 향긋한 맛 입맛을 돋구네	滿盤香味動牙脣

《음식디미방》에는 철이 아닌 시기에 나물 쓰는 법이라는 의미의 '비시 나물 쓰는 법'이 나온다. 채소가 없는 겨울에 움*에서 당귀, 산갓, 파 등을 기르는 방법이다. 이렇게 기른 채소를 살짝 데치거나 날것으로 겨자즙에 무쳐서 먹었는데, 그중 산갓은 데쳐서 초장에 무쳐 먹기도 했고, 당귀 싹은 꿀에 찍어 먹기도 했다. 향이 강한 당귀나 산갓, 파 등을 매운맛의 양념장인 겨자즙이나 초장에 무쳐 먹었다는 것이니, 우리 민족이 얼마나 향신채소를 즐겼는지 알 수 있다.

이렇게 이른 봄에 햇나물무침을 먹는 이유는 겨우내 결핍된 신선한 채소를 보충하기 위함이었다. 여러 나물 가운데서 노랗

---

* 땅을 파고 위에 거적 따위를 얹어 비바람이나 추위를 막아 겨울에 화초나 채소를 넣어두는 곳.

고, 붉고, 파랗고, 검고, 하얀 나물을 다섯 가지 골라 무쳤다. 오행의 철학을 밥상에서 실천함으로써 온 우주의 기를 받아들이는 경건한 의식을 치른 셈이다. 노란색의 싹나물을 한복판에 무쳐놓고 동서남북에 청, 적, 흑, 백색 나물을 놓은 것은 임금을 중심으로 하여 사색당쟁을 초월하라는 정치 화합의 의미도 있었다고 한다.

12장

한국인이 즐겨온
전통 향신료

파와 마늘, 고추 등이 빠진 한식은 생각하기 어렵다. 약방의 감초 같은 파와 마늘부터 초피, 후추, 겨자, 고추 등 한국인이 유난히 좋아하는 매운맛 향신료, 그리고 들깻잎이나 미나리, 고수처럼 향이 강한 향신 채소류, 그리고 행인杏仁(살구씨)과 같이 과실을 이용하는 향신료 등이 우리 민족이 사랑한 향신료 종류다. 이 장에서는 한식에서 중요한 역할을 한 다양한 전통 향신료들을 살펴보자.

한식을 한식답게, 전통 향신료

향을 더하는 파

파[葱]는 중국 서부가 원산지인 식물이다. 주토 온대 아시아

그림 3-1 파.

일대에서 발달한 채소로, 독특한 향이 있다. 고려시대 이전 중국에서 전래되었으며, 추위와 더위에 잘 견디는 특성으로 한반도 전역에서 재배한다. 파는 오래전부터 우리 민족이 즐겨 먹었기에 파를 언급한 기록이 많다.

고려시대 중기의 문신 이규보는 자신이 텃밭에서 키운 여섯 가지 채소를 읊은 〈가포육영〉에서 파에 대해 다음과 같이 노래했다. 이를 통해 당시 고기의 누린내를 잡는 향신료로 파를 사용했으며, 이를 텃밭에서 키울 정도로 보편화되었음을 알 수 있다.

섬섬옥수 같은 많은 파 잎들을	纖手森瑕茸茸多
아이들은 잎으로 피리 소리 내는구나	兒童吹却當簫茄
술자리에 안주로 그만이고	不唯酒席堪爲佑
고깃국에 파가 들어가니 맛이 더해진다네	芼切腥羹味更嘉

파는 고조리서에도 많이 등장한다. 1830년경 조선 후기 실학자 최한기崔漢綺(1803~77)가 저술한 농업서인《농정회요農政會要》에는 파의 맵고 향긋한 맛을 이용한 요리가 많이 소개된다.[4] 먼

저 '움파산적'이다. "입춘 뒤에 움에서 기르던 싹이 노랗게 자란 파를 가져다가 대꼬챙이로 꼬치를 만들고, 칼등으로 살짝 두드려서 평평하게 만든다. 기름과 장물을 밀가루와 섞어 즙을 만들어서 꼬치에 바르고 구운 다음에 맛있는 식초 몇 방울을 떨구어 먹으면 아주 신선한 맛이 난다. 여름과 가을에 파로 적炙을 만들어 구우면 맛이 없다." 초봄 움파의 향이 강해 산적이 맛있다고 한 것으로, 여기서 움파는 향신료나 양념이 아니라 식재료로 쓰였다.

일종의 닭곰탕인 총계탕을 끓이는 방법인 '총계탕방蔥鷄湯方'은 이렇다. "살찐 암탉을 가져다가 털을 뽑고 깨끗이 다듬는다. 수염과 잎을 잘라낸 파 7단을 쓰되 단지 파의 밑동[蔥白]만 쓴다. 물 3~4사발 정도를 솥에 붓고 파의 밑동과 닭을 함께 솥의 물 속에 넣는다. 다시 맛 좋은 식초, 맛 좋은 청장淸醬, 참기름 각각 1종지 정도를 솥에 넣고 적당한 불에 닭 뼈가 빠져나올 때까지 푹 삶는다. 그런 다음 달걀 6~7개를 국물에 풀어 넣고 먹으면 그 맛이 좋다." 이를 통해 음식에 따라 파의 부위(푸른 잎과 흰 줄기 등)를 맞추어 사용했음을 알 수 있다. 조리법에서 직접 언급하지는 않았지만, 파는 닭의 잡내를 잡기 위한 용도로 쓰였다. 또, 일종의 만두 만드는 법인 '혼돈방餛飩方'에서도 만두소 재료로 파를 넣으면 고기의 누린내를 잡을 수 있다고 했으니, 두 요리에서 모두 파가 향신료로 쓰인 것을 알 수 있다.

파로 만드는 '총죽蔥粥'은 조선시대 초기의 식사 요법서《식료찬요》에 식치음식으로 등장한다. "피가 섞여 나오는 이질과 흰

곱이 나오는 이질[赤白痢]을 치료하려면, 파의 흰 부분 한 움큼을 잘게 썰어 쌀과 같이 넣고 삶아 죽을 만들어 공복에 복용한다[治赤白痢 葱白一握 細切 和米煮粥 空心服之]."《동의보감》에도 "파죽은 태동胎動을 치료한다. 찹쌀로 죽을 쑨 것에 총백 3~5줄기를 넣어 다시 끓여 먹는다[葱粥, 治胎動. 糯米作粥, 入葱白三五莖, 再煮食之]."라고 했다.

스태미나 향신료, 마늘

우리 민족이 많이 먹는 마늘은 오랫동안 역겨운 냄새의 주범으로 지목되었다. 그런데 마늘을 즐기는 민족은 의외로 많다. 고대 이집트의 기록에는 마늘이 중요한 경작물로 나온다. 피라미드를 건설하는 노동자들이 주로 마늘과 양파에서 힘을 얻었다

그림 3-2 마늘.

고 하며, 피라미드의 벽면에 노동자에게 나누어준 마늘의 양이 적혀 있다고 한다. 마늘의 원산지는 지중해 연안 혹은 중앙아시아로 추측되는데, 우리나라에는 중국을 거쳐 전래되었다. 마늘은 한자로는 蒜(산)이라 쓰는데, 황필수黃泌秀(1842~1914)가 사물의 명칭을 고증해 펴낸《명물기략名物紀略》(1870)에서는 마늘에 관해 "맛이 매우 랄辣하므로 맹랄猛辣이라, 이것이 변하여 마랄이 마늘이 되었다."라고 풀이했다.

명나라의 이시진李時珍이 쓴 의서《본초강목本草綱目》에는 "중국에는 원래 산에 산산山蒜, 들에 야산野蒜이 있었고, 이것을 재배하여 산蒜이라 하였다. 그러다가 한나라에 이르러 장건이 서역에서 포도·호도(호두)·석류·호초(후추) 등과 함께 산의 새로운 품종을 가져오게 되니 이것을 대산大蒜 또는 호산葫蒜이라 하고, 전부터 있었던 산은 소산小蒜이라 하여 구별하였다."[5]라고 쓰여 있다. 원래 중국에 있었던 달래류의 매운 식물을 산蒜이라 했는데, 장건이 서역에서 마늘을 가져온 후 이를 기존의 산보다 크다는 의미로 대산, 혹은 서역에서 가져왔다고 하여 호산으로 부르게 되었다는 것이다.

이를 통해 마늘의 동아시아 도입 시기를 추정할 때, 우리의 건국신화인 단군신화에 나오는 산은 한나라 이후 동아시아에 들어온 마늘이 아니라 명이茗荑나 달래일 것으로 추론할 수 있다. 한편《삼국사기》백제본기 동명왕조에 "입춘 후 해일에 산원蒜園에서 후농제後農祭를 지낸다."라는 기록이 있는데, 이는 백제 동성왕(재위 479~501) 대에 시행된 농업 제례의식을 묘사한 것이다. 여기에 나오는 산은 마늘로 추정되어, 삼국시대에는 마늘을 재배하는 데 이르렀다고 보인다.

마늘의 매운맛과 독특한 냄새의 주범은 황 화합물인 알린alliin이다. 생마늘을 씹거나 썰면 세포가 파괴되면서 효소가 작용해 알린이 알리신allicin으로 바뀌며 강한 냄새를 풍기게 된다. 이 성분이 바로 고기 냄새를 가려주고 소화 작용을 돕는다. 또한 알리신은 살균 효과가 뛰어나고 항균력도 가지고 있다. 마늘은 몸을 따뜻하게 해주고 스태미나를 준다.

일제강점기에 우리 쌀을 수탈해 간 일본인들은 각기병으로 인한 사망이 많았으나 우리 민족은 그렇지 않았던 이유가 마늘의 힘이라고 보는 시각도 있다. 도정 백미만 먹으면 비타민B_1이 풍부한 쌀눈을 섭취하지 못해 각기병에 걸리기 쉽다. 그러나 마늘을 상식하는 한국인은 각기병에 걸리지 않았는데, 마늘의 알리신 성분이 비타민B_1의 흡수를 돕기 때문이라는 것이다. 실제로 알리신은 비타민B_1의 흡수를 돕고 효능을 올린다.

알리신은 체내에서 단백질 변성을 통해 소화를 촉진하므로 고기를 마늘과 함께 먹는 것은 근거가 있다. 또한 셀레늄selenium도 풍부하며, 생리활성물질인 스코르디닌scordinin도 함유하고 있다. 스코르디닌은 냄새가 없으며, 강장 및 근육 증강 효과가 있다.

그러나 알리신은 위벽을 자극하기 때문에 위가 약하거나 위장병이 있는 사람, 열이 많은 사람, 혈전 용해제를 복용하는 사람은 너무 많은 양의 마늘을 먹는 것은 피해야 한다. 또한 마늘의 유용한 성분의 섭취를 위해 생으로 먹을 필요도 없다. 장아찌나 초절임을 해 발효시키면 냄새와 자극성이 약해지는데, 이렇게 먹어도 기능성의 손상은 거의 없다. 마늘장아찌, 마늘초절임은 생마늘과 효능이 유사하며, 암과 혈관 질환 예방에 효과적인 설파이드 함량이 많은 것이 특징이다. 마늘에서 추출한 기름도 다이설파이드류가 풍부해 혈전 용해, 혈소판 응집 저해 등의 효능이 있다. 발효 기간이 길수록 기능성이 증가했다는 연구 결과[6]도 있다.

강한 향을 자랑하는 달래

달래는 이름이 많아 한자어 구해韮薤, 소산小蒜, 해백薤白, 소근산小根蒜, 순우리말로는 달룽개, 산달래, 돌산달래 등으로도 불린다. 참고로, 곰취를 곰달래쌈이라고도 부른다.

달래는 산과 들의 양지에 자생하는 다년초로, 강한 향과 매운맛을 가지고 있다. 초봄에 그 인경(비늘줄기)을 캐 달래무침, 달래장아찌, 달래적 등을 만들며 또 된장찌개에 넣어 먹는다. 산과 들에서 자생하는 야생 달래를 채취해 먹었으나 지금은 온상, 비닐하우스 등에서 재배하므로 사철 먹을 수 있다.

중국의 《제민요술》에서는 달래를 '택산澤蒜'이라 하며 이렇게 설명했다. "택산은 그 향기가 매우 좋아 오吳나라 사람들은 물고기 맛을 돋우는 향신료로 애용한다. 뿌리와 잎은 절여 먹으면 파나 부추보다 풍미가 뛰어나다. 택산은 번식되는 것으로, 이를 재배하면 땅이 비옥해지고 또한 야생의 것보다 맛이 좋다." 옛

날부터 우리 민족에게도 달래의 강한 향은 봄을 알리는 중요한 상징이었다. 향긋하고 매운맛을 자랑하는 달래는 한국인을 지탱해온 토종 향신료다.

이름도 많은 팔방미인 향신료, 부추

부추는 한자로 韭/韮(구)로 표기하며, 예로부터 즐겨온 향신채다. 부추는 중국 서부가 원산지로, 고대에 이미 중국에서 재배되었고 한국, 일본, 동남아시아로 전파되었다. 한반도에도 일찍 도입되어 고려시대의 의서 《향약구급방》에 "구는 속전후채俗云厚菜"라고 나오는 것으로 보아 당시 민간에서는 부추를 '후채'라고 불렀음을 알 수 있다. 《구급간이방》과 《훈몽자회》에서는 부추를 '염교 해薤'로 풀이했는데, 이는 염교와 부추를 혼동한 결과로 보인다. 현재 염교는 거의 먹지 않고 부추는 많이 먹는다. 지역에 따라 부초, 분초, 솔, 졸, 염쟁이, 염지, 세우리 등 다양한 방언으로 불리는데, 가장 널리 알려진 것은 경상도에서 부르는 '정구지'다.

그림 3-4 부추.

부추는 양념으로 많이 쓰인다. 오이소박이와 장아찌에 쓰이는 것이 그 예다. 부추는 김치를 담글 때 부재로로 넣는 향신 채소이지만, 부추로 김치를 담그기도 한다. 제주도에서는 부추김치를 '쉐우리김치' 혹은 '세우리김치'라 부른다.

부추와 쌀로 끓인 장국죽인 부추죽, 밀가루를 물로 걸쭉하게 반죽해 부추와 고추를 넣은 다음 소금으로 간을 하여 지진 부추전이 부추의 매운맛과 향을 살린 음식이다. 고문헌에도 부추 조리법이 많이 등장한다. 《증보산림경제》에는 "부추나물은 봄철에 특히 맛있다. 잎을 끓는 물에 살짝 데치고 기름, 간장, 식초를 첨가하여 먹는다."라고 나오며, 《농정회요》에는 특별한 음식으로 부추떡[韭餠]의 조리법을 다음과 같이 소개했다. "두툼한 돼지고기를 기름에 볶아 반쯤 익히고, 부추는 날것을 쓰고 칼로 곱게 썬다. 양胖의 지방을 잘게 부수어서 초椒와 사인砂仁(축사밀의 씨)과 장醬으로 골고루 반죽한다. 손을 놀려 펴서 얇은 떡 2개를 만든 뒤에 소를 넣어 불에 굽는다." 1676년경 박세당朴世堂이 지은 농서《색경》에는 부추 재배법이 나온다.

사라진 염교

염교는 염부추, 해薤, 효자䕫子, 채지菜芝, 해채薤菜 등으로도 불렸다. 현재는 거의 이용하지 않으나 과거에는 향신료로 이용했다. 중국과 일본에서는 지금도 많이 먹는데, 특히 뿌리를 소금절임이나 초절임을 해서 초밥에 곁들여 먹는다. 중국의 중동부 원산으로, 동남아시아, 한국, 일본으로 전파된 것으로 보인다.

조선시대 초기의《산가요록》에는 "염교는 희고 부드럽고 기름진 땅에 심는 것이 좋다. 세 차례 밭갈이해주는 것이 좋다."라고 그 재배법을 설명했으며, 중기의《음식디미방》에서는 연계찜을 만들 때 파·생강·후추·천초와 함께 염교를 향신료로 썼다. 염교는 조선 중기까지는 향신료이자 양념 재료로 활발하게 이용된 것으로 보이나 후기 이후로는 다른 향신료에 밀려 거의 단절되었다.

《증보산림경제》에는 "호랑이가 물어 상처를 입었으면 생칡즙을 마시게 하고 또 염교를 찧어 즙을 내어 하루에 한 되씩 세 번 마신다. 그 찌꺼기는 상처 난 곳에 붙여주거나 식물성 기름

인 청유淸油 한 사발을 먹인다."라고 나온다. 또한 일제강점기에 전통 구황방을 정리한 《조선증보구황촬요》에서는 《본초강목》을 인용해 "염교[薤白]는 맵고 따뜻하며 삶아 먹으면 추위를 견디고 속을 편하게 해준다. 날것은 맛이 맵고 기운이 따뜻하며 익은 것은 달고 맛있다. 뿌리가 흰 것은 보해주고 맛이 있으나 붉은 것은 쓰고 아무 맛이 없다."라고 했다. 염교가 맵고 따뜻한 맛의 향신료이자 약재로 이용되었음을 알 수 있다.

염교는 오신채의 하나로 불가에서는 금지되었으나, 봄을 알리고 입맛을 회복하기 위해 먹는 나물로 사랑받았다.

매운맛의 대표선수, 고추

고추의 원산지는 라틴아메리카로, 잉카인들은 이미 6,000년 전부터 고추를 재배했다고 한다. 콜롬버스의 아메리카 발견 이후 유럽인에 의해 레드페퍼red pepper, 즉 '붉은 후추'라는 이름으로 유럽으로 전해졌다. 당시 유럽에서 매우 값비싼 향신료였던 후추를 구하기 위해 인도로 항해하던 콜롬버스가 아메리카 대륙에 도착하게 된 것은 잘 알려진 이야기다.

고추는 스페인을 통해 유럽으로 전해진 후 구대륙의 열대 및 아열대 지역으로 빠르게 전파된다. 스페인인과 포르투갈인이 이탈리아, 독일, 발칸 지역으로 전파했고, 그 후 아프리카, 인도, 동남아시아 지역으로 퍼져나갔다. 고추는 기후와 토양을 거의 가리지 않았기에 전 세계로 빠르게 전파되며 다양한 품종 개량

그림 3-6 고추.

이 이루어졌다. 먼저 도입된 유럽에서는 매운맛의 그추가 자리 잡지 못한 대신 파프리카로 개량되었고, 아시아와 아프리카어서는 고추가 음식문화에서 매우 큰 비중을 차지하게 되었다. 특히 한국에서 고추는 빼놓을 수 없는 작물이다.

고추는 임진왜란 전후로 일본에서 한반도로 도입된 것으로 본다. 광해군 6년(1614) 이수광이 쓴《지봉유설》에는 고추를 '남만초南蠻椒' 혹은 '왜겨자'라고 소개했다. 남만초는 낙쪽 오랑캐가 전해준 매운 향신료라는 의미이고, 왜겨자는 일본에서 건너온 매운 채소라는 의미다. 도입 초기에는 왜겨자, 남만초, 당고초, 고초 등으로 불리다 '고추'로 정착했다. 고추는 다른 수입 향신료와 달리 한반도에서 재배할 수 있었기 때문에 음식 조티에 많이 사용하게 되었고, 현재 한국을 대표하는 향신료로 자리 잡았다.

다른 채소에 비해 뒤늦게 이 땅에 들어온 고추를 활용해 만든 가장 매력적인 음식이 바로 김치다. 채소를 소금에 절인 형태의 음식은 세계 어디에나 있다. 그러나 김치는 고춧가루가 들어감으로써 새로운 발명품이 되었다. 고추의 매운맛이 채소의 부패를 막고 짠맛을 줄이므로 동물성 발효식품인 젓갈이 들어가도 상하지 않는 새로운 채소 발효식품이 탄생한 것이다. 고추장 또한 고추 덕분에 만들어질 수 있었다. 이는 고추를 창의적으로 우리 음식에 응용한 결과다.

살사, 타바스코, 칠리소스 등 고추의 원산지인 멕시코를 중심으로 발달한 매운 소스류가 지금은 세계인에게 사랑받고 있다.

덥고 습한 날씨로 인해 양념류가 발달한 동남아시아에서도 고추 덕분에 인도네시아의 삼발, 태국의 남프릭 같은 매운 소스가 탄생했다. 고추는 어느새 전 세계인의 향신료가 되었다 해도 과언이 아니다.

고추에는 비타민A, 비타민B_1, 비타민B_2, 비타민C, 비타민E, 비타민K 등이 풍부한데, 특히 비타민C가 감귤의 2배, 사과의 30배나 함유되어 항산화 효과가 뛰어나다. 고추 속의 풍부한 비타민C는 특히 중요한 역할을 했다. 비타민C는 차에 풍부하다. 고려시대에는 불교가 융성해 차를 많이 마셨으나 불교를 억압한 조선시대에는 차를 거의 마시지 않아 비타민C의 섭취가 줄었다. 이런 상황에서 조선 후기에 들어온 고추를 통해 비타민C를 일부 보충할 수 있었을 것이다.

다 익은 붉은 고추에 많이 함유된 비타민A는 열에 안정적이고 지용성이라 조림이나 볶음 요리에서 더욱 활성화된다. 고추 특유의 매운맛 성분인 캡사이신capsaicin은 항균, 항암, 항비만, 항동맥경화, 항염 등의 효능을 나타내는 것으로 인정받는다. 또한 캡사이신은 식욕을 돋우고, 혈액 흐름을 원활하게 하고, 체온을 상승시키며, 지방 분해를 촉진하는 기능이 있다.

외래 향신료인 후추

초피나 겨자를 매운 향신료로 즐기던 동아시아에 또 다른 매운맛 향신료 하나가 나타났다. 그것이 바로 후추로, 한무제 때 서역으로 탐험을 다녀온 장건張騫(?~기원전 114)이 들여왔다 하

3부 전통 향신료의 세계

그림 3-7 후추.

여 '호초胡椒'라고 불렸다. 호胡는 서역을 가리키는 한자인데, 사실 후추의 원산지는 서역이 아닌 인도 남부다. 인도에서 서역을 돌아 중국으로 전래된 것이다. 후추는 고대부터 서아시아, 북아프리카, 남유럽 등으로 수출되었다. 실크로드를 지배한 아라비아 상인들이 후추 무역을 도맡아 중세까지 유럽인들은 금보다 비싼 값으로 후추를 구입해야 했다.

한편 우리나라에서는 고려 때 이인로의 《파한집》에 실린 〈홍도정부紅挑井賦〉에 '호초축팔백곡胡椒蓄八百斛'이라는 표현이 나온다. 이는 당나라 원재元載의 가산을 몰수하니 후추가 800곡이나 나왔다는 중국 고사에서 비롯된 것이지만, 고려에서도 후추가 귀한 향신료로 사용되었음을 짐작할 수 있다. 고려 말엽에는 중국을 통해 후추를 수입할 뿐 아니라 남방에서 직접 들여오기도 했다. 공양왕 원년(1389)에 유구국의 사신이 호초

300근을 가져왔다는 기록[*]과 유구국에서 바친 호초를 궁에서 사용했다[**]는 기록이 《고려사》에 있다.

한반도에서 재배할 수 없는 향신료인 만큼, 조선시대에도 후추는 귀한 물품이었다. 그것을 보여주는 일화가 있다. 도요토미 히데요시가 조선 침략에 앞서 다치바나 야스히로橘廉廣 등을 사신으로 보내 조선을 염탐하게 했다. 그들이 한양에 도착하자 예조는 그들을 맞아 동평관에서 주연을 베풀었다. 다치바나는 술에 취한 척하며 후추를 잔칫상 위에 흩어놓았는데 기생과 악공들이 서로 그것을 주우려 야단법석이 났다. 이를 본 다치바나는, "기강이 그렇게 문란하니 조선이 곧 망하겠다."라고 말했다[***]는 것이다. 중세까지 서양에서 후추가 고가의 사치품이자 현금과 같은 용도로 사용되었다. 조선에서도 후추는 그 못지않게 값비싸고 귀한 향신료였음을 보여주는 일화다.

전통의 매운맛, 초椒는 무엇인가

우리 조상들은 고추가 들어오기 전에는 무엇으로 매운맛을 즐겼을까? 바로 조선시대 여러 문헌에서 자주 찾아볼 수 있는

---

[*] 원문: 蘇木六百斤, 胡椒三百斤, 甲二十部. 初全羅道都觀察使報, "琉球國王, 聞我國伐對馬島, 遣使, 到順天府." 都堂以前代所不來, 難其接待, 昌曰, "遠人來貢, 待之薄, 則無乃不可乎? 使之入京, 慰送可也."

[**] 원문: 昌以琉球國所獻蘇木胡椒, 將用諸宮中, 判內府寺事柳伯濡諫曰, "昔忠肅王置醢瓮宮中, 史書之傳, 以爲笑." 不從.

[***] 《재조번방지再造藩邦志》 권1 "禮曹判書押宴酒酣. 康光散胡椒於筵上. 妓工爭取之. 無復倫次. 康光回所館歎息. 謂譯輩曰. 汝國其亡矣. 紀綱已壞. 不亡何待 康光將還."

'초椒' 혹은 '천초川椒'다. 후추를 뜻하는 호초胡椒, 고추를 뜻하는 고초苦椒에서 짐작할 수 있듯이, 椒(초)는 매운 열매를 뜻하는 글자다. 그런데 후추나 고추가 한반도에 들어오기 전에 우리 조상들이 즐겼던 매운맛 열매가 바로 椒 혹은 川椒로 표기된 향신료다.

《산가요록》에 '초말椒末', 즉 초의 가루가 사용되는 음식이 나오는데, '표고좌반'과 '우무정과'다. 표고좌반은 "표고를 깨끗이 씻어서 간장에 담가 하룻밤을 지낸 뒤 꺼내어 초가루를 발라 펴놓고 종이로 덮어서 한 시각쯤 두었다가 다시 꺼내 그늘에서 말려 쓴다[蔈古洗浄, 浸艮醬一宿出, 塗椒末, 列置以紙覆之, 一時还出, 陰乹用之]."라고 조리법을 설명했으며, 우무정과는 "우무는 방법대로 응고된 것을 다시 삶아 국물 1발鉢에 꿀 5홉을 넣어서 초가루에 섞어 끓여 엉기면 쓴다[牛毛如例凝者, 更煮湯一鉢, 入淸五合, 和 胡椒末, 待凝, 用之].”라고 설명했다.

1600년대 말엽의 《요록要錄》과 《주방문酒方文》, 1700년대 초의 《산림경제》 등에는 김치를 담글 때 후추, 천초, 겨자, 마늘 등을 쓰는 것으로 나온다. 또한 18세기 중엽 《증보산림경제》의 '양념 만드는 방법[造物料法]'에 천초가 등장한다. “노란 겨자, 후추, 천 초, 말린 생강을 똑같은 양으로 섞어 가루로 만들어서 물방울 을 떨어뜨려 동그란 환丸을 만든다. 맛을 낼 때마다 손가락으로 으깨어 솥에 넣는다. 특히 여행할 때 편리하다[黃芥子胡椒川椒乾 薑等分爲末, 滴水爲丸. 每用調和撚破入鍋. 出行時尤便].”

그렇다면 이 초 혹은 천초는 어떤 식물에서 유래한 향신료일 까? 고려시대 《향약구급방》에 “천초: 촉초. 시속에서는 진초라 고도 하는데 맛이 맵고 따뜻하며 독이 없다[川椒: 蜀椒 俗云眞椒 味辛 溫 無毒].”라며 천초를 약재로서 소개했다. 책 제목의 '향약' 은 당시 의학이 더 발달했던 중국에서 수입하는 약재를 당약唐 藥이라 한 것과 대비되는, 우리 산야에서 구할 수 있는 약재를 가리키는 말이다. 즉 천초는 고려인이 고려 땅에서 구할 수 있 는 약재이자 향신료였다는 것이다. 문제는 이름이다. 우리 산야 에서 나는 약재인 '향약'인데, 촉초蜀椒라는 이름은 왜 있는 것 일까? 식품학자 이성우는 '초椒'에 대해 우리나라를 비롯한 일 본, 중국 등에 널리 분포하고 전통적으로 우리 정서에 친숙한 식미와 향기를 가지는 아시아권의 공통적인 향신료라고 했다. 중국의 가장 오랜 시집인 《시경》에도 등장하는, 동아시아의 향

                                              3부 전통 향신료의 세계

신료 중에서 역사가 가장 오래된 것이라는 설명이다. 그러한 초 가운데서 중국의 쓰촨성에서 난 것이 가장 품질이 좋아 천초, 혹은 촉초라고 했다는 것이다. 쓰촨성은 《삼국지연의》로 잘 알려진 삼국 중 하나인 유비의 촉나라가 있던 지역이다. 즉 쓰촨四川의 천 자를 따 천초라고 하거나 촉蜀나라의 촉 자를 따서 촉초라 한 것이다.

그렇다면 이 식물이자 향신료의 우리 이름은 무엇일까? 우리 민족이 예로부터 많이 먹어 고조리서에도 등장하는 椒는 '초피'다. 초피나무는 운향과 초피나무속에 속하는 낙엽관목으로, 학명은 잔톡실룸 피페리툼*Zanthoxylum piperitum*이다. 지역에 따라 초피, 좀피, 조피, 젠피, 잼피, 제피, 파초, 남초 등으로 불린다. 한반도 남부의 양지바른 산에 자생하며 재배도 하는 나무로, 열매가 어릴 때 잎과 열매를 따서 액젓 혹은 식초나 간장에 절여 장아찌를 만들기도 한다. 향기가 강하고, 맵고 시고 떫은 맛이 조화되어 입맛을 돋운다.

5월 하순에서 6월 초에 초피나무 열매가 반쯤 여물었을 때 열매를 송이째 채취한다. 열매는 황홍색으로 익는데, 이를 건조하면 반쯤 여물었던 열매가 활짝 벌어져 빨간색을 보이므로 초홍椒紅이라고 하며, 저장 조미료가 된다. 특유의 맛과 향을 내는 성분은 열매의 외피, 잎, 새싹에 있고, 씨에는 없다. 초피나무 열매에서 씨를 뺀 과피가 향신료이자 한약재가 되며, 씨앗으로는 기름을 짜기도 한다.

허균의 《도문대작》에 '초시椒豉'라는 음식이 나온다. 이 '초'를 현재 한국에서는 초피를 산초로 부르는 일이 많다. 초피라는 이름조차 잊힌 듯하다.

산초나무는 '분디나무'나 '분지나무'라고도 부르며, 초피나무와 마찬가지로 운향과 초피나무속에 속하며, 한반도 중부 내륙 지역에 자생한다. 학명은 잔톡실룸 시니포리움*Zanthoxylum schinifolium*이다. 잎과 열매를 이용해 장아찌 등을 만들고 기름도 짠다. 향은 그리 좋지 않으며, 기름은 머릿기름(동백기름 대용), 등불용으로 썼으며, 식용으로는 드물게 썼다고 한다.[8]

이렇게 초피와 산초가 다른 식물임에도, 천초 혹은 초는 그동안 대부분 산초로 대부분 번역되어 혼동을 가져왔다. 그러나 초나 천초는 초피로 보아야 한다. 추어탕 먹을 때 뿌리는 검은 가루를 흔히 산초가루라고 부르나 이는 초핏가루다. 초피와 산초는 다른 식물인데도 많은 사람이 초피를 산초라고 부르고, 산초를 초피처럼 쓰고 있다.

초피와 산초는 생김새는 비슷하나 그 맛과 쓰임이 다르다. 초피는 화한 향에 혀를 얼얼하게 하는 매운맛에 신맛이 강하다. 산초는 얼얼하지도 시지도 않다. 향은 비누 냄새 비슷하다. 무엇보다도 산초는 향신료로 쓰지 않는다. 씨앗에서 기름을 짠다.

초피와 산초를 혼동하게 된 건 일본의 영향이다. 한국에서 초피라 부르는 식물을 일본에서는 '산쇼山椒/さんしょう'라 부른다. 산쇼는 일본 음식에 약방 감초처럼 쓰이는 향신료다. 우동집 식탁에 놓여 있는 시치미七味의 필수 재료이며, 생선회의 장식이나 국물 음식의 토핑으로 초피의 어린잎을 올리기도 한다.

일제강점기를 겪은 한국에서 일본의 영향으로 점차 비슷하게 생긴 두 식물을 구분 없이 산초로 부르기 시작했고, 한문 고서의 초나 천초를 산초로 번역하면서 그 혼란은 더 가중된 것으로 보인다.

고추로 해석해 고추장이라고 보는 견해도 있었으나 디는 오해이고, 초피를 메주[豉]에 섞은 매운 장이다. 매운맛을 내는 향신료라 '고초苦椒'라고도 불렸으나, 고추가 전래된 이후 그 이름을 고추에 빼앗겼다.

갓과 겨자

갓은 한자로 辣菜(랄채) 혹은 臘菜(납채)라고 표기했다. 이는 맛이 매워서 지조가 있다는 의미다. 십자화과 배추속 식물로, 세계적으로 다양한 품종이 재배된다. 맛은 맵지만 생으로 먹을 수 있다. 갓은 아프리카와 그리스, 인도, 중국 등지에서 고대로부터 재배했다. 채소로 먹을 뿐 아니라 씨로 매운 향신료인 겨자를 만들었는데, 갓의 품종도, 겨자의 종류도 다양하다.

갓은 한반도에서도 오래 전부터 재배했다. 종류가 두 가지 있는데, 겨자[芥子]를 만들 수 있도록 씨를 많이 생산하는 종과 키가 크고 잎

그림 3-9 겨자(위)와 겨자씨(아래).

이 무성해 잎과 줄기를 먹는 종이다. 채소용은 김장으로 담그는 배추김치의 속재료로 넣거나 나박김치에 넣고, 갓 자체를 주재료로 갓김치도 담근다.《음식디미방》에는 산갓김치 담그는 법*이 나오는데, 쓴맛이 나지 않도록 갓을 찬물에 씻은 다음 더운물로 헹구어 물을 붓고 뜨거운 구들에서 익힌다고 했다. 소금 없이 익혀서 담그면 향이 극대화된다는 것이다. 이후 이 산갓침채는 여러 고조리서에서 슴슴한 나박김치에 넣어 산갓의 향을 즐기는 방법으로 진화하는 것을 볼 수 있다. 특히《규합총서》의 산갓침채는 산갓 자체의 맛을 그대로 살려 담근 산갓김치를 심심한 나박김치에 섞어 먹는 김치로 나온다.** 산갓김치를 향을 즐기는 보춘저(봄김치)라고 했는데, 산갓의 향으로 봄을 맞이한 것이다.

한편, 겨자는 갓의 씨로 만든다 하여 한자로 芥子(개자)로 쓰는데, 한자 芥가 갓을 뜻한다. 겨자의 한글 표기는 '갇자 → 개

---

* "산갓을 다듬어 찬물에 씻고 더운물로 헹군 다음 작은 단지에 넣고 따뜻한 물을 붓는다. 구들이 아주 뜨거우면 옷으로 단지를 싸서 익히고, 그렇지 않으면 솥을 이용하여 중탕으로 익힌다. 너무 뜨거워서 산갓이 지나치게 익어도 좋지 않고, 또한 너무 덜 뜨거워 산갓이 익지 않는 것도 좋지 않다. 산갓을 씻을 때 찬물에만 씻고 더운물에 헹구지 않으면 쓴맛이 난다."
** "입춘 때 무를 가늘게 쳐 깎고, 미나리, 순무, 움파를 넣어 맹물을 끓여 심심한 나박김치를 담가 더운 데 둔다. 그 김치가 익을 만하거든 갓을 가려서 깨끗이 씻어 뿌리째 굽 없는 그릇에 담는다. 더운물을 끓여 갓이 익지 않을 정도로 3~4번 물을 주어 갓을 넣고 입으로 불기를 한참 동안 겨자 개듯이 하여 두껍게 여러 번 종이로 덮는다. 그 위에 솜을 둔 옷을 눌러 더운 곳에 묻어 김이 조금도 나지 않게 하여 반 시간쯤 후에 꺼내어 먼저 담근 김치에 섞어 간장을 타 먹는다. 이 김치가 김이 나가면 쓰고, 갓이 너무 자라면 쇠어 맛이 좋지 못하다. 봄뜻이 먼저 돌기 때문에 이것을 이름 하여 '보춘저'라고 한다."

     3부 전통 향신료의 세계

즈 → 계즈 → 겨즈 → 겨자'로 변한 것으로 추측한다. 고의서에서는 겨자가 성질이 맵고 따뜻하며 독성이 없어 속을 덥게 하고, 마음을 편하게 해주며, 천식을 시원하게 하고 가슴을 통하게 해주는 약재라고 설명했다.

겨자씨는 생으로는 매운맛과 향이 나지 않는다. 씨를 물에 불려서 갈고 꿀이나 설탕, 소금 및 식초를 섞어 더운 곳에 쏘여 계속 저어주면 매운맛과 향이 발현된다. 이렇게 만든 겨자로 겨자선이나 겨자채, 겨자깍두기 등을 만드니, 한식에서 중요한 향신료였음을 알 수 있다.

매서운 맛의 개성, 생강

생강은 아시아의 고온다습한 곳에서 자생한 채소로, 환경 적응성이 좋아 오래전부터 전 세계로 퍼졌다. 중국에서는 춘추시대(기원전 770~403)부터 현재의 쓰촨성인 지역에 생강의 명산지가 있었다는 기록이 있다. 일본의 나라 시대 문헌인 〈정창원문서〉, 헤이안 시대의 문헌인 《연희식延喜食》 등에 생강이 등장해,[9] 한반도에서도 일찍이 생강을 재배했

그림 3-10 생강.

고추냉이와 와사비

와사비는 녹색을 띠고 매운맛을 내는 일본의 대표 향신료다. 갓과 마찬가지로 십자화과 식물로, 일본이 원산지다. 향신료로 사용하는 부위는 뿌리다. 와사비에는 10가지 이상의 향미 성분이 함유돼 있는데, 이 성분이 생선의 비린 맛을 없애고 음식의 풍미를 돋우는 역할을 한다.

그런데 한국에서 와사비는 '고추냉이'로 불린다. 과거 '와사비わさび'라는 일본어가 한국에서 널리 쓰였으나, 2005년부터 한국어 순화 운동의 일환으로 우리말 '고추냉이'로 국가 표준명이 바뀐 것이다. 그런데 일제강점기인 1924년에 출간된 조리서 《조선무쌍신식요리제법》의 어회(생선회) 요리에 고추냉이라는 단어가 등장한다. "생선을 초고추장이나 겨자에 찍어 먹거나 소금에 기름과 후춧가루를 쳐서 찍어 먹는다. 무를 강판에 갈아 장에 넣거나 맛이 겨자와 같은 고추냉이를 갈아 넣고 찍어 먹으면 맛이 한층 더 좋다."라고 한 것인데, 일제강점기에 이미 와사비를 고추냉이라고 받아들였음을 알 수 있다.

하지만 원래 와사비와 고추냉이는 다른 식물이다. 와사비를 고추냉이로 부르는 바람에 원래 고추냉이라 불리던 종은 '참고추냉이'로 표준명이 바뀌었다. 한반도 고유종인 참고추냉이(학명 *Cardamine koreana* Nakai)는 십자화과 황새냉이속의 여러해살이풀이다. 참고추냉이는 겨자나 와사비를 대체할 만한 향신료는 아니고, 어린 순을 주로 나물로 먹는다.

와사비 뿌리를 갈면 발현되는 매운맛은 겨자와 비슷하지만, 고추에 들어 있는 캡사이신과는 다르다. 매운 성분이 혀를 자극하기보다는 휘발 성분이 코를 자극하기 때문이다. 와사비의 매운맛 성분은 시니그린sinigrin이 효소의 작용에 의해 생성되는 이소티오시안산 알킬Allyl isothiocyanate 등이며, 살균 효과가 있다.

와사비는 생선회나 초밥에 주로 곁들이는데, 살균 효과도 있고 위장병 예방과 베타아밀라아제 같은 소화효소가 있어 위가 아프거나 트림이 날 때, 명치 끝에 묵직한 느낌이 들 때, 헛배가 부를 때 등 만성적인 위장병 치료에 효과가 크다.

으리라 추정할 수 있다. 기록으로는 고려시대 《향약구급방》의 약품류 목록에 생강이 나오고, 조선 초기의 의서 《간이벽온방簡易辟瘟方》*에서도 오신채의 하나로 생강을 들고 있다.

다산 정약용은 "풍한으로 열이 날 때는 생강탕을 쓰면 가장 효과가 있다[治風寒發熱, 用生薑湯最效]."(《여유당전서》 잡방)라고 했으며, 율곡 이이는 세상에 나가면 생강처럼 매서운 개성을 지니고 생강처럼 간을 맞추어야 한다고 제자들을 가르쳤다고 전한다. 또한 연암 박지원은 《열하일기》에서 "북방 사람들은 생강탕을 많이 마셔 한기를 막는다[北人多飮薑湯, 以禦寒氣]."라고 생강차의 유익한 점을 소개했다. 생강은 이처럼 조선 학자들의 사랑을 듬뿍 받았던 향신료다.

생강은 각종 음식과 김치 만들 때 다져 넣어 맵고 알싸한 맛을 돋우는 양념으로 많이 쓰였을 뿐 아니라 생강장아찌, 생강초처럼 생강 자체를 주재료로 한 저장 음식으로도 만들어졌다. 세계적으로 과자와 음료에 많이 쓰인 것이 생강인데, 우리 조상들

---

* 조선 전기 의관 김순몽·유영정 등이 왕명으로 온역瘟疫의 치료에 필요한 방문을 모아 1525년에 간행한 의서.

역시 생강정과, 생강편, 생강엿, 수정과 같은 단 음식의 재료로 생강을 사용했다. 이 중 왕실 의궤와 《수운잡방》, 《규합총서》 같은 고조리서에 자주 나오는 생강정과는 저민 생강을 꿀물에 조린 것으로, 궁중과 반가 잔치에 빠지지 않았던 음식이다. 강란도 조선시대 다과상에 자주 올랐던 고급 과자로, 생강을 갈아 꿀을 넣고 조린 후 다시 생강 모양으로 빚어 잣가루를 묻혀 낸다.

《임원경제지》에 나오는 통신병通神餅과 노랄병老辣餅도 생강으로 만든 음식이다. 통신병이라는 이름은 생강의 더운 성질이 몸을 따뜻하게 함으로써 기를 잘 통하게 한다고 하여 붙여진 것이고, 노랄병이라는 이름은 생강과 계피의 성질과 맛은 묵은[老] 것일수록 몹시 맵다[辣] 하여 붙었다. 이를 통해 두 음식이 일상에서 즐기는 것이라기보다는 약으로 쓰였음을 알 수 있다. 이 중 노랄병은 찹쌀가루에 생강즙과 계핏가루를 넣고 빚어 삶은 떡에 생강가루가 들어간 팥고물을 묻혀 만드는데, 소화가 잘되고 비장과 위장의 효능을 좋게 한다고 한다.

한반도 남부에서 사랑받았던 양하

양하襄荷는 우리에게 익숙한 향신료는 아니다. 양하는 생강목 생강과의 식물로, 생강의 줄기나 잎과 비슷하게 생겨 '야생강'이라고도 불린다. 제주와 남부 지역에 자생하며 '양애' '양외'라고 불리며, 꽃을 뜻하는 양하근은 '양애끈' '양엣간'이라도 불린다. 양하는 뿌리(땅속줄기), 어린잎, 꽃을 주로 먹는다. 잎은 쌈으로, 새순은 국으로 끓여 먹고, 꽃은 나물이나 무침, 초절임 등으로

그림 3-11 양하.

활용한다. 꽃에서도 독특한 생강 향이 나고, 식감은 아삭하면서 쫄깃해 별미다.

고려시대《향약구급방》의 부록인 〈방중향약목초부方中鄕藥目草部〉에는 "양하는 미온微溫하고 여러 악창을 주로 치료하며 살충하는데, 두 가지가 있으니 하얀 것은 약에 넣고, 붉은 것은 먹을 만하다."라고 나온다. 오래전부터 한반도에 자생하거나 재배되며 약재로도 이용되었음을 알 수 있다.

일본에서 '묘가茗荷/みょうが'라고 불리며, 사랑받는 식재료다. 특히 생선을 구울 때는 양하의 빨간 줄기를 같이 구워서 내는데, 생선을 다 먹은 후에 입안의 비린내를 없애기 위해 씹는다. 생선을 많이 먹는 제주에서도 양하를 비린내 제거를 위해 많이 활용한다.

진짜 우리 무, 순무

우리가 즐겨 먹는 무는 채소류로, 순무는 향신료로 분류된다. 순무와 무는 같은 십자화과 식물이지만, 무는 무속의 식물(학명 *Raphanus sativus*)이고, 순무는 배추속의 식물(학명 *Brassica rapa*)이다. 순무는 뿌리 부위가 발달한 배추로, 실제 조선 배추는 뿌리가 비교적 크고 풍미와 매운맛이 있어 지금의 무보다는 순무와 비슷했다. 잎과 뿌리를 다 먹을 수 있고 생식으로도 좋은 향신료로 이용되었는데, 현재는 강화도 순무 정도가 알려져 있다.

순무는 가장 오래된 작물의 하나로, 4,000년 이상의 재배 역사를 가지는 것으로 추정된다. 유럽이 원산지로, 이곳에서 동으로 전파하여 인도, 중국 그리고 한국과 일본에까지 온 것으로 추측한다. 한반도에는 중국을 거쳐 도입되어 삼국시대부터 재배되었을 것으로 추정된다. 즉 순무가 무보다 먼저 들어왔고, 또 재배도 많이 했던 것으로 보인다.

문헌에도 오래전부터 기록되어 있는데, 《향약구급방》에 "'만청자蔓菁子'는 우리말로 '진청실眞菁實'이라고 부른다."라고 나오는데, 여기서 진眞은 우리말 '순'에 해당하여 순무를 뜻한다.

고려시대 문인 이규보의 〈가포육영〉에도 순무가 있다. 순무로 담근 짠지는 다음 해 여름까지도 보존이 잘돼 묵은 김치로 즐겼으며, 땅속에 묻으면 더욱 오래가므로 두고두고 먹었던 찬류였다.

그림 3-12 순무.

순무로 담근 장아찌 여름철에 먹기 좋고　　得醬尤宜三夏食

소금에 절인 김치 겨울 내내 반찬 되네　　漬塩堪備九冬支

뿌리는 땅 속에서 자꾸만 커져　　根蟠地底差肥大

서리 맞은 칼로 무를 베어 먹으니 배와 같은 맛이지

最好霜刀截似梨

　조선시대에는 독특한 향과 맛을 가진 순무를 많이 즐겼고 이를 이용한 조리법도 많이 소개된다. 조선 초기 어의 전순의의 《산가요록》에는 순무로 동치미 담그는 법이 나온다. "겨울 순무를 껍질을 벗겨 그릇에 담아두었다가 아주 잘 얼었으면 항아리에 담고 냉수를 붓고 입구를 봉하여 따뜻한 방 안에 두어 익기를 기다린다. 맛을 보아서 먹을 만하면 수저로 뜰 수 있을 만큼 찢어서 물에 담그고 소금을 조금 넣으면 매우 맛이 좋다." 그런데《증보산림경제》에서는 순무김치[蔓菁菹]를 소개하며, 두고 먹는 반찬으로는 쓸 수 없다고 했다. "순무를 가져다가 얇게 썰어서 김치를 담그는데, 금방 먹어야 하며 겨울 반찬으로 삼을 수는 없다." 이는 순무가 수분이 많고 섬유질이 연해 김치를 담그면 발효가 빨라 금방 맛이 변한다고 보았기 때문이다.

순무를 짠지로만 먹은 것은 아니었다. 《증보산림경제》에 나오는 순무찜[蔓菁蒸] 만드는 법을 보자. "순무와 잎을 가져다가 깨끗하게 씻는다. 장물로 찌는 것은 보통 방법대로 하고 생선과 고기를 넣어도 좋으며 마른 새우가루를 넣으면 더욱 맛있다. 이 요리는 밥 먹을 때마다 반드시 함께 먹으면 풍토병을 막는 데 좋다." 빙허각 이씨의《규합총서》에는 순무씨로 기름 짜는 법이 등장한다. "순무씨 9되에 깨 1되를 섞어 볶아 가루 만들어 기름을 내면 맛이 극히 아름답고 향기롭다."

최한기의《농정회요》에는 구휼작물이자 약재로서 순무를 설명했다. "순무는 봄에 싹을 먹고 여름에 잎을 먹고 가을에 줄기를 먹고 겨울에 뿌리를 먹어서 흉년을 대비할 수 있다. 씨앗을 물에 삶아 매번 뜬 거품을 건져낸다. 세 번 정도 삶으면 쓴맛이 없어지니 볕에 말려서 짓찧어 가루를 만들어 2전錢씩 하루에 세 번 물로 먹는다. 오래도록 점점 양을 늘려서 먹으면 곡식을 끊을 수 있다. 2~3말 정도 먹게 되면 또한 청맹과니를 치료할 수 있다." 이렇게 순무는 대부분 식재료로 사용했지만, 순무가 가진 향과 맛으로 인해 향신료의 역할도 했다.

우리의 전통 향신 채소

최근 서양에서 온 바질, 민트, 루콜라 같은 허브가 한국인의 식탁을 점령한 듯 보인다. 그런데 우리 밥상에 늘 오르는 들깻잎이나 방풍, 승검초 등이야말로 우리 고유의 향신 채소로, 자랑할 만한 허브다. 너무 익숙해 그 맛과 향의 독특함을 잊고 있었던 우리의 전통 향신 채소들을 찾아보자.

향기로운 우리 허브, 들깻잎

깻잎은 우리에게 가장 익숙한 향신 채소다. 쌈채소로도 싸 먹고, 나물로도 무쳐 먹고, 간장이나 된장에 절여 장아찌로 담가 먹는다. 생선찌개나 순댓국 등에도 넣어 독특한 향을 즐긴다.

우리는 깨를 종자로 기름을 짜는 식물로만 생각한다. 실제로 참깨로는 참기름을, 들깨로는 들기름을 짠다. 이 중 잎을 향신 채소로 먹는 것은 참깨가 아니라 들깨[荏]다.

사실 오래전부터 우리 민족이 즐긴 것은 들깨였고, '깨' 또한 들깨를 가리키는 말이었다. 그러다 뒤늦게 한반도에 전래된 참깨가 인기를 얻으며 오히려 진짜 깨라는 의미의 참깨라는 이름을 갖게 되었다. 그러면서 이미 한반도 전역에 뿌리내리고 있던 깨는 들[野] 자가 붙어 들깨가 된 것으로 추측된다. 다만 깻잎은 늘 들깻잎을 가리켜왔으며, 여전히 국민 대표 향신 채소의 자리

를 지키고 있다.

들깨의 학명은 페릴라 프루테센스*Perilla frutescens*로, 꿀풀과의 한해살이풀이다. 동남아시아와 인도 고지대가 원산지로, 현재 한반도, 중국 중남부, 인도 등지에 분포한다. 들깨는 《향약집성방》에 荏子(임자) 또는 水荏子(수임자)라는 한자로 표기되어 있다. 또, 같은 꿀풀과에 속하는 소엽(차조기)과 잎의 모양이 닮아 야소野蘇, 취소臭蘇, 청소靑蘇, 백소白蘇라고 한다고 정약용의 《아언각비》에 나온다.

들기름은 고소한 맛과 향을 내는 조미료로 쓰이며 한식 고유의 향을 담당하고 있다. 들깻잎은 들기름과는 또 다른 강하고 독특한 향으로 향신료 역할을 톡톡히 해왔다. 또한 깻잎은 열량이 낮고 식이섬유가 풍부해 건강에도 좋다. 깻잎의 주요 생리활성 성분은 베타카로틴과 로즈마린산rosmarinic acid이다.

최근 들어 깻잎은 고기 요리에 허브로 쓰이거나 볶음밥에 들어가는 등 그 활용법이 넓어졌다. 퓨전 양식에서는 깻잎이 바질 같은 서양 허브를 대체하기도 한다. 그 독특한 향 때문에 과거에는 거부감을 갖는 외국인이 많았으나 요즘은 깻잎에 대한 선호가 커지고 있다.

생으로 먹을 때 더욱 좋은 파드득나물

파드득나물은 한국과 중국, 일본 등지에 분포하는 식물로, 전국 산지의 음습한 곳에 자생한다. 특유의 향이 있으며, 봄에 그 뿌리와 잎은 나물로 무쳐 먹거나 국에 넣어 끓이고, 생선회에 곁들이기도 한다. 이와 비슷한 나물로 참나물이 있어 파드득나물을 참나물로 팔기도 하나 둘은 다른 식물이다. 참나물은 파드득나물과 나는 시기와 형태가 유사해 혼동하기 쉽다. 또 어린순을 채취해 줄기를 생으로 먹거나 무침으로 먹는 등 식용하는 방식도 유사하다. 그러나 두 식물은 각각 특유의 맛과 향이 있고 효능에도 차이가 있다. 잎 가장자리에 규칙적인 톱니 모양이 있고 줄기와 잎자루에 자줏빛이 도는 것이 참나물이고, 잎 가장자리에 불규칙적인 톱니 모양에 줄기와 잎자루가 연둣빛이면 파드득나물로 구분할 수 있다.

파드득나물이라는 독특한 이름의 의미는 알려져 있지 않다.

다만 '파드득'은 이 식물을 씹을 때 나는 아삭하고 톡 터지는 소리를 흉내 낸 의성어로, '파드득 소리가 나는 나물'이라는 의미라는 해석이 있다. 또 한자 이름 압아근鴨兒芹에서 鴨兒(압아)는 오리 새끼를 뜻하고 芹(근)은 미나리과 식물을 통칭하니, '오리 새끼가 다니는 물가에 나는 미나리', 곧 습지성 미나리과 식물이라는 의미로 보인다. 뿌리에서 긴 잎줄기가 뻗어 나와 그 끝에 세 잎이 모여 나므로 삼엽채라고도 부르며, 반디나물이라고도 한다.

파드득나물은 생으로도 먹고 살짝 데쳐 무쳐 먹기도 한다. 그러나 향이 좋은 채소이므로 생으로 먹는 것이 영양분의 파괴도 적고 향을 더 잘 살릴 수 있다. 특히 고기를 먹을 때 쌈으로 싸 먹거나 샐러드로 먹으면 좋다.

중풍을 예방해준다는 방풍

방풍은 한반도 중북부 지방에 자생하거나 재배하는 여러해살이풀로, 최근에는 남쪽 섬 지역에서도 많이 재배한다. 예로부터 방풍의 맛이 잘 알려져, 조선시대 문헌에 많이 등장한다. 허균은 《도문대작》에서 "강릉 사람들은 음력 2월이면 해가 뜨기 전에 이슬 맞은 방풍 싹을 따서 고운 쌀가루에다 넣어 방풍죽을 끓인다. 다 된 죽은 사기그릇에 담아 따뜻할 때 먹는데, 방풍의 향긋한 향기가 입에 가득해 3일 동안이나 간다."라고 했다. 방풍의 맛보다 향을 더 강조해 묘사했으니, 우리 대표 허브로 볼 만한 대목이다.

그림 3-15 방풍.

방풍은 미나리과의 채소로, 허균의 설명에서 알 수 있듯이 바닷가에서 잘 자란다. 방풍을 간혹 갯기름나물이라고도 하지만 둘은 다른 식물이다. 모두 미나리과에 속하지만 갯기름나물은 북사삼으로 불리는 해안식물로, 방풍과는 다르다.

방풍은 중풍을 예방하는 효과가 있는 약용 식물로 이용되었는데, 이름도 그래서 방풍防風이다. 어린잎과 줄기를 주로 식용하고 뿌리는 감기약으로 쓴다고 했는데, 따뜻한 성질을 가지고 있어 진통, 발열, 두통, 신경마비 등을 완화하는 약재로 사용했다.[10] 지금은 특유의 쌉싸름한 맛을 살린 식재료로 폭넓게 활용된다. 특히 식감이 좋고 향긋한 어린순을 주로 먹는다. 생선, 조개 등 해산물과 함께 먹으면 비린 맛을 잡아주는 향신료의 역할을 톡톡히 한다.

보랏빛 향기, 소엽

소엽蘇葉은 차조기, 소蘇, 자소紫蘇, 자소엽 등으로도 불린다. 종자는 자소자紫蘇子라고 한다. 이 식물은 들깨와 근연종(학명 *Perilla frutescens* var. *crispa*)이다. 식물체 전체에 자줏빛이 돌고 향이 짙다. 씨에서 기름을 짜기도 한다.

중국이 원산지로, 식용과 약용으로 이용한 역사가 길다. 한국에서도 약으로 주로 썼으나 사찰에서는 차조기떡(잎 이용), 차조기죽(씨 이용), 차조기보숭이(미숙과 튀김) 등으로 이용했다. 어린잎을 쌈으로 먹고, 송송 썰어 비빔밥에 넣기도 한다. 간장이나 된장에 박아 장아찌를 담가도 맛있으며, 튀김이나 부각도 한다.

열매가 익기 전에 꽃차례를 뜯어 장아찌를 담그거나 튀김을 한다.

신사임당이 그린 〈초충도〉 제4폭에 사마귀와 함께 산차조기가 등장하며, 《음식디미방》의 연계찜 조리법에서도 다른 향신료와 함께 자소 잎을 넣으라고 했으니, 오래전부터 우리 민족이 활용해온 향신 채소다. 특히 생선의 비린 맛을 가리는 데 효과적인 향신료로 오랫동안 사용했다. 민간요법에서는 생선이나 게를 먹고 식중독에 걸렸을 때 자소 잎의 생즙을 마시거나 잎을 삶아서 먹는다고 했다.

병과류의 단맛, 승검초

승검초는 향긋한 향과 단맛, 푸른 빛깔을 주기 위해 많이 사용한 향신 채소로, 한자로는 辛甘菜(신감채)라고 썼다. 미나리과에 속하는 여러해살이풀인데, 우리에게는 당귀當歸라는 이름으로 익숙하다. 《향약구급방》에서는 당귀의 우리 이름이 '감귀초旦貴草'이며 맛이 달다고 설명했고, 세종 13년(1431)에 유효통, 노중례 등이 약용 식물을 최초로 정리한 《향약채집월령鄕藥採集月令》에서는 당귀의 향명(민간에서 부르는 이름)이 '승엄초僧庵草'라고 했다. 식물의 이름 혹은 잎의 이름은 승검초, 뿌리를 약재로 이용할 때는 당귀라고 한 것으로 추측된다. 승검초는 뿌리, 잎, 꽃을 다 먹고, 뿌리는 주로 약재나 단맛을 내는 감미료로 사용하

그림 3-17 승검초.

고, 잎은 쌈채소로 먹어왔다. 그 맛이 쌉쌀하면서 향긋해 향신 채소로 많이 이용했다.

승검초는 현재에는 주로 쌈채소나 나물로 쓰거나 뿌리를 삼계탕, 백숙 등을 끓일 때 향신료로 넣는다. 그러나 과거에는 떡이나 한과 같은 병과류에 많이 사용했다. 승검초의 잎을 따서 말리고 가루로 빻아 쌀가루에 섞어 꿀을 넣어 반죽해 다식, 단자, 편(떡), 증편 등을 만든 것이다. 《규합총서》에는 당귀가루를 쌀가루에 버무리고 생강가루, 후춧가루, 계핏가루와 함께 혼돈병을 만들었다고 나온다. 한과에 향과 맛을 주는 향신료로 많이 사용한 것이다.

삼겹살엔 미나리

우리가 봄이면 즐겨 많이 찾는 채소가 미나리[芹]다. 미나리는 대표적인 향신 채소로, 특유의 강한 향과 맛을 가지고 있다. 최근 삼겹살에 미나리를 곁들여 먹는데, 이는 미나리의 향이 삼겹살의 느끼한 지방 맛을 가려주는 역할을 하기 때문으로 보인다.

미나리는 미나리과의 여러해살이풀로, 습지에 자생한다. 물기가 많은 논이나 물고랑에서도 자라며, 우물의 물이 닿는 걸찬 논(미나리꽝)에 심어 재배하기도 한다. 우리 조상들은 오래전부터 야생 미나리를 채취해 먹었는데, 허균은 《도문대작》에서 미나리를 배추, 고사리, 아욱 등과 함께 "어디에서 나는 것이든 모두 맛이 좋다."라고 했다. 이렇듯 한반도에서는 좋은 미나리가

생산되었고, 채소로 그리고 양념으로 애용되었다.

미나리는 특유의 향을 살리는 조리법이 다양하다. 봄이면 더욱 맛있어지는 미나리강회를 비롯해 미나리볶음, 미나리쌈, 미나리적, 미나리조기국 등이다. 나박김치 등 김치류에도 향을 더하는 향신료로 쓰인다. 특유의 탄성이 있어서 다른 나물과는 달리 식감은 질긴 편인데, 그래서 유부 주머니의 속을 채운 뒤 입구를 봉하는 '먹을 수 있는 끈'으로 사용된다.

경북 의성 지방에서 채집된 나물 캐기 민요 중에 〈미나리요〉*

---

* 올라가는 구관행차 한절이나 찝어보소/ 맛을 보고 잣지 말고 빛을 보고 잣고 가소/ 내려오는 신관행차 한절이나 찝어보소/ 맛을 보고 잣지 말고 빛을 보고 잣고 가소.

가 있다. 이 노래는 미나리의 채취 과정부터 조리 방법까지 보여주는데, 특히 흥미로운 것은 "맛을 보고 잣지(잡숫지) 말고 빛을 보고 잣고 가소."라는 구절의 반복이다. 미나리의 푸른빛을 강조하고 있다.

유채로 알려진 평지

유채라는 이름으로 흔히 알려진 평지는 한반도 남부 지역과 제주도에서 많이 자란다. 특히 제주에서는 '지름'이라 부르며 어린잎을 무쳐서 반찬으로 먹고, 종자로는 기름을 짰다. 유채油菜 외에도 운개蕓芥, 운대蕓薹, 한채寒菜라고도 표기되었다. 운대蕓薹라는 이름은 요새 밖에서 수비를 하는 운대에 처음으로 이 나물을 심었기 때문에 유래한 것이라고 전한다. 황갈색 씨앗에서 양질의 기름을 낼 수 있어 기름 유를 쓴 유채라는 이름을 얻었지만, 예부터 꽃이 피기 전에 잎과 줄기를 삶아서 나물로 먹었다.

평지가 한반도에는 언제 들어왔는지는 모르지만 《산림경제》와 《임원경제지》 등에 등장

그림 3-19 평지.

하며, 농서인 《농정회요》에도 개자(겨자)와 함께 기록되어 있다. 겨자와 병기되어 있는 것을 보면 평지가 기름 짜는 용도와 나물로 먹는 것 외에 향신료로도 사용된 것을 짐작할 수 있는데, 평지는 겨자나 순무와 비슷한 매운맛과 유황계의 허브 향을 함께 가지고 있어 예로부터 향신 채소로 사용되었다. 쌉쌀하면서 매운맛으로 식욕을 자극하며, 항균·항산화·항염 효과도 있다.

외국에서도 평지를 향신료로 많이 쓰고 있다. 일본에서는 '나노하나菜の花'라고 부르며 허브 채소로 활용하는데, 데친 후 겨자소스와 버무려 향을 살린다. 메이지 시대 초기에 한국의 평지가 일본에 전해졌다고 한다. 유럽에서도 어린잎을 허브로 활용한다. 살짝 데쳐서 먹는데, 쓴맛, 고소한 맛, 매운맛이 조화되어 식욕을 돋운다. 중국에서는 유채채油菜菜라 불리며 어린잎을 볶거나 절여 알싸한 향신 채소로 이용한다.

호불호가 갈리는 강렬한 향, 고수

고수는 고대 이집트 시대부터 약이나 향신료로 이용된 가장 오래된 허브이자 향신료 중 하나이지만, 이에 대한 선호는 극단적으로 갈린다. 좋아하는 사람은 중독이 될 정도로 열광하고, 싫어하는 사람은 냄새조차 맡기를 꺼린다.

원산지는 지중해 동부 연안이고 고대로부터 이집트와 인도에서는 이를 재배해 먹거리이자 약재로 썼다고 알려졌다. 전한시대에 중앙아시아를 통해 중국으로 가져왔다고 하며, 오늘날에도 중국 전역, 특히 만주에서 재배된다. 한반도에서도 재배·식용

　　　　　　　　　　　　　　　3부 전통 향신료의 세계

했는데, 고려시대에 들어온 것으로 추측된다.

허균의 《한정록閑情錄》과 서호수徐浩修의 《해동농서海東農書》에 고수가 기록되어 있지만, 중국의 문헌을 인용한 것이다. 다만 최한기의 《농정회요》(권10 농여조農餘條 '원유蒝荽')는 고수의 효능을 다음과 같이 설명했다. "모든 채소에 넣어 먹으면 향기가 사람의 입을 상쾌하게 한다. 비시飛尸(귀신 이름)나 귀주鬼疰, 벌레 독을 물리친다. 겨울과 봄에 캐는데, 향기가 먹을 만하며 김치를 만들 수 있다. … 맛은 맵고 기는 따뜻하여 곡식을 잘 소화하며 두통을 그치게 하고 오장을 다스려주며 부족한 기운을 보충해주고 대·소장을 이롭게 하며 심장, 비장과 아랫배의 기운을 통하게 하고 사지四肢의 열을 발산하며, 장풍腸風을 다스린다." 함께 제시된 '고수 절임법'은 중국의《제민요술》을 인용한 것이다.*

과거 개성에서 고수를 많이 재배하고 음식에 많이 사용했다고 하는데, 특히 보김치에 고수가 들어갔다고 한다. 허균은《도문대작》에서 파를 설명하며 "삭녕朔寧에서 나는 것이 매우 좋은데, 부추, 달래, 고수[荽], 원수園荽 등도 모두 좋다."라고 설명해, 삭녕(현재의 연천군과 강원도 철원군 지역에 걸쳐 있었던 행정구역)에서 파와 함께 고수가 났음을 알 수 있다.

서양과 동남아시아 등에서는 고수의 잎은 허브이자 채소로, 씨앗은 향신료로 사용한다. 반면, 우리는 주로 고수풀을 날로 초고추장에 찍어 먹는 고수강회와 고수쌈, 풋배추와 무에 고수를 섞어 담근 고수김치를 먹었다.

열매류 향신료

행인, 조심해서 써야 할 살구씨

한방에서 오래전부터 약재로 사용된 것이 행인杏仁으로, 살구 열매 안에 든 씨다. 살구는 핵과로, 열매 안에 크고 딱딱한 씨가 있는데, 그 딱딱한 껍질 안의 말랑한 부분을 식용한다.

살구씨는 예로부터 기침에 처방하는 약재로 많이 썼다.《규합총서》,《음식디미방》,《산가요록》,《동의보감》등 전통 조리서

---

* 원문: 湯中渫出之 著大瓮中 以暖鹽水 經宿浸之 明日 汲水淨洗 出別器中 以鹽酢浸之 香美不苦 亦可洗訖 作粥淸 麥䴵末 如釀芥菹法 亦有一種味 作裏菹者 亦順渫去苦汁 然後乃用之矣 《제민요술》

나 의서에 행인정과(행인을 꿀이나 조청, 설탕에 조려 만든 정과), 행락탕(행인을 달여 마시는 탕 형태의 음료), 행인당(행인으로 만든 사탕 혹은 연유류 당과), 행인죽(곱게 간 행인을 넣고 쑨 보강용 미음 또는 죽), 행도죽(행인과 복숭아씨[桃仁]를 함께 넣은 약죽) 등이 나오는데, 이는 약식藥食의 성격을 지닌 음식이다. 《동의보감》 탕액편에는 "행인은 그 향이 청화淸華하고 맛이 윤활潤滑하여, 먹으면 폐를 이롭게 하고 기를 고르게 하며, 속을 편안하게 하니 약이면서 식食이다."라고 나온다.

행인은 약재로서만 쓰이지 않고 독특한 향과 맛을 지닌 향미 재료로 사용되며 음식의 품격을 높이는 역할을 했다. 휘발성 방향 성분인 벤즈알데히드benzaldehyde가 주성분으로, 아몬드의 향 성분과 같다. 살구꽃이나 복숭아꽃의 향과 유사한 부드럽고 단정한 향을 낸다. 맛은 고소하며 약한 쓴맛이 있고 단맛 여운이 있다. 쓴맛은 청산배당체(아미그달린amygdalin) 때문으로, 독성을 가지므로 생식은 금물이다.

그림 3-21 살구(위)와 행인(아래).

하지만 열을 가하면 분해되어 독성은 사라지고 향만 남는다. 이
때 생성되는 벤즈알데히드 향이 바로 '행인의 향'이다.

과거 살구나무가 무성하게 꽉 들어찬 곳을 행림杏林이라고 했
는데, 이는 의원을 달리 이르는 말이기도 했다. 살구가 그만큼
건강에 좋다는 비유인데, 살구는 비타민A 등 항산화 성분이 풍
부한 과일이다.

매실, 향기로운 매화의 열매

매실梅實은 향기로운 매화나무의 열매로, 예로부터 동아시아
에서 향신료이자 약재, 음식의 맛과 향을 조화시키는 조미 재료
로 매우 중요하게 쓰였다. 즉, 매실은 신맛의 조미료이자 향신료
이면서 약재로도 인식되었다. 매화나무의 원산지는 중국이다.
한반도에는 삼국시대에 정원수로 전해졌고, 고려 초기부터 매실
을 약재로 이용했다고 한다.

매실의 향은 상쾌하고 청아한데, 주성분은 행인과 같은 벤즈
알데히드다. 맛은 강한 산미에 은은한 단 향이 나는데, 유기산
이 풍부해 상큼하면서 입맛을 돋운다. 숙성되면 단맛과 깊은 감
칠맛을 형성한다. 즉 매실의 향은 위를 열고 신맛은 음식을 정
제한다는 의미로, 한방에서 '향기로운 조미약調味藥'으로 간주되
었다.

매실은 익은 정도와 가공에 따라 종류가 나뉜다. 껍질이 연한
녹색이고 과육이 단단하며 신맛이 강한 청매, 향이 좋고 빛깔이
노란 황매, 청매를 쪄서 말린 금매, 청매를 소금물에 절여 햇볕

에 말린 백매, 청매의 껍질을 벗겨 연기에 그을려 검게 만든 오매 등이 있다. 전라남도의 순천과 광양, 경상도에서 많이 재배한다.

매실은 다양하게 활용되는데, 매실절임은 입맛을 돋우는 반찬이나 간식으로 먹고, 즙은 요리에 첨가하거나 물과 섞어 음청류로 마신다. 매실차는 잠이 덜 깬 아침이나 나른해지는 오후에 정신을 깨우는 데 좋다. 매실장아찌는 매실을 잘게 썰어 설탕에 절이거나 고추장이나 된장에 절인 것으로, 매실 과육을 설탕에 절여 만들기 때문에 신맛도 신맛이지만 단맛이 강하다. 이렇게 절인 과육을 그냥 먹기도 하고, 고추장에 버무려서 내놓기도 한다.

매실 특유의 새콤한 과육은 입맛을 돋운다. 신맛이 나는 음

식은 원기 회복에 좋다고 알려졌기에 땀을 많이 흘리는 여름에 많이 섭취했다. 일본에서도 매실을 활용하는데, 매실을 소금에 절인 우메보시梅干し는 대표적인 서민 음식이다.

요약하면, 매실은 '동양의 향신 과일'로서 신맛과 향으로 음식의 균형을 잡는 향신료다. 서양 요리의 레몬이나 라임이 하는 역할을, 전통 한식에서는 매실이 맡아왔다고 볼 수 있다.

등자, 귤 이전에 향과 신맛을 내온 향신료

등자橙子는 광귤나무의 열매로, 광귤나무를 등자나무라고도 한다. 광귤(광귤·쓴귤·조귤)은 오늘날의 감귤류가 전래·개량되기 전, 한국과 중국 남부, 일본 남부에서 자라던 고대형 감귤류라고 볼 수 있다. 광귤나무에는 가시가 있으며, 잎은 귤나무 잎보다 크고 두껍다. 광귤나무의 원산지는 동남아시아이고, 따뜻한 지역에서 자라 한반도에서도 제주도에 분포한다. 그 열매인 등자는 귤과 비슷하게 생겼고, 과거 제주도에서는 등자를 식용했다.

중국의 《제민요술》에 등橙(광귤)에 관해 다음과 같이 나온다. "이원異苑 남강에는 혜석산奚石山이 있다. 산에는 감, 귤, 등, 유가柚茄 등이 있다. (특히 등나무 열매는) 마음대로 실컷 따서 먹는다. 집으로 가져와 사람이 먹으면 갑자기 병이 난다. 또 머리가 어질하여 넘어지고 길을 잃는다. 여름과 가을에 꽃이 피고 열매 맺기가 계속되는 것으로 열매는 탄환만 하거나 손가락만 하며 1년 내내 먹는 귤을 '여귤廬橘'이라고도 한다."

등자는 단순히 신 과일이 아니라 한방 약재, 향신료, 천연 향료로서 사용된 오랜 역사를 지닌 식물이다. 신맛과 쓴맛의 복합적인 맛으로 음식의 맛을 맑게 하고 기운을 열어주는 양념으로 예로부터 쓰였다. 향은 오렌지보다 깊고, 맛은 레몬보다 부드러우며, 몸과 음식의 기운을 정화시키는 동양적 향신료라고 할 수 있다. 약재로서는 발한제로 쓰였다.《본초강목》에는 "등자는 성이 온溫하며, 맛은 시고 향이 맑아 식욕을 열고 담을 내린다."라고 나오고,《동의보감》탕액편에는 "등자는 기를 순하게 하고, 담을 삭이며, 비위를 조화케 한다."라고 나온다.

등자는 상큼하고 쌉쌀한 감귤 향을 내며, 껍질에 리모넨, 리날룰, 네롤nerol, 네롤리돌nerolidol이 풍부하다. 감귤류 중 산도가 높고 당분이 적어 상큼함과 쌉싸름함이 공존한다. 여운으로 시고 향긋한 맛이 오래 남고, 입안을 정화시키는 청량감이 있다. 조리 후에도 향이 잘 남아 생선, 고기의 느끼함을 제거해 준다. 최근 등자는 체중 조절에 도움을 주는 식욕 억제제로 인기가 높다.

13장

전통 향신료
사용의 변천

한국의 음식문화에서 향신료가 강조된 적은 없지만, 실제 우리는 외국에서 유입된 고추와 후추를 비롯해 파, 마늘, 생강, 겨자, 계피, 초피, 깨 등의 다양한 향신료를 사용해왔다. 특히 국과 탕, 찌개, 나물, 생채, 장아찌, 자반, 김치, 젓갈 등에 아낌없이 사용했다.

그중 우리 민족이 가장 많이 사용한 향신료는 무엇이고, 주로 어떤 음식에 향신료를 사용했을까? 여기서는 이영미의 논문[*] 중 한국 조리서에 사용된 향신료에 관한 내용을 참고해, 우리 고조리서와 근대 조리서에서 향신료가 어떻게 등장하는지 살펴

---

[*] 이영미, 〈세계 향신료 음식문화 비교연구〉(기초연구과제 총서), 미원문화재단, 2014. 여러 문헌들을 고찰해 총 40여 종의 향신료를 데이터베이스로 구축한 이 연구를 토대로 한국인의 향신료 사용에 대해 살펴보았음을 밝힌다.

보려 한다. 현전하는 조리서 중 가장 오래된 《산가요록》이 발간
된 1400년대부터 1900년대까지의 고조리서 여덟 권과 1900년
대부터 1940년대에 발간된 근대 조리서 여섯 권에서 향신료
사용에 어떤 변화가 나타나는지를 1600년대 이전, 1700년대,
1800년대, 1900년대로 나누어 시대 흐름별로 살펴보았다.

- 1600년대 이전: 《산가요록》(1450년대), 《수운잡방》(1500년대),
  《음식디미방》(1670년경), 《주방문》(1600년대 말)
- 1700년대: 《증보산림경제》(1766년)
- 1800년대: 《규합총서》(1809년), 《임원경제지》(1827년), 《시의
  전서》(1800년대 말)
- 1900년대: 《부인필지》(1915년), 《조선요리제법》(1917년), 《조
  선무쌍요리제법》(1924년), 《간편조선요리제법》(1934년), 《신
  영양요리법》(1935년), 《조선요리법》(1939년)

고조리서와 근대 조리서에 나타난 향신료 사용의 특징

어떤 향신료를 사용했을까

향신료의 종류는 매우 다양한데, 전 세계에서 중요하게 사용
하는 향신료는 50여 종이라고 한다. 이영미는 이 중에서 40종
의 향신료를 선택해 주요 향미에 따라 다섯 가지 유형으로 구
분했다. 매운맛pungent 향신료, 달콤한 맛sweet 향신료, 따뜻한
맛earthy 향신료, 고소한 맛nutty 향신료, 상큼한 맛fruity 향신료
및 혼합 향신료다.

매운맛	**겨자**, **고추**, **후추**, **마늘**, **초피**, **생강**, **정향**, 와사비, 올스파이스, 롱 페퍼(피팔리)
달콤한 맛	**계피**, 노간주 열매, **바닐라**, 월계수 잎
따뜻한 맛	강황, 고수, 육두구, 딜, 메이스, 사프란, 셀러리 씨, 아니스, 캐러웨이, **커민**, 팔각, 호로파, **회향**
고소한 맛	양귀비 씨, **참깨**
상큼한 맛	갈랑갈, 고수, 케이퍼, 카르다몸, 타마린드
혼합 향신료	커리, 오향, 마살라, 라스 엘 하누트, 시치미, 카트르에디스

※ 굵은 글씨로 강조한 것은 근대 조리서에 등장했거나 한국인이 주로 사용하는 향신료다.

　조리서를 통해서 본 향신료 사용 경향은 전체적으로 매운맛 향신료의 사용이 가장 많았고, 고소한 맛 향신료, 달콤한 맛 향신료, 따뜻한 맛 향신료 순이었다. 매운맛 향신료는 1600년대 이전부터 1900년대까지 조리서에 꾸준히 등장하며, 조리서에서 언급한 빈도로 자주 사용한 향신료를 추정할 때, 1600년대 이전에는 후추, 생강, 초피 순이다가 1700년대에는 생강, 후추, 깨 순으로 바뀌었으며, 고추가 처음으로 사용되었다. 1800년대에 이르면 생강, 후추, 고추 순으로 사용되었고, 1900년대에는 매운맛 향신료들을 제치고 깨의 사용이 가장 많았으며, 고추, 후추가 그 뒤를 이었다.

　상큼한 맛 향신료는 우리 조리서에는 등장하지 않으며, 고소한 맛 향신료는 1900년대에 이르러 참깨의 언급 빈도가 크게 증가해 사용량이 늘어난 것을 짐작할 수 있다. 달콤한 맛 향신료는 그 이전에 비해 1800~1900년대에 비교적 활발하게 사용되었으며, 따뜻한 맛 향신료의 사용은 일부 조리서에만 이례적으로 나타난다.

1600년대 이전에는 한 가지 향신료를 주로 사용했으나, 1800년대 이후에는 다양한 향신료를 함께 사용하는 경향이 나타나 조리법이 다양해졌음을 알 수 있다. 예를 들어, 초기에 보이는 매운맛만을 추구하는 경향은 시대의 흐름에 따라 꾸준히 감소했으나, 매운맛에 고소한 맛을 더하는 형태로 매운맛 자체의 사용은 꾸준히 증가하는 경향을 보였다.

향신료별 등장 빈도와 사용 개수

40개 향신료 중에서 우리의 고조리서와 근대 조리서에 등장하는 향신료는 후추, 참깨, 생강, 고추, 마늘, 초피, 계피, 겨자, 회향, 정향, 바닐라, 커리curry의 총 12종이다. 이 중 후추가 조리서에 가장 높은 빈도로 언급되었고, 깨, 고추, 생강, 마늘이 뒤를 이었다. 현재 우리의 향신료 사용량이나 사용하는 음식의 종류와 매우 유사하다.

사용된 향신료의 종류는 시대 흐름에 따라 변화했다. 1600년대에는 후추, 1700년대와 1800년대에는 생강, 1900년대에는 참깨가 조리서에서 가장 많이 언급되었다. 후추는 시대의 변화와 관계없이 주요 향신료로 계속 사용되었다. 1800년대까지 생강의 사용 비율은 전체 향신료 중 40~50퍼센트 수준으로 매우 활발하게 쓰이다가 1900년대 이후에는 현저히 감소했다. 초피

(천초川椒로 주로 표기)는 1600년대까지 매우 활발히 사용되었지만, 1700년대와 1800년대에 이르러 사용 비율이 점차 감소하다가 1900년대에는 급격히 감소해 거의 쓰이지 않게 되었다. 반면, 참깨는 1800년대 이전까지만 해도 다른 주요 향신료에 비해 사용 범위가 넓지 않았지만, 1900년대에는 향신료가 사용된 음식의 거의 절반에 사용되었다. 한편 고추는 1700년대에 처음 고조리서에 등장한 이후 사용 비율이 점차 증가해 1900년대에는 참깨, 후추와 함께 3대 향신료로 자리 잡았다.

음식 1개당 사용된 향신료의 개수는 평균 1.8개였다. 조리서별로는 조선 초기의 《산가요록》이 1.4개로 가장 적게 사용했고, 근대기의 《조선요리제법》이 2.2개로 가장 많이 사용해, 후대로 갈수록 향신료를 다양하게 사용한 것을 알 수 있다. 하나의 음식에 사용된 향신료는 적게는 1개이고, 많게는 6개였다. 향신료가 6개 사용된 음식은 《조선무쌍신식요리제법》에 나오는 '개장'으로, 고추, 후추, 계피, 초피, 겨자, 깨가 사용되었다.

향신료는 어떤 음식에 사용되었을까

한국 음식은 그 종류가 매우 다양해 분류 자처가 어렵지만, 여기에서는 밥과 죽, 국수, 만두, 국·탕, 나물, 구이, 조림, 볶음, 찜·선, 생회, 숙회, 자반, 장아찌, 순대·편육·족편, 떡, 과정菓飣(한과류), 술, 장, 김치, 젓갈·식해, 기타의 총 21가지로 나누어,[*] 어

---

[*] 문화재청에서 출간한 《한국음식대관》(한국문화재보호재단, 1995)을 기초로 한 분류다.

떤 음식에 어떤 향신료를 사용했는지 살펴보았다.

먼저, 우리가 부식(반찬)으로 생각하는 김치, 나물과 무침, 구이와 적, 조림와 초*, 순대·편육·족편, 장아찌에는 평균 2개 이상의 향신료가 사용되었다. 반면, 주식인 밥·죽류(1.4개), 장류(약 1.4개), 떡류(1.3개) 등에는 향신료가 적게 사용되었다.

주로 사용한 향신료는, 나물과 무침류, 전류, 떡류, 과정과 엿류를 제외한 모든 음식군에서 매운맛 향신료의 사용 빈도가 높았다. 특히 김치, 회, 순대·편육·족편, 젓갈과 식해 등에서 매운맛 향신료를 많이 사용했다. 나물과 무침, 구이·적·전에서는 매운맛 향신료와 고소한 맛 향신료를 함게 사용하는 경우가 많았다. 식재료별로는 육류를 주재료로 하는 음식에 많은 향신료를 사용했는데, 역시 매운맛 향신료가 주로 사용되었다. 부패하기 쉬운 육류의 맛을 가리기 위한 것으로 보인다.

시대별로 살펴본 우리 민족의 향신료들

조선 초·중기 조리서에서의 향신료

1700년대 이전 조선 초·중기의 식생활을 살펴볼 수 있는 중요한 자료로 어의 전순의의 《산가요록》(1450년대), 안동 사대부였던 김유金綏(1491~1555)와 그의 손자 김령金坽(1577~1641)이 편찬한 한문 조리서인 《수운잡방》(1540년경), 그리고 장계향의 한글

---

* 식재료에 양념을 해 볶는 조리법. 한자 炒로 쓴다.

조리서인《음식디미방》(1670년경)이 있다. 이 조리서들을 통해 당시 음식 속 향신료를 살펴보자.

이들 세 조리서 중 가장 먼저 나온《산가요록》에서는 나머지 두 조리서들과 달리 후추를 사용한 경우보다 생강을 사용한 경우가 두 배 정도 많았다. 당시 후추는 수입에 의존하는 고급 향신료였으므로 흔히 사용하기는 어려웠을 것이다. 반면 생강은 한반도에서도 어렵지 않게 재배하고 있었으며, 특유의 맛과 향으로 육류 요리의 상한 맛을 지우는 데 효과적이었다. 한편, 가장 후대에 나온《음식디미방》에서는 가장 다양한 향신료를 많은 음식에 사용했다.《음식디미방》에 등장한 향신료는 겨자, 계피, 깨, 마늘, 미나리, 방풍, 부추, 초피, 생강, 염교, 정향, 차조기, 파, 후추, 회향 등이다. 이 중 가장 자주 등장한 향신료는 후추였으며, 생강과 파, 초피, 깨, 마늘이 뒤를 이었다.

이 조리서들을 통해 조선 초·중기에는 마늘, 초피, 생강, 후추 등이 김치류에 사용된 향신료임을 알 수 있다.《산가요록》에 '하일가즙저' '침행'이라는 음식이 나오는데, '하일가즙저'는 오이를 볕에 말려서 칼집을 내고 속에 생마늘, 향유, 분지 잎을 넣고 장에 담가 여름철에 먹는 채소절임이다. '침행'은 살구를 가지째 따서 소금을 바르고 꿀을 섞어 항아리에 붓고, 생강과 행인(살구씨), 그리고 찐 자소 잎을 적정 분량으로 담아 같이 담그는 절임이다.《수운잡방》에는 김치류로 '꿩김치' '향과저' 등이 나오는데, 여기에 생강과 초피가 들어간다. 이를 통해 초피가 고추 전래 전 김치류에 사용된 매운 향신료였음을 알 수 있다.

국수와 만두 같은 면 요리에는 후추와 깨, 생강이 사용되었다. 국수류로 《산가요록》에는 '진주면' '만이창면' '토장'이, 《음식디미방》에는 '토장국' '별착면'이 나오는데, 들깨즙이나 참깨즙을 사용해 고소한 맛과 향을 내고 있다. 만두에는 주로 만두소에 향신료가 사용되었다. 《음식디미방》의 '석류탕'은 꿩이나 닭고기를 썰어 두들기고 무, 미나리, 파와 함께 두부, 표고버섯, 석이버섯을 다져 기름장에 후춧가루를 넣고 볶아 만두소로 넣고 석류 모양으로 빚어 끓이는 만둣국 요리다.

《수운잡방》의 '삼색어아탕'은 매운맛 향신료에 따뜻한 맛 향신료를 함께 사용한 음식이다. 은어와 숭어 새끼의 껍질을 벗기고 녹두가루를 입혀 뜨거운 물에 삶은 후 가늘게 썰어 녹말, 후추, 호향胡香, 흰 파, 된장을 넣고 고루 섞어 완자를 만들고 삼색으로 물들인 녹두묵과 함께 끓인 탕이다. 매운맛을 주는 후추와 따뜻한 맛을 주는 파를 함께 사용했다. 호향은 향신료로 보이나 어떤 것인지는 알 수 없다. 이외에도 국과 탕 요리에는 거의 후추가 사용되었고, 생강과 초피의 사용 빈도가 그다음으로 높았다.

술과 음청류에는 후추, 계피, 생강, 정향이 사용되었다. 《산가요록》에 나온 '자주煮酒'*는 끓이는 술로, 후추, 계피, 정향이 사용되었다. 고려시대 이규보의 시에도 '자주'라는 술이 등장하는데, 이는 멥쌀, 누룩, 물, 술, 호두, 황랍, 황밀, 후추 등으로 빚은

---

* 원문: 煮酒, 好蠟二戔五分, 白檀香八里三毫, 木香一分, 胡板二分五毫, 桂皮一分一里四毫. 陳皮丁香一分一里四毫, 右藥酒五甁, 入缸. 缸口以擣鍊紙油紙重封, 堅防, 重湯煮之. 已成. 出置稍冷, 開封用之.

3부 전통 향신료의 세계

술이다. 《음식디미방》에서도 '차주법(자주 빚는 법)'*에 매운맛 향신료인 후추와 달콤한 맛 향신료인 계피를 함께 사용하도록 지시했다. 또 술과 음청류 외에도 한과와 엿에 달콤한 맛 향신료가 매운맛 향신료와 함께 사용된 것을 볼 수 있다.

육류 요리인 순대·편육·족편류에는 평균 3개의 향신료가 사용되었다. 《음식디미방》에 등장한 '별미'는 암탉과 대구를 함께 푹 고아 묵처럼 굳혀 먹는 음식인데, 간장과 참기름을 양념으로 쓰고 생강, 후추, 초피로 고기 잡내를 잡았다. 개장 조리법에서도 개고기를 삶을 때 후추, 초피, 생강을 쓰고, 먹을 때는 식초와 겨자를 곁들이도록 했으니, 다양한 향신료를 사용한 음식이다. 찜이나 선도 절반 이상의 음식에 후추가 쓰였으며, 생강과 초피도 높은 빈도로 사용되었다.

채소류 음식 중에는 겨자가 사용된 경우가 세 번 등장하며(《산가요록》의 동과침채冬瓜沉菜**, 《수운잡방》의 과동개채침법過冬芥菜沉法***, 《음식디미방》의 동아돈채****), 달걀을 사용한 음식에도 후추,

---

* 원문: 맑고 좋은 술 1병에 대추와 잣을 각 20개, 후추 30개를 가루로 만들어 주머니 속에 넣고, 꿀 1돈과 계피를 넣은 다음 물을 붓고 곤다. 아침부터 고기 시작했으면 오후에 맛을 보아 그 맛이 달고 향기로우며 술맛이 적게 나면 불에서 내린다.
** 원문: 겨울이 지나도 상하지 않는다. 동아와 순무의 껍질을 벗겨 한채漢菜(한천)처럼 썰어 물기 없이 항아리 속에 펴 넣고 눈이 살짝 내린 것처럼 소금을 뿌린다. 이렇게 켜켜이 항아리가 가득 찰 때까지 넣는다. 매번 펴서 꼼꼼하게 담고 참기름을 적절하게 짐작하여 부어 넣고 또 겨잣가루를 굵은 체에 쳐서 넣는다. 가지와 같이 담가도 된다. 가지를 갈라서 담근다.
*** 동아와 순무를 껍질을 벗겨 잘라 물기가 없게 항아리 속에 넣고 소금을 뿌린 후 참기름과 겨잣가루를 넣어 먹는 조리법.
**** 동아를 작게 썰어 데치고 간장에 기름을 넣고 달여 겨자, 식초, 간장, 깨소금을 넣고 동아를 무치는 요리.

초피 등이 사용된 것으로 나온다. 이렇게 육류, 어패류, 난류를 주재료로 하는 음식에는 평균 2개 이상의 향신료가 사용되어 육류의 냄새 제거에 향신료가 많이 사용된 것을 볼 수 있다.

1700년대《증보산림경제》에 사용된 향신료

1700년대의 향신료 사용은 유중림의 농업·생활백과인《증보산림경제》를 통해 그 경향을 살펴볼 수 있다.《증보산림경제》에서는 총 56개의 음식에 향신료가 쓰였다. 이 중 찜과 선 요리에 9개로 가장 많은 향신료가 사용되었으며, 김치류가 8개, 장류가 5개 등의 순이다. 후추가 중요한 향신료로 사용된 다른 반찬류와는 달리, 찜과 선 요리에는 6종의 향신료가 비교적 고르게 사용되었다.

향신료는 총 56개 음식 중 육류가 주재료인 음식에 사용된 빈도가 가장 높았으며, 다음으로 채소류, 어패류의 순이었다. 육류를 주재료로 한 음식에는 후추와 초피의 사용 빈도가 가장 높았으며, 채소류에는 생강과 마늘의 사용 빈도가 높았다. 어패류에는 후추와 생강이 가장 자주 사용되었다. 그 외에 곡류를 주재료로 한 모든 음식에 깨가 쓰인 것, 국과 탕류에 모두 생강이 쓰인 것이 특징이다.

《증보산림경제》에는 고추가 처음 향신료로 사용된다. 이는 고추의 전래 시기와 관련이 있다. 고추에 대한 최초의 기록으로 알려진 이수광의《지봉유설》(1614)에서는 고추가 임진왜란(1592~98) 때 일본에서 들어온 것으로 기록돼 있다. 고추의 전래 초기에는 식용하지 않았으나 《증보산림경제》가 발간된 1700년대 중반에 이르러서는 고추를 여러 가지 음식에 사용했다.

《증보산림경제》에는 고추가 쓰인 음식이 7개 나오는데, 주로 김치류와 육류 요리에 사용되었다. '침나복함저법' '오이를 소금에 재우기' '고추장 담그는 법' '고추장 빨리 담그는 법' '장 달이는 법' '동아 개고기찜' '개고기찜 민간 방법'이다. 이 중 '침나복함저'는 김치의 일종으로, 무, 고추, 청각, 오이, 호박, 갓, 동아, 초피, 부추 등에 양념을 버무려서 마늘즙을 뿌린 후 독에 넣고 땅에 묻어 보관하는 음식이다. '장 달이는 법'에서는 청장(맑은 간장)을 꺼내어 파, 생강, 초피, 후추, 고춧가루와 버무려 섞고, 기름과 꿀을 넣어 불에 달이라고 했다. '고추장 담그는 법'과 '고추장 빨리 담그는 법'은 콩을 메주로 만들거나 볶아서 고춧가루와 찹쌀가루를 넣고 반죽해 햇볕에 쬐는 방법이며, '동아 개고기찜'과 '개고기찜 민간 방법'에서는 개 한 마리를 깨끗하게 씻어 뼈를 발라내고 푹 고아 기름, 장, 파, 참깨, 고춧가르, 후춧가루 등을 넣고 버무린 후 찌도록 했다.

이상의 조리법을 보면 김치에는 고추를 넣었다고 했고, 고추장과 개고기찜 등의 요리에 넣을 때는 고춧가루를 사용한 것으로 추측된다. 한편, 지금은 고춧가루를 사용하는 젓갈과 식해류에 당시에는 후추를 사용했는데, '술과 누룩에 생선 절이는 법' '간장과 식초로 게장 담그는 법' '간장으로 게장 담그는 법'에 후추를 사용한 것으로 소개된다.

떡과 엿 등의 과자류에는 고소한 맛 향신료인 참깨를 단독으로 쓰거나 참깨에 생강, 후추, 계피 등을 함께 쓰는 방법으로 맛을 돋우었다. 그 예로, 일종의 엿을 만드는 방법인 조이당법造飴餹法(후추, 생강, 참깨 사용), 잡과병(참깨 사용), 혼돈떡(참깨 사용), 전유밀약과(후추, 계피, 깨 사용)가 있다.

1800년대 조리서에 나오는 향신료

1800년대의 향신료 사용은《임원경제지》의 〈정조지〉,《규합총서》 및 《시의전서》를 통해 살펴보려 한다. 1800년대의 조리서에는 향신료 종류의 변화가 보인다. 일례로, 1600년대 이전에는 김치를 담글 때 후추, 생강, 마늘, 초피, 겨자를 사용했고, 1700년대에는 고추가 추가된 대신 후추가 빠지고, 생강, 마늘, 초피, 겨자가 주로 사용되었다. 그러던 것이 1800년대에는 보다 다양한 음식에 후추, 참깨, 고추, 생강, 마늘, 초피, 겨자, 회향 등 보다 다양한 향신료가 사용되었다.

1800년대 들어서면서 눈에 띄는 변화는 외래 향신료가 증가했다는 사실이다. 무려 1,740여 개의 조리법이 나오는《임원경제지》〈정조지〉에서는 이런 경향이 두드러진다.《임원경제지》에 나타나는 향신료는 약재 유래 향신료, 외래 향신료, 토착 향신료로 구분된다. 한약재 유래 향신료는 계피, 초피, 창출蒼朮, 건강乾薑이 있는데, 주로 육류, 약선요리, 술의 향미 강화에 쓰였다. 외래 향신료인 후추, 정향, 회향은 육류, 포류, 과자, 향주香酒에 쓰였는데, 중국이나 일본을 통해 수입했다. 전통 향신료인 파,

마늘, 생강, 초피, 겨자 등은 일상적 조리에 쓰였으며 향보다는 매운맛 중심이었다. 그러나 〈정조지〉의 상당 부분이 중국 문헌을 인용한 것으로, 이를 당시 조선의 향신료 사용 경향을 나타내는 것이라고 보기는 어려운 측면이 있다.

1700년대까지는 매운맛 향신료 위주로 사용한 데 비해 1800년대부터는 향신료의 향미 유형이 다양해지기 시작했다. 그럼에도 대부분의 음식군에서 매운맛 향신료는 여전히 중요한 위치를 차지했다. 매운맛 향신료 중에서도 1800년대에는 고추의 사용 빈도가 확연히 늘었다. 고추가 점차 보급되던 1800년대에도 초피는 여전히 향과 매운맛을 겸한 핵심 재료로 사용되며, 비린내 제거와 방부, 향미 강화라는 다목적 조미 재료로 자리 잡고 있었다.

빙허각 이씨가 기록한 《규합총서》에는 실용적인 음식이 주로 등장한다. 여기에서는 매운맛 향신료에 고소한 맛 향신료보다 달콤한 맛 향신료를 함께 사용한 빈도가 높다. 《규합총서》에서 주로 사용한 달콤한 맛 향신료는 계피로, 매운맛 향신료인 후추와 함께 전약, 배숙, 유밀과 등을 만드는 데 사용했다. 《규합총서》의 후추와 계피, 꿀 등 향기롭고 달콤한 조합은 상류층 여성의 정제된 조리 취향을 반영한다고 보인다.

약용 음식(보양식)으로 주로 사용한 전약은 약재를 꿀에 조리는 과정에 계피, 후추와 생강을 넣어 향을 냈다. 계피의 단 향과 후추의 매운맛이 조화를 이룬다. 배숙梨熟은 음청류로, 계피, 생강, 꿀을 넣고 배를 달이는데, 계피의 단 향과 생강의 매운맛으로 따뜻한 단맛을 강화했다. 유밀과도 계피로 향을 내고 후추로 자극을 더한 음식이다. 정과에는 계피로 단 향을, 생강으로 매운 향을 첨가했다. 약과에는 계핏가루와 후춧가루를 넣어 향과 매운맛을 더했는데 계피의 단 향이 후추의 매운맛을 부드럽게 조화시켰다.

《시의전서》의 음식들은 이전 조리서들에 비해 향보다는 맛 중심으로 향신료를 사용했다. 특히 후추·참기름·깨소금으로 대표되는 매운맛과 고소한 맛 조합이 매우 빈번하게 등장하는 것이 특징이다. 《시의전서》에서 후추와 참기름, 깨소금이 함께 쓰인 대표적인 음식으로 육전이나 간전 등이 나오는데, 후추로 고기에 매운맛을 주고, 참기름과 깨소금으로 풍미와 고소함을 더했다. 잡채도 후추·참기름·깨소금은 볶은 고기와 채소에 고소한 맛을 부여했다. 회에도 후추·참기름·깨소금·간장이 쓰였다. 만두에도 소에 후추·참기름·깨소금을 넣었고, 생선조치(찌개)에는 후추·참기름을 넣어 국물에 자극적이지 않은 매운맛과 고소한 향을 부여했다.

이상을 살펴보면, 1800년대 초반의 《규합총서》는 후추, 계피, 꿀 등 향기롭고 달콤한 조합을 주로 사용해 당시 반가 여성의 정제된 조리 취향을 볼 수 있다. 1800년대 후반의 《시의전서》는 후추, 참기름, 깨소금 등 풍미 중심의 실용적이고 향신료 조합으로 이동한 것이 보인다.

1800년대 조리서에는 외래 향신료도 많이 사용되었는데, 그중 회향과 정향이 있다. 회향은 미나리과 식물로 서양에서는 펜

　　　　　　　　　　　　　3부　전통 향신료의 세계

넬fennel이라고 불린다. 회향자小茴香로 불리는 씨앗을 주로 사용했는데, 향은 달콤하고 따뜻하다. 한반도에는 중국을 통해 일찍부터 전래되어 주로 약재로 사용해왔다. 고려나 즈선시대에는 중국에서 수입된 회향자가 주로 약방문藥方文이나 의방서醫方書에 등장한다. 서명응徐命膺(1716~87)의 《고사신서攷事新書》(1711)에 회향탕이 나오는데, 조리법은 이러하다. "곱게 볶은 회향茴香가루 1냥에 단향檀香과 생강가루를 조금 넣어 맛이 어떤지 살핀다. 임의대로 더 넣거나 덜 넣고 끓는 물에 타서 마신다." 강와強窩의 《치생요람治生要覽》(1691)에는 "합장合醬할 때 더덕과 도라지를 물에 담가 쓴맛을 우려내고 주머니에 담아 항아리에 넣으면 맛이 좋다. 시라蒔蘿, 회향, 감초, 파, 초椒를 장 위에 뿌려주면 향기가 좋다. 청장淸醬을 검은콩과 같이 달인다."라고 하여 장 제조에도 향신료를 활용한 것을 알 수 있다. 최한기의 《농정회요》에는 '초피로 반죽한 떡[椒塩餠]'이 나오는데 "길가루 2근, 참기름 반 근, 소금 반 냥, 좋은 초피 1냥, 회향 반 냥, 이 재료들을 3등분으로 나누어 3분의 1은 순수한 기름, 후추, 소금, 회향을 밀가루와 섞어 소를 만든다."라고 해 떡에도 회향과 초피를 사용했다. 조리서에서는 주로 향신 양념보다는 소화제나 방풍제 성격으로 등장한다. 《규합총서》는 회향을 "속을 덥히는 약재"로 설명하며 음식보다 약차로 다루었다.

정향丁香은 정향나무의 꽃봉오리를 말린 것으로, 강한 향기와 방부 효과가 있다. 영어로 클로브clove이며 등남아 원산으로, 중국을 통해 한반도로 유입된 것으로 보인다. 《규합총서》에 "정

향을 향차香茶로 달여 먹는다."라고 나오며, 전약을 만들 때 '정
향말'(정향가루)을 사용했다. 이외에 《수운잡방》과 《온주법》, 《시
의전서》에서도 전약이나 술에 향신료로 사용했다. 정향은 외래
향신료 중에서도 가장 귀하게 취급되었으며, 음식보다는 주로
약으로 제한적으로 사용되었다.

1900년대 근대 조리서에 나오는 향신료

1900년대에 들어서면 서양 음식과 일본 음식 등이 들어오면
서 우리 음식의 조리법에도 많은 변화가 생겼다. 이 시기의 향
신료 사용을 살펴보면, 이전 조선시대와의 차이점을 발견할 수
있다. 이 시기의 대표적인 조리서인 《부인필지》(1915), 《조선요리
제법》(1917), 《조선무쌍신식요리제법》(1924), 《간편조선요리제법》
(1934), 《신영양요리법》(1935), 《조선요리법》(1939)을 중심으로 당
시 향신료 사용의 변화를 살펴보자.

이 시기에 향신료는 여러 음식 중에서 나물과 무침류에 가장
높은 빈도로 사용되었으며, 국과 탕류, 김치류가 뒤를 이었다.
향미 특성별로는 매운맛 향신료의 사용 빈도가 여전히 가장 높
았고, 고소한 맛 향신료, 달콤한 맛 향신료, 따뜻한 맛 향신료
순으로 사용되었다. 상큼한 맛 향신료는 거의 사용되지 않았다.

매운맛 향신료는 1600년대 이전부터 1900년대까지 꾸준히
사용되었지만, 그 종류는 시대에 따라 바뀌었다. 1700년대까지
는 생강과 초피가 매운맛을 내는 주요 향신료였으나 1800년대
이후부터 고추의 사용이 증가했고, 1900년대에는 고추의 사용

     3부 전통 향신료의 세계

량과 사용 빈도가 다른 매운맛 향신료를 압도하게 되었다. 특히 김치류에서 초피의 사용은 점점 줄어들다가 1700년대가 되면 거의 사라지고, 1900년대가 되면 김치에 사용하는 매운맛 향신료가 고추, 마늘, 생강으로 거의 고정되었다.

1900년대 조리서에서는 고소한 맛 향신료, 즉 참깨의 사용이 두드러지게 증가한 것을 확인할 수 있다. 한식에서 사용하는 고소한 맛 향신료는 참깨와 들깨인데, 조리서에서는 들깨보다는 참깨를 언급하는 빈도가 높다. 참깨의 경우 1700년대 이전까지는 매우 예외적으로 사용되었으나 1800년대부터 서서히 사용 빈도가 높아졌고, 1900년대에 이르러서는 매우 중요한 향신료로 자리 잡았다. 밥과 죽, 나물과 무침, 구이와 적, 조림과 초, 전류의 다양한 음식에서 가장 자주 사용된 향신료는 참깨였다. 특히 국수와 만두, 국과 탕, 볶음류, 찜과 선, 자반과 포 등에서 후추와 함께 거의 필수적으로 사용되었다.

그 예가 1943년 조자호가 반가의 전통 조리법을 소개한 《조선요리법》에 등장한 '닭김치'다. 쇠고기를 곱게 다지고 고추장, 깨소금, 다진 파를 넣고 양념해 닭 뱃속에 넣고 실로 동여매 삶은 후 건져 닭고기 살을 찢어 열무김치와 함께 담고 닭 삶은 물에 간장, 설탕, 김칫국물로 간을 맞추어 부어 먹는 음식이다. 이전의 닭김치나 닭깍두기와는 달리 깨소금을 사용했다.

이 시기 향신료 사용의 가장 큰 특징으로는 외국 음식이 들어옴에 따른 외국 향신료의 사용을 들 수 있다. 이용기의 《조선무쌍신식요리제법》에는 모두 12종의 향신료가 등장하는데, 바닐라와 혼합 향신료인 커리가 처음 등장한다. 바닐라는 메렝케(마렝고marengo), 바닐라 아이스크림, 초콜릿 파이, 크림 파이에 사용되었으며, 커리는 커리라이스*에 쓰였다.

외래 향신료가 밥상에 가져온 변화

앞서 살펴본 바와 같이 조선 후기까지 한반도에서의 향신료 사용은 주로 마늘, 파, 생강, 초피 등 전통 향신료와 중국을 통해 전래된 후추, 회향, 정향 등 제한된 범위에 머물렀다. 그러나 20세기 이후 식민지 경험과 근대화 그리고 세계화의 진행은 식생활 전반에 큰 변화를 가져왔으며, 이는 곧 외래 향신료의 대량 유입과 향미 체계의 재편으로 이어졌다.

우선, 1910~45년의 일제강점기에는 서양 향신료의 유입이 이루어졌다. 일본을 매개로 하여 서구식 향신료가 한반도에 본격적으로 전래된 것인데, 대표적인 것이 카레(커리)가루다. 이는 인도의 향신료 문화가 일본을 통해 변형된 형태로, 강황이나 커민, 코리앤더(고수 씨), 후추 등을 조합한 혼합 향신료다. 당시 조선총독부는 군인식 및 학교급식에 '카레라이스'를 보급했다고 하며, 이는 서양식 조리의 대중화를 촉진했다.

1950년대 이후 산업화와 도시화가 향신료의 대량 소비 및 표준화를 이끌었다. 이 시기에는 라면, 즉석식품, 군납식 등에 쓰이던 복합 향신료(고춧가루·후추·카레분말 등의 혼합형)가 대중화되

---

* 일본식 발음 카레라이스가 아닌 커리라이스라 표기되었다.

  3부 전통 향신료의 세계

었다. 또한 시나몬, 오레가노, 파프리카 등 서양 향신료가 제과나 양식의 확산과 함께 수용되었다. 이러한 변화와 함께 향신료 이용이 자연 향의 전통적 기능에서 인공 풍미의 산업적 체계로 재편되었다.

1990년 이후 현재까지는 다문화적 향신료의 확산을 특징으로 꼽을 수 있다. 1990년대 이후 세계화는 한국인의 식생활에서도 뚜렷하게 나타났다. 이탈리아와 미국, 동남아시아와 인도 음식문화의 유입으로 바질, 로즈메리, 타임, 오레가노, 커민, 강황, 갈랑갈 등의 향신료가 일반 소비자에게까지 확산되었다. 특히 커민은 '이국적 매운맛'으로, 바질과 오레가노는 '서양풍 고급 향'으로 인식되었다. 이는 향신료가 단순한 조미 기능을 넘어 문화적 정체성의 상징임을 보여준다. 한편, 고추기름, 칠리 파우더, 타바스코, 마라 등은 퓨전요리와 중국 및 멕시코 요리의 유행과 함께 '자극적 풍미의 현대화'를 주도했다.

이러한 변천은 향신료가 단순한 향의 재료에서 '맛의 산업화', 나아가 '문화적 코드'로 진화한 과정을 보여준다. 즉, 조선 후기 이후 20세기를 거치며 향과 풍미(맛)를 중시하는 식문화로 바뀌게 된 것은 외래 향신료의 도입과 그에 따른 한국적 수용의 영향이 큰 것으로 보인다. 앞으로 다국적 향신료가 가져올 한국 식생활의 변화가 어떻게 전개될지 궁금하다.

4부

양념의 맛과 향
그리고 건강의 과학

지금까지 알아본 다양한 조미료는 어떻게 만들어지는 것일까? 달고 짜고 시고 매운 맛은 각각 어떤 성분에서 기인하는 것일까? 조미료와 향신료는 어떤 성분으로 이루어져 있으며, 건강에는 어떤 영향을 주는 걸까? 특히 우리 전통의 양념인 장류는 어떻게 만들고, 발효는 어떤 역할을 하는 걸까?

4부에서는 이와 같은 양념의 과학을 다룬다. 맛의 과학을 알면 어떻게 조리해야 맛있게 음식을 하고, 보다 건강한 식단을 구성할지에 대한 답을 찾을 수 있기 때문이다. 여기에서는 우리 전통 장류의 맛과 건강성을 발효의 원리에서 찾아보고, 다양한 고유의 향신료들의 성분과 그 성분들이 어떤 건강기능성을 갖는지를 최근의 연구 성과를 통해 재조명해본다.

14장

전통 양념에
담긴 과학

양념류 속 생리활성물질

조미 향신료는 기후 및 풍토에 따라 지역적 특색을 크게 나타낸다. 한국의 음식문화는 전체적으로는 두장문화권에 속해 된장과 간장을 주로 사용하지만, 삼면이 바다라는 환경에서 유래한 젓갈, 다른 지역에서 전래된 마늘, 참깨, 후추, 고추 같은 강력한 향신료를 양념으로 사용하며 식생활을 유지해왔다.

인류는 단맛, 짠맛, 신맛, 매운맛, 고소한 맛을 내는 조미 향신료를 식품의 맛과 향을 향상하고 저장성을 높이는 재료로 오래전부터 이용해왔다. 우리 민족이 즐겨온 전통 양념류의 독특한 맛과 향은 그 원료가 되는 식물의 생리활성물질에서 유래한 것이다. 마늘의 알리신, 생강의 진저롤gingerol, 겨자의 이소티오시아네이트isothiocyanate, 고추의 캡사이신 등이 그 예다. 고추의 캡사이신은 체온 상승과 지방 분해를 촉진하며, 생강의 진저롤은 지방세포 분화를 억제한다. 콩을 원료로 만든 장류, 해산물을 원료로 만든 젓갈류도 마찬가지로 그 원료에서 유래하는 영양소 및 생리활성물질과 발효 과정에서 생성되는 성분들이 고유의 맛과 향은 물론, 그것을 섭취하는 사람의 건강에도 영향을 끼친다.

이런 양념류의 주요 성분과 기능은 〈표 4-1〉과 같다.

조미료의 맛과 향에 담긴 생리학

양념은 음식의 향미香味를 올리기 위해 사용한다. 향미는 음식의 냄새와 맛이다. 코로 느끼는 음식의 향과 혀의 맛봉오리로 느끼는 다섯 가지 맛(단맛, 짠맛, 신맛, 쓴맛, 감칠맛)과 떫음, 음식의 질감 그리고 방향의 복합적인 관능 성질이다.[1] 음식 맛은 미각으로만 느끼는 것이 아니다. 음식에 의해 후각과 미각이 함께 자극되었을 때 경험하는 느낌을 향미라고 한다.

한국인이 오랫동안 사용해온 조미료로는 인류 공통인 소금, 식초, 꿀(설탕) 등에 우리만의 전통 조미료인 간장, 된장, 고추장, 참기름, 들기름을 꼽을 수 있다.

이 조미료들은 각각 고유한 맛과 향을 가지고 있다. 예를 들어, 가장 기본적인 조미료인 소금의 주성분은 염화나트륨NaCl이다. 염화나트륨은 음식 맛을 돋우는 기능 외에도 삼투압 조

표 4-1 전통 양념의 주요 성분과 기능

양념류	주요 성분	기능 및 생리적 작용
간장, 된장, 고추장	각종 유기산(포름산formic acid, 아세트산acetic acid, 프로피온산propionic acid, 부티르산butyric acid), 각종 알코올류, 핵산 관련 물질	단백질 분해효소 단백질 공급 아밀로스, 프로테아제 소화 용이 정장 작용
식초	아세트산	신맛, 식욕 증진
젓갈	유리아미노산, 아미노산 분해물, 비활성 유기산, 아민류, 핵산 관련 물질	정미 성분, 복합미, 감칠맛
고추	캡사이신, 비타민A, 비타민C	매운맛 성분: 위산 촉진, 칼슘 용해도 촉진 비타민A, 비타민C의 급원
참깨 (참기름)	리놀레산linoleic acid: 40~45% 리놀렌산linolenic acid: 0.6% 아라키돈산arachidonic acid: 0.4% 알파토코페롤α-tocopherol: 45mg	필수지방산 급원 혈청 콜레스테롤 강하 항산화제-지질 산패 예방 지용성 비타민 흡수 용이
마늘	알리신, 황화 알릴류	식욕 증진 신경 계통 자극-혈액 순환 왕성 살균 작용
생강	진저론, 쇼가올	비린내 제거 맛과 향 증진
파	비타민A, 비타민C, 알릴설파이드, 칼슘, 인, 철분	매운맛 성분 살균·살충 효과
후추	휘발성 성분(피넨페란드렌, 피페로날) 매운맛(피페린, 차비신, 피페리딘)	맵고 향기로운 풍미 방부 효과
초피	리모넨, 게라니올, 시트로넬랄, 산쇼올	향기 성분 매운맛-살충 작용 해독 작용

절, 신경 전달, 근육 수축 등 인체의 중요한 생리 작용에 관여한다. 소금의 나트륨 이온(Na^+)은 맛의 감지를 증가시키고, 다른 맛들을 더욱 선명하게 느끼게 하는 증진 효과가 있다.

한국의 전통 발효 조미료인 간장과 된장에는 단백질이 분해되어 생성된 아미노산이 풍부해 짠맛 외에도 감칠맛을 낸다. 그 아미노산 중 하나인 글루탐산은 감칠맛의 주성분이다. 발효 과정에서 생성되는 펩타이드류와 유리아미노산은 깊은 맛을 내게 하며, 휘발성 성분들이 고유한 향을 만들어낸다. 특히 고추장은 캡사이신에 의한 매운맛, 소금의 짠맛, 전분의 단맛, 단백질 분해물의 감칠맛이 조화를 이룬 복합 조미료다. 발효 과정에서 생성되는 유기산이 신맛을 더하고, 다양한 휘발성 성분이 특유의 향을 만들어낸다.

식초의 주성분인 아세트산(초산)은 신맛을 내며, 발효 과정에서 생성되는 다양한 유기산과 에스테르류는 복합적인 향미를 형성한다. 식초는 식품의 pH를 낮춰 보존성을 높이고, 다른 맛을 선명하게 하는 맛 증진 효과도 있다.

참기름 특유의 향은 세사민, 세사몰린 같은 티그난lignan 화합물과 황 함유 화합물에 의해 생성되며, 들기름의 향은 알파리놀렌산의 산화로 생성되는 휘발성 화합물에서 유래한다. 이러한 식물성 기름은 지용성 향기 성분들의 전달체 역할도 한다.

한국 양념의 약리 효과

조미료와 향신료는 단지 맛과 향을 내는 것뿐 아니라 인체에 긍정적인 약리적 효능을 나타낸다. 조선 초기 식사 요법서인《식료찬요》와 허준의 의서인《동의보감》 등에서 인용하고 처방한 것처럼, 우리가 오랫동안 양념으로 이용해온 조기료와 향신료는 건강 효과에 대한 임상적인 근거를 가지고 있다. 오늘날에는 기존에 알려진 경험적 효능에 그치지 않고 인체에 영향을 미치는 성분과 메커니즘을 밝히기 위한 임상 연구가 활발히 진행되고 있다.

한식의 전통 양념들은 맛을 돋우는 단순한 역할 이상의 기능을 가지고 있다. 발효 조미료들은 프로바이오틱스probiotics(유익균)와 생리활성물질을 제공한다. 장류와 같은 발효 조미료는 유산균 등의 유익균을 함유하고 있어 장내 미생물 균형에 도움을 준다. 또한 발효 과정에서 생성되는 다양한 펩타이드와 대사산물들은 면역 조절 기능을 한다. 콩을 주원료로 제조된 전통 발효식품인 장은 한국에서 음식의 맛과 향을 더할 때 가장 많이 활용되는 천연 조미료다.

한국인이 주로 사용하는 대표 향신료들의 피토케미컬phyto-chemical은 항산화, 항염증, 면역 증진 효과를 가지고 있다. 예를 들어 마늘의 유기 황 화합물, 생강의 진저롤, 고추의 캡사이신 등은 강력한 항산화 작용을 한다. 이들은 활성산소를 제거하고 산화 스트레스를 감소시켜 노화 관련 질환을 예방하는 데 도움을 준다.

이와 같은 전통 양념의 과학을 조금 더 상세히 파악해보자.

15장

한국 장류의 과학,
맛과 건강

장 만들기의 과학

전통 장 만들기: 메주에서 간장까지

우리 민족은 예로부터 콩으로 메주를 띄워 된장과 간장을 함께 만들어왔다. 가을에 콩을 수확해 일부는 겨울 전에 바로 먹고, 남은 콩은 저장을 위해 서늘한 바람에 잘 말리고, 그 콩을 삶아 메주를 띄워 겨우내 발효시켜 장을 담갔다.

메주 만드는 방법을 살펴보자. 메주콩을 물에 불린 다음 충분히 삶아 절구로 찧어 나무 상자로 성형하거나 덩어리로 빚는다. 이를 며칠 동안 방에 두어 꾸덕꾸덕하게 마르면, 볏짚으로 메주 덩어리를 묶어 따뜻한 방 안에 매달아둔다. 봄이 되면 볏짚을 풀고 방 안에서 1~2주 정도 더 띄운 다음, 밖으로 꺼내 햇

볕에서 3~7일간 말린다.

메주를 만드는 것은 결국 미생물이다. 메주 덩어리를 따뜻한 방 안에 보관하는 동안 볏짚이나 공기로부터 여러 가지 미생물이 자연적으로 메주에 붙는다. 이렇게 착생한 미생물이 단백질 분해효소인 프로테아제protease와 전분 분해효소인 아밀라아제amylase를 분비하면서 콩을 분해해 장에 고유한 맛과 향을 내는 미생물이 더 번식하게 되는 것이다.

충분히 발효된(띄운) 메주는 소금물에 담그는데, 이것이 장 담그기다. 그 계절(음력)에 따라 1월장, 2월장, 3월장으로 부르는데, 담그는 시기와 지역에 따라 기온이 다르므로 소금의 농도와 발

효 기간도 달라진다. 예를 들어, 서울의 3월장이라면 메주와 소금, 물의 비율은 1:1:4가 표준이다. 그에 비해 기온이 낮을 때 담그는 1월장이나 2월장은 소금 농도를 조금 낮게 즈정한다.

메주 덩어리를 적당하게 쪼개 항아리에 채우고 미리 만들어놓은 소금물을 가득 채운다. 이때 소금물의 농도를 20퍼센트 전후[소금 농도: 소금/(소금+물)×100=1/(1+4)×100=20%]로 맞추면 된다. 항아리를 햇빛이 잘 드는 곳에 놓고 볕을 잘 받게 하면서 발효시키는데, 발효 기간 또한 시기에 따라 달라 1월장은 약 3개월, 2월장은 약 2개월, 3월장은 약 1.5개월이 걸린다. 이 기간이 지나면 장 가르기를 하는데, 덩어리는 건져내 된장을 만들고, 남은 국물을 걸러 간장을 얻는다.

[메주 만드는 과정]

콩 → 수침 → 삶기 → 부수기(절구질) → 성형 → 겉말림 →
재우기 → 건조(햇빛) → 메주

[재래된장과 간장 만드는 과정]

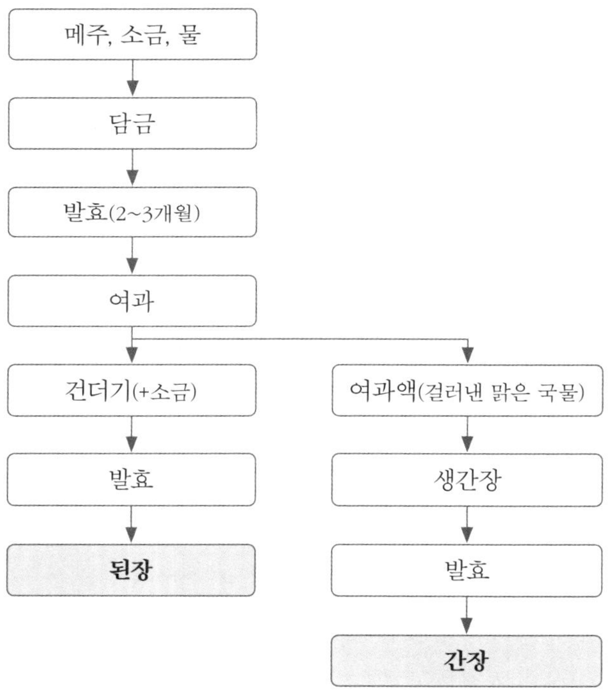

이처럼 된장과 간장은 동일한 제조 공정으로 만들어진다. 재
미있는 것은 된장이 만들어질 때 마이야르 반응이 일어난다는
것이다. '마이야르 반응'이란 프랑스의 화학자 루이카미유 마이

   4부 양념의 맛과 향 그리고 건강의 과학

야르Louis-Camille Maillard가 1912년 발견한 화학반응을 가리키는 말로, 아미노산 화합물과 환원당이 열을 받아 반응하면서 음식의 색깔을 갈색으로 변화시키고 특유의 향과 갓이 만들어지는 현상이다. 빵이나 쿠키를 구울 때 표면이 노릇노릇해지는 것이나 고기를 구울 때 표면이 갈색으로 변하면서 특유의 풍미가 나는 것이 이 반응 때문이다.

메주와 소금, 물을 항아리에 넣고 2~3개월 숙성시키는 과정에서도 마이야르 반응이 일어나 짙은 갈색이 나는데, 이때 간장과 된장을 분리한다. 이렇게 1차 발효된 상태는 아직 미숙성 상태이므로 다시 후숙 기간을 거쳐 비로소 우리가 조미료로 사용하는 간장과 된장이 완성된다.[2]

개량간장 만드는 방법

전통적인 방법으로 만드는 재래간장은 발효를 순전히 자연에 의지하기에 그 과정과 맛에 변수가 작용할 여지가 많다. 이를 개선하기 위해 개발된 것이 개량간장이다.

개량간장은 메주를 만들어 볏짚 등의 미생물이 자연히 붙게 하는 대신, 순수 배양한 곰팡이를 이용한다 단백질과 전분을 분해하는 효소를 보다 많이 분비하는 곰팡이(황국균인 *Aspergillus oryzae* 및 *Aspergillus sojae*)를 순수 배양해 만든 종국을 이용하는데, 선별 배양한 미생물을 이용할 뿐 과정 자체는 재래 장처럼 미생물에 맡기는 자연적인 발효를 따른다.

과정은 다음과 같다. 볶은 통밀가루에 종국을 잘 섞은 다음 삶은 콩에 섞는다. 이때 밀가루 분량은 콩 무게의 10~30퍼센트로 한다. 이를 가지고 메주를 빚어 26~27도를 유지하는 실내(메주방)에서 발효시킨다. 2~3일이 지나 곰팡이의 흰 균사가 메주를 덮어 황록색의 포자가 발생하면 꺼내 햇볕에서 꾸덕해질 때까지 말린다. 말린 메주(콩고지)를 소금물에 담가 1.5~2개월이 지나면 발효가 거의 끝나는데, 그러면 장 가르기를 한다. 건더기를 걸러 된장을 만들고, 맑은 국물에서 간장을 얻는다.

[개량간장 만드는 방법]

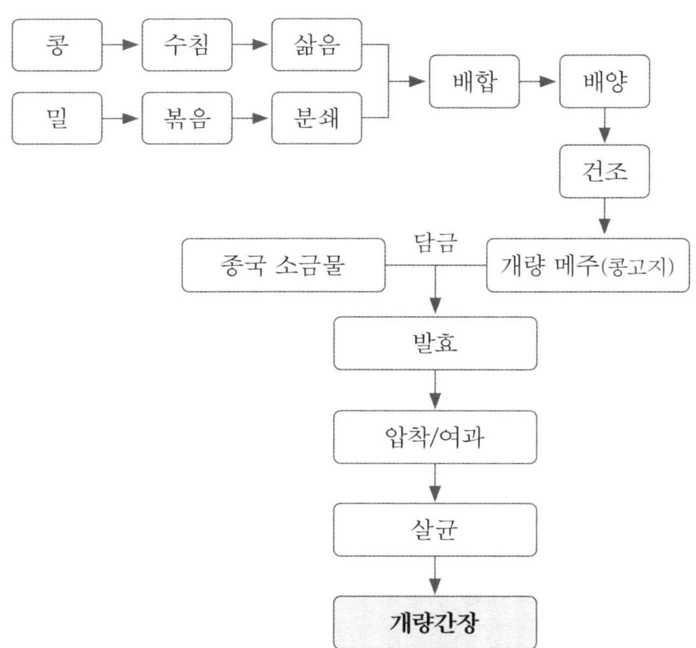

산 분해 간장, 아미노산 간장, 왜간장?

산 분해 간장 혹은 아미노산 간장으로 불리는 간장이 있다. 일제강점기부터 만들어진 것이라 일본을 뜻하는 '왜倭' 자를 써서 왜간장으로 부르기도 한다. 이는 메주를 빚지 않고 탈지 콩가루나 밀 글루텐 등의 단백질을 산으로 가수분해하여 만든다. 즉, 자연의 미생물이 아니라 화학반응으로 발효를 대체하는 것이라 화학간장이라고 한다.

발효 간장보다는 맛이나 향기가 떨어지지만, 이를 제조하는 이유는 값이 싸다는 장점이 있기 때문이다. 특히, 전쟁 시나 경제 사정이 어려울 때 속성의 아미노산 간장을 많이 생산했다.

콩과 건강

장류는 한국 음식에 맛과 향을 더하기 위해 가장 많이 활용되는 천연 조미료다. 그러나 장류는 나트륨 함량이 높은 식품으로 지목되기도 한다. 한국인은 김치를 통해 나트륨을 가장 많이 섭취하고 장이 그 뒤를 잇는다. 나트륨 과잉 섭취는 매년 증가하는 고혈압 유병의 주요 요인으로 알려져 있다.[3] 따라서 건강 측면에서 본다면 장류를 부정적인 조미료로 생각할 수 있다. 그러나 장을 먹지 않고 서구식 식사를 하면 건강해지는 걸까?

현재 많은 연구를 통해 전통 장류가 건강 개선에 끼치는 영향이 재조명되고 있다. 특히 항산화성, 항암성, 항돌연변이성, 혈전용해성에 효과를 가진 생리활성물질들이 계속 밝혀지고 있다.

콩의 영양소와 생리활성 효과

장은 콩을 원료로 만든다. 발효 과정이나 첨가되는 식품에 따라 영양과 효능이 다소 달라지지만, 기본적으로 장의 영양과 효능은 콩에서 비롯된다. 따라서 콩의 영양과 효능은 장의 영양과 효능이기도 하다. 따라서, 콩은 어떤 영양소와 생리활성물질을 함유하고 있는지 먼저 알아보고자 한다.

콩은 우리 민족에게 매우 중요한 단백질 공급원이었다. 한자로 대두大豆, 대두大荳, 숙菽, 융숙戎菽, 원두元斗, 두자豆子, 황대두黃大豆 등으로 표기되며, 만주 지역이 원산지로 알려져 있다. 예로부터 동북아시아에서 매우 중요한 작물이었다.

콩은 고기와 비교해 단백질 함량이 뒤지지 않으며 칼슘 등 주요 성분은 콩이 훨씬 많다(표 4-2 참고). 육류엔 칼슘이 거의 함유되어 있지 않아 채소류와 함께 먹지 않고 육류만 섭취하면 스트레스 저항력이나 면역력이 약화되어 질병에 걸리기 쉽다. 이에 비해 콩은 인체가 필요로 하는 영양소의 균형이 맞아 면역력을 강하게 할 뿐만 아니라 당질이나 철분도 넉넉해 육류를 대체하는 단백질 공급원으로 바람직하다.

특히 채식인에게 부족하기 쉬운 필수 아미노산을 충분히 공급하며, 그 질도 육류보다 낫다. 콩이 포함하는 비타민의 종류는 적지만(비타민A, E, K와 약간의 B군), 육류 비타민과 달리 체내 흡수가 잘된다. 또 콩에는 섬유질이 풍부해 체내 대사산물로 나오는 독소를 흡착해 배출시킨다. 체내에 남은 대사산물은 간과 신장에 부담을 주며 직장암과 대장암의 원인이 되기도 하므로,

	대두, 노란색, 말린 것 기본(100g)	강낭콩, 말린 것 기본(100g)	쇠고기(한우, 양지, 생것 기본(100g))	닭고기, 가슴, 생것 기본(100g)
단백질(g)	36.21	21.01	18.58	22.97
당류(g)	6.64	3.32	0	0
지방(g)	14.71	1.41	18.59	0.97
칼슘(mg)	260	99	5	4
철(mg)	6.66	6.22	1.92	0.28
티아민(mg)	0.553	0.329	0.009	0.203
비타민A(μg)	1	9	12	10
니아신(mg)	1.64	3.77	2.301	10.815
식이섬유(g)	25.6	25.6	0	0

표 4-3 콩과 고기의 8가지 필수 아미노산 성분 비교표[4]

	대두, 노란색, 말린 것 기본(100g)	쇠고기 (한우, 양지, 생것 기본(100g)	돼지고기, 살코기, 생것 기본 (100g)
이소루신(mg)	1,314	704	834
루신(mg)	2,576	1,456	1,478
라이신(mg)	2143	1,550	1,559
메티오닌(mg)	473	415	490
페닐알라닌(mg)	1,638	729	751
트레오닌(mg)	1,348	775	892
트립토판(mg)	404	181	184
발린(mg)	1,379	778	958

성분	함유량	성분	함유량
수분(g)	52.5	칼슘(mg)	92
단백질(g)	12.5	인(mg)	195
지방(g)	5.59	철(mg)	2.17
당류(g)	5.4	비타민B$_1$(mg)	0.763
식이섬유(g)	9.1	비타민B$_2$(mg)	0.132
회분(g)	10.91	비타민C(mg)	4.2

체내 대사산물의 배출은 건강에 매우 중요하다. 또한 콩은 포화 지방이 적고, 균형 잡힌 무기질(칼륨, 철, 인 및 칼슘)을 함유하고 있다.

콩의 단백질

단백질은 우리 몸을 구성하는 가장 기초적인 세포 원형질의 주성분으로, 생명 활동에 빼놓을 수 없는 아미노산이 결합하여 만들어진 것이다. 단백질은 또한 신체 곳곳에 영양분과 산소를 공급해 원활하게 돌아가도록 하는 혈액의 기본 성분이기도 하다. 콩은 다른 식물성 식품과 달리, 동물성 식품에 많은 필수 아미노산을 함유하고 있어 콩을 포함하는 식단은 동물성 식품의 필요량을 상당히 줄일 수 있다.

콩 단백질은 칼슘 흡수 이용률을 높인다. 실제로 골다공증 환자에게 소뼈를 고아 먹여도 골다공증이 완화되지 않았지만, 콩을 섭취하면 골다공증 예방은 물론 증상 완화에 도움이 된다. 고기의 단백질을 섭취하면 요산이 많이 생기고 이를 분해 배출하기 위해 신장이 과로하기 쉽다. 이는 통풍이나 당뇨의 원인이 되고, 필연적으로 함께 섭취하는 동물성 지방이 혈관에 찌꺼기를 만들어 혈액 순환에 장해를 일으킬 우려도 있다. 그러나 콩은 이런 걱정 없이 양질의 단백질을 제공한다.

또한 콩에 함유된 양질의 단백질에는 글리신glycine이라는 아미노산이 많이 함유되어 있는데, 이것이 외부로부터 침입하는 세균의 활동을 억제한다. 특히 충치 관련한 세균의 활동을 크게 억제한다. 충치의 병원균 중 가장 잘 알려진 것이 뮤탄스 연쇄구균인데, 이 세균은 당분을 덱스트란dextran이라는 끈적끈적한 물질로 바꾸어 치아 표면에 달라붙게 한다. 몸의 저항력이 약해지면 덱스트란은 치아의 내부에 침입해 증식을 거듭하며 치통과 염증을 일으킨다. 콩의 단백질에 포함된 글리신과 불포화지방산은 뮤탄스 연쇄구균이 당분을 덱스트란으로 바꾸는 활동을 억제해 충치를 예방하는 효과가 있다.

콩의 영양소

콩은 철분, 구리, 망간 등 중요한 무기질도 닳이 함유하고 있다. 이는 필수 영양소의 결핍과 빈혈 및 비만을 예방한다. 혈액 속의 적혈구 숫자가 줄거나 헤모글로빈(철분을 함유한 단백질)이 모자라는 상태를 빈혈이라고 하는데, 이는 철분, 비타민B_{12}, 엽산, 양질의 단백질 등이 부족할 때 생긴다. 이러한 영양소 결핍성 빈혈은 영양 불균형을 만드는 다이어트와 나쁜 식사 습관, 위장 출혈, 감염, 류머티스, 신장염, 암 등에 의해 발생한다. 이때 가장 적절한 해결책이 콩, 채소와 과일류인데, 그중 콩은 영양소가 풍부해 더욱 좋다.

콩에 함유된 칼슘은 또한 동맥경화 예방에 효과가 있다. 칼슘은 신진대사를 원활하게 하기 위한 각종 효소의 작용에 관여한다. 칼슘의 섭취가 적거나 질병에 의해 혈액 속 칼슘의 양이 적어지면 인체는 신진대사를 위한 각종 효소의 작용을 위해 뼈에서 칼슘을 빼낸다. 이때 외부로부터 칼슘이 공급되면 칼슘은 다시 뼈로 돌아가는데, 이 과정을 조정하는 물질이 포스파타아제phosphatase라는 효소다. 젊고 건강할수록 이 포스파타아제의 조율 기능이 좋고, 나이가 들고 몸이 허약할수록 저하된다. 이 포스파타아제의 기능이 떨어질 때 동맥경화가 발생한다. 노화로 인해 포스파타아제의 기능이 저하되면, 외부에서 칼슘을 공급해도 혈액 속 여분의 칼슘이 뼈로 돌아가지 못하고 혈관 벽에 침착된다. 동맥경화가 일어나는 것이다. 칼슘은 단백질과 같이 섭취할 때 흡수율과 이용률이 좋아지는데, 콩에 포함된 양질의 단백질은 칼슘의 흡수율과 이용률을 보다 높인다. 또한 콩에 함유된 리놀레산과 비타민E가 포스파타아제의 작용을 원활하게 해 동맥경화를 예방한다.

콩의 다이어트 효과

현대인은 필요 이상의 칼로리를 섭취하면서도 이를 소비하는

　　　　　　　　　4부　양념의 맛과 향 그리고 건강의 과학

운동량이 절대적으로 부족하기 때문에 비만의 위험에 노출되어 있다. 비만이 그저 외모의 문제라면 걱정할 것이 없지만, 각종 성인병의 원인이 되기 때문에 문제다. 게다가 비만에서 벗어나기 위해 무리한 다이어트를 진행하면 더 큰 문제가 생긴다. 잘못된 다이어트는 필수 영양소의 부족을 야기할 수 있을 뿐 아니라 인체가 현재를 위기로 인식하게 하여 더욱 비만을 부추긴다.

바른 다이어트를 하려면 인체가 필요로 하는 영양을 충분히 공급하면서, 과다하게 축적된 지방을 소비해야 한다. 가장 바람직한 방법은 여러 가지 영양분이 함유된 균형 잡힌 식단을 마련하고, 천천히 오래 씹어 먹으면서 여러 번으로 나누어 식사하며, 칼로리를 소비하는 유산소 운동과 다소 힘에 겨울 정도의 근력 운동을 함께 지속하는 것이다. 특히 동물성 지방을 되도록 먹지 않고 양질의 단백질은 많이 섭취하는 것이 중요하다.

그러한 식단에 적합한 식품이 바로 콩이다. 콩에는 다이어트에 좋은 양질의 단백질 및 식물성 지방이 풍부하고, 식물성 식품에 부족하기 쉬운 라이신과 아르기닌이 많으며, 콜레스테롤 감소에 효과가 있는 리놀레산을 포함한 불포화지방산도 많다. 콩에 함유된 지방은 항산화 작용에 효과가 있는 비타민E, 비타민A, 비타민D 등의 흡수에도 도움을 준다.

콩에는 이소플라본isoflavone(제니스타인genistein, 다이드제인 daidzein)과 같은 식물성 화학물질이 포함되어 있어 건강 증진에 매우 효과적이며, 장을 먹을 때도 마찬가지 효과를 낸다. 특히 콩에는 이소플라본 성분이 다량으로 들어 있는데, 여성 호르몬

과 유사한 작용을 하여 뼈를 튼튼히 하고 기혈의 흐름을 부드럽
게 한다.

콩의 피틴산phytic acid과 사포닌saponin 등은 인간의 생체리듬
을 조화롭게 도와주는 작용이 있으며, 특히 항암 작용과 제독
작용을 하여 건강에 도움이 되는 것으로 알려져 있다.

콩의 식이섬유

콩에는 비만·영양 과다·당뇨를 예방하고 장을 편하게 하는 섬
유질이 풍부하다. 쌀 같은 곡식을 도정하면 맛은 좋아지고 적은
양으로도 칼로리를 충족할 수 있게 되지만, 여분의 칼로리가 중
성지방질로 축적되어 비만과 지질 과다의 상태에 빠져 성인병의
위험에 노출된다. 이뿐 아니라 도정을 통해 곡물의 씨눈과 속껍
질에 함유된 필수 영양소가 손실되는데, 가장 크게 손실되는 것
이 섬유질, 즉 식이섬유다.

콩에는 셀룰로오스, 리그닌, 펙틴, 헤미셀룰로오스 등의 식이
섬유가 있는데, 셀룰로오스는 식물 세포벽을 구성하는 기본 물
질이며, 헤미셀룰로오스는 식물의 잎 및 종자에 있는 탄수화물,
펙틴은 식물의 세포벽과 세포 사이의 층을 이루고 있는 물질,
리그린은 세포막을 이루는 까슬까슬한 물질이다. 식이섬유는
물에 녹는 수용성 섬유질과 녹지 않는 불용성 섬유질로 나눌
수 있는데, 특히 수용성 섬유질이 변비 예방과 다이어트에 효과
가 있다.

식이섬유는 대장 질환을 예방한다. 섬유질이 적은 식사를 하

　　　　　　　　　　4부 양념의 맛과 향 그리고 건강의 과학

면 변의 양이 적어진다. 변의 양이 적으면 배설이 안 되고, 배설
이 안 되면 변은 더욱 단단해진다. 그렇게 되면 억지로 변을 봐
야 하는데, 배변을 위해 힘을 무리하게 주면 압력이 높아지고,
그로 인해 결장 벽이 부풀 수도 있다. 또한 장기간 남아 있는 변
에 의해 대장에 문제가 생길 수 있다. 콩의 섭취는 원활한 배변
을 유도해 변비와 대장암 등의 예방과 다이어트에 효과가 있다.

콩의 식이섬유는 음식으로 섭취한 영양소의 체내 흡수를 조
절한다. 탄수화물이나 지방 등이 장을 통과하면서 너무 빠르게
흡수되지 않도록 하는 것이다. 또한 체내 콜레스테롤의 수치를
낮추어 동맥경화를 예방한다. 이는 장 속에 들어간 식이섬유가
담즙의 소비를 촉진하는 효과가 있기 때문이다. 담즙의 주성분
은 담즙산인데, 이 담즙산은 섬유질과 결합해 몸 밖으로 배출
된다. 그러면 간은 체내의 콜레스테롤을 재료로 담즙산을 새로
만들어내므로 간 속의 콜레스테롤이 줄어들고, 그 결과 혈액 속
의 콜레스테롤 수치 역시 낮아지게 된다. 혈중 콜레스테롤의 수
치가 낮아지면 동맥경화의 위험도 그만큼 줄어든다.

식이섬유는 장 속에 있는 갖가지 유해균이 활약할 기회를 줄
이며 일부는 체외로 배출시키기도 한다. 식이섬유는 장내 유익
균(유산균, 바실루스균 등)의 먹이가 되어 이들의 증식을 돕는다.
반면 대부분의 병원균(장티푸스균, 콜레라균 등)은 식이섬유를 이
용하지 못한다. 따라서 섬유질이 장으로 들어가면 유익균은 활
발히 활동하고, 병원균은 활동이 억제된 채 섬유질과 함께 배설
된다.

장류는 대표적인 전통 발효음식으로, 장류의 건강상 이점은 곧 장 속 미생물의 작용으로 인한 효과라고 볼 수 있다. 갓 태어난 아이의 신체는 약 3조 개, 어른의 경우에는 60조에서 100조 개의 세포로 이루어져 있다고 한다. 인간의 몸은 세포만으로 구성되어 있지 않다. 우리 몸에는 세포 수보다 10배가량 많은 미생물이 존재하는데, 이 미생물들은 우리 몸이 정상적으로 활동할 수 있도록 음식물 등을 분해하면서, 병을 일으킬 수 있는 미생물의 증식을 막는 역할도 한다. 신체 내부뿐 아니라 피부나 두피에도 수많은 미생물이 밀집해 활동하는데, 이 미생물들도 외부의 병원균 침입과 감염을 방어하는 역할을 한다.

특히 수많은 미생물이 장에 서식하는데, 대장에 사는 미생물의 수는 내용물 1그램당 약 1조 마리 정도고, 이들은 우리의 몸이 직접 만들지 못하는 비타민B_1, B_2, B_6, B_{12}와 비타민K 등을 만들어낸다. 미생물이 인간 생존을 가능하게 한다 해도 과언이 아니다.

메주의 발효와 미생물

장류의 감칠맛은 메주에서 비롯된다. 메주는 장류의 영양, 맛, 풍미 및 기능성에 기여하는 아미노산과 유기산, 활성 대사산물, 그리고 아글리콘aglycone 같은 다양한 대사산물의 생성을 담당한다.[5] 된장이나 청국장을 먹으면 장이 편해진다고 하는데, 장류에 포함된 유익균이 장내 유해균의 증식을 억제하고 단백질 분해에 작용해 소화를 촉진하기 때문이다. 된장이나 청국장은 어떤 과정을 통해 어떤 유익균을 얻게 된 것일까?

자연 발효되는 전통 메주의 표면에는 공기로부터 착생한 곰팡이가 번식하는데, 그중 유용한 곰팡이로는 털곰팡이mucor, 거미줄곰팡이rhizopus 및 일부 국麴곰팡이류Aspergillus group가 있다. 전통 장류의 발효 과정 중 초기 메주에는 털곰팡이, 거미줄곰팡이 같은 접합균류가 서식하며, 발효 기간이 경과하면 국곰팡이 혹은 흰 포자를 방출하는 빗자루곰팡이Scopulariopsis brevicaulis가 착생하는 미생물 전이 과정을 일부 거치지만, 대다수는 접합균류가 전통 메주의 발효를 유도한다.

한편, 메주의 내부에는 메주콩 혹은 환경조건 자체에서 유래하는 바실루스속Bacillus 세균(고초균인 Bacillus subtilis를 비롯해 B. megaterium, B. licheniformis, B. pumilus 등)이 주로 증식하는데, 이로 인해 메주의 독특한 냄새가 발생하고 단백질 분해효소 등 각종 효소를 생성하게 된다. 된장과 청국장은 발효 기간의 차이로 해서 발효를 담당하는 균류도 다른데, 40~60일 걸리는 된장의 발효 과정과는 달리 청국장은 2~3일 정도만 발효하므로 거의 고초균에 의해서만 발효가 진행되어 메주 곰팡이가 생산하는 독소 중 하나인 아플라톡신aflatoxin이 생성되지 않는다.

이처럼 메주의 발효는 곰팡이의 작용과 세균의 작용이 모두 필요하지만, 지리적 조건과 기후 조건에 따라 그 발효를 주도하는 미생물이 달라지고, 이에 따라 대륙적인 것과 해양적인 것으로 나뉜다. 중국 북부와 한반도에서는 강수량이 적고 청명한 늦가을이나 초겨울에 메주를 만들어 이듬해 음력 정월 즈음 장을 만든다. 이때 만든 메주는 표면이 건조해 야생 곰팡이의 오염이 적고 메주 내부의 수분 함량은 높아 주로 세균(고초균)이 많이 서식하는 '세균 주도형 메주'라 할 수 있다. 반면 일본에서는 강수량이 많고 고온다습한 기후 조건 때문에 곰팡이의 번식이 왕성해 황국균을 이용한 '곰팡이 주도형 콩알 메주'가 주로 만들어진다.

장류 속의 미생물과 장내 유익균의 연합 활동

인체에 존재하는 균을 몸에 유익한 균과 유해한 균으로 나누곤 하지만, 그 경계가 명확한 것은 아니다. 유해균으로 불리는 균도 몸에서 일정한 역할을 하는데, 그 균의 수가 늘어 몸에 유해한 작용을 하게 되는 것이 문제다. 대체로 유익균과 유해균의 비율이 9:1 정도일 때 신진대사는 원활하다.

유용한 미생물을 EMeffective microorganisms이라고 하는데, 효모, 유산균, 누룩균, 광합성세균, 방선균 등 80여 종이 발견되었다. 이 유익균들은 항산화 작용을 하고, 생리활성물질을 생성하며, 부패 억제 역할을 한다. 유해균으로 꼽히는 결핵균, 콜레라균, 살모넬라균 등은 전체 미생물 중 극히 소량에 불과하다. 대부분의 미생물은 중간자적 성격을 가지고 있는데, 부패가 진행되면 부패균을 따라 부패 작용에 개입하고, 발효가 진행되면 몸이 필요로 하는 각종 영양소를 만들어 몸을 지키는 역할을

     4부 양념의 맛과 향 그리고 건강의 과학

한다.

발효를 통해 장류에 존재하게 된 유익균들은 인체의 장 내에 서식하는 균들이 유익한 활동을 하도록 돕는다. 장에 존재하는 미생물들은 면역 형성에 관여하는 것으로 알려져 있는데, 특히 신생아의 피부, 점막, 장의 미생물은 해당 미생물에 대한 면역뿐만 아니라 향후 인체에 침입하게 될 병원체에 대한 면역의 기초를 형성한다. 또한 장내 미생물은 비타민 합성, 소화 과정에서 분해되지 않은 섬유질의 분해를 돕는다. 장내 미생물들은 어떤 한 종이 지나치게 증식하는 것을 막기 위해 서로 경쟁하며 평형을 유지하는데, 균총이 균형 잡힌 상태에서는 병원균의 침입이 억제된다.

정상적인 면역력을 가진 경우에 장내 세균은 무해하며 오히려 유익한 작용까지 한다. 하지만 면역력이 약해지면 장내 세균이 질병을 일으킬 수 있는데, 이를 '기회감염'이라고 한다. 헬리코박터균이나 대장균이 문제를 일으키는 것도 기회감염이라 할 수 있다. 장류를 섭취함으로써 체내에 들어온 유익균은 헬리코박터균이나 대장균의 기회감염을 차단하는 데에도 도움을 준다. 장류에 포함된 유익균은 장내 유익균이 균형 상태를 이루도록 돕기 때문이다.

장류에 존재하는 대표적인 유익균이 고초균이라고도 불리는 바실루스균이다. 청국장 10그램 속에는 약 300억 마리의 균이 있는데, 이 중 바실루스균은 약 100억 마리 정도다. 바실루스균은 장내 유해균의 성장과 활동을 감소시키는 정장 작용을 한다.

그런데 청국장에 있는 바실루스균은 50도 이상이 되면 모두 죽게 되므로, 청국장을 끓여 먹는 경우 바실루스균에 의한 정장 효과는 감소한다. 청국장을 5분 정도 끓이면 바실루스균과 효소, 면역 증강 물질인 핵산 등이 파괴되고 비타민B$_2$도 절반 정도로 줄어든다. 따라서 청국장이나 된장은 조리 과정에서 되도록 나중에 넣는 것이 좋고, 날로 먹으면 더욱 좋다. 날로 먹을 때 바실루스균의 장내 생존율은 70퍼센트로 알려졌는데, 참고로 유산균은 요구르트 1그램당 100만 개 정도이며 장내 생존율은 30퍼센트다.

바실루스균은 피부에 서식하는 유익균과 더불어 유해균의 활동을 크게 제약한다. 그래서 이를 이용한 바실루스 바이오닉 파우더, 믹싱 토너, 에센셜 피니시 같은 화장품이 개발되기도 했다. 장류의 섭취도 피부를 좋게 하는 데 도움이 된다. 장류에 포함된 유리지방산은 유화제로 작용하여 피부의 건조함과 거침을 방지한다. 또한 유리지방산은 색소세포 형성의 중간 단계인 티로시나아제tyrosinase의 활동을 억제해 멜라닌의 생성을 막아준다.

날콩보다 장

앞에서 콩이 지닌 영양소와 생리활성물질에 관해 설명했는데, 그렇다면 콩을 생으로 먹는 것이 건강에 더 유용하지 않을까? 그런데 생콩에는 트립신 저해제trypsin inhibitor가 있어 단백질 분해와 소화에 관여하는 트립신의 작용을 방해한다. 생콩을 먹으면 설사를 하는 이유가 이 때문이다. 그런데 콩이 발효되어 청국장이나 된장이 되면 이 트립신 저해제는 설사를 일으키지 않고 오히려 반대의 작용을 한다. 점막성 궤양의 예방 및 치료에 작용하고 항암 작용까지 하는 것이다.

콩에는 원래 라피노오스raffinose[*], 스타키오스stachyose[**] 같은 올리고당이 있지만, 발효 과정을 거치면 미생물의 효소 작용으로 더 다양한 종류의 올리고당이 생성된다. 된장과 청국장에 함유된 올리고당은 장내 유익균인 비피더스균이 잘 자라도록 돕는다.

또한 콩에는 비타민B_2가 0.3밀리그램밖에 없고, 삶으면 0.05밀리그램으로 더욱 줄어든다. 그런데 발효 과정을 거치고 나면 0.56밀리그램으로 늘어난다. 비타민B_2는 몸의 신진대사를 왕성하게 하여 성장을 촉진하고 지방을 연소한다. 또 고산화지질의 생성을 억제해 세포의 노화를 늦추고 암 발생을 억제한다.

장류를 통해 섭취할 수 있는 영양소 중 중요한 것이 비타민B_{12}다. 비타민B_{12}는 동물성 단백질에서만 섭취가 가능하며, 대두와 두부에서는 비타민B_{12}가 검출되지 않는다. 그런데 된장과 청국장에서는 비타민B_{12}가 다량으로 생성되는 것이 확인되었다. 이는 미생물에 의한 발효 과정의 결과다. 발효 과정을 통해 리보플라빈은 2배, 니아신은 7배, 비타민B_{12}는 33배 증가되었다.

---

[*] 갈락토오스, 글루코오스, 프럭토오스가 복합된 삼당류.
[**] 설탕에 갈락토오스가 2분자 결합한 사당류.

리보플라빈, 니아신, 피리독신, 비타민B$_{12}$는 주로 우유나 고기로부터 얻기에, 채식인들은 비타민 영양제에 의존해야 했다. 된장과 청국장은 채식주의자나 채식 위주의 한식을 선호하는 노인에게 반드시 필요한 비타민B$_{12}$의 공급원이다.

오래 묵은 된장과 간장이 좋은 이유

장류의 효과는 숙성 기간에 따라 달라진다. 간장과 된장은 숙성 기간이 길수록 더욱 깊은 맛을 낼 뿐 아니라 혈당을 낮춰주는 효과를 보인다. 이러한 효과는 탄수화물의 소화·흡수 대사와 관련 있다. 소장에서 분비되는 소화 효소인 알파글루코시다아제*a-glucosidase*는 다당류와 이당류를 단당류로 전환하는 역할을 한다. 오래 숙성한 간장과 된장일수록 알파글루코시다아제의 억제 활성이 높은데,[6] 이는 혈당을 빠르게 높이는 단당류를 적게 만들어 혈당이 조절되어 당뇨병 예방이 가능하다는 것을 의미한다.

간장과 소금은 모두 짠맛을 내는 조미료다. 그런데 간장을 섭취했을 때보다 소금을 섭취했을 때 혈청나트륨 수치가 더 올랐고, 혈청레닌과 알도스테론 수치는 소금을 섭취했을 때보다 간장을 섭취했을 때 감소하는 경향을 보였다. 레닌renin은 신장에서 분비되는 호르몬으로, 안지오텐시노겐angiotensinogen을 안지오텐신I로 전환시키는 역할을 한다. 안지오텐신I은 안지오텐신 전환 효소ACE에 의해 안지오텐신II로 변환된다. 안지오텐신II는 혈관을 수축시켜 혈압을 상승시키고 부신피질에서 알도스테론

aldosterone을 분비하도록 자극한다. 알도스테론은 나트륨을 보존하고 칼륨을 제거하며 혈압을 조절하는 데 중요한 역할을 하는 호르몬으로, 알도스테론이 분비되면 신장에서 나트륨과 수분을 재흡수해 혈압을 높인다.[7] 즉 간장은 소금에 비해 나트륨과 수분의 재흡수를 감소시켜 혈관의 수축을 방지하는 효과가 있다는 의미로 해석할 수 있다.[8]

고추장의 건강 효과

고추장은 메주, 소금, 고춧가루를 찹쌀과 엿기름과 함께 발효시켜 만들며, 고추의 캡사이신 성분에 의해 매운맛을 낸다.[9] 최근 우리 전통 발효식품인 고추장의 건강상의 이점들이 과학적으로 입증되고 있다.

한국에서 진행된 연구에 따르면, 발효된 고추장은 고지방 식이로 인해 발생한 과체중을 감소시키는 데 도움을 준다.[10] 또한 고추장은 간, 부고환 및 신장 주위 지방 조직에서의 총 지질, 중성지방 및 콜레스테롤 함량을 낮추는 효과를 보였다. 이러한 효과는 고추에 함유된 다양한 캡사이신 화합물이 간에 저장된 포도당의 분해를 억제해 불필요한 포도당 사용을 막고 지방 분해를 증가시키기 때문이라고 분석되었다.[11] 그러나 해당 연구자는 고추장의 체지방 감소 효과가 캡사이신뿐 아니라 발효 중에 생성된 발효 산물에 의한 것일 수 있음을 암시했다.[12]

더욱 흥미로운 사실은 고추장이 혈중 인슐린과 신경전달물질인 카테콜아민catecholamine(아드레날린, 노르아드레날린 등 지방 분해를 촉진하는 호르몬) 농도를 높여 지방 분해를 증가시킨다는 점이다. 고추장을 섭취한 후의 분변에서는 지방 함량이 높게 나타나는데, 이는 지방이 인체에 축적되지 않고 분변으로 빠져나갔다는 의미다.[13] 주목할 만한 점은 이러한 효과가 발효를 거친 전통 고추장에서만 나타났다는 점이다. 이는 전통 방식의 자연 발효 과정에서 생성된 유익한 미생물과 발효 산물(이소말토올리고당, 작은 펩타이드 등)이 지질대사 개선에 중요한 역할을 하기 때문이다. 이처럼 고추장의 체지방 감소 효과는 고추의 캡사이신 성분과 장류의 발효 과정이 결합된 결과다.

마지막으로 주목할 만한 점은 발효 장류의 간 염증 개선 효과다. 비만으로 인한 장내 미생물 불균형은 간 염증과 밀접한 관련이 있다고 알려져 있다. 한 연구에 따르면, 고추장은 장내 미생물 불균형을 복원하고 미생물 군집을 재구성하는 데 도움을 준다고 한다. 고추장을 섭취한 실험군에서 간의 전-염증성 사이토카인 수치가 현저히 낮음이 밝혀진 것이다. 전-염증성 사이토카인pro-inflammatory cytokines은 감염, 염증 및 외상에 대한 면역반응의 조절 인자로, 병리학적 상태에서 질병을 악화시킨다고 알려져 있다. 즉, 전-염증성 사이토카인의 수치가 높다는 것은 일반적으로 염증이나 면역반응이 활성화된 상태를 나타내며, 수치가 낮다는 것은 면역반응이 억제되거나 조절되어 염증 반응이 낮다는 것을 나타낸다. 따라서 고추장 섭취로 인해 염증이 개선되었기 때문에 염증에 대항하는 면역 물질이 적게 분비된다고 해석할 수 있다. 이러한 장내 미생물 개선과 간 염증 개선 효과는 발효 메주 기반의 유익균 작용에 의한 것이므로, 된장, 청국장 등 다른 전통 발효 장류에서도 유사하게 나타날 것으로 기대된다. 종합하면, 전통 발효 장류의 섭취는 고지방 식이로 인한 장내 미생물 불균형을 복원하고 장내 미생물 군집을 재구성하며 전-염증성 사이토카인 수치를 감소시켜 궁극적으로 간의 항염증 효과를 갖는다고 볼 수 있다.

장, 무엇을 선택해 어떻게 먹어야 하나

장을 먹으면 과연 장수할까?

장이 건강식품이고 장을 먹으면 장수한다는 말을 많이 한다. 과연 그럴까? 장수하려면, 아니 건강한 삶을 오래도록 유지하려면 조건이 필요하다. 바람직한 환경과 식사 그리고 바람직한 생활태도가 어우러져야 한다. 바람직한 환경이란 자연환경만을 의미하지는 않는다. 생활환경 역시 중요하다. 바람직한 생활태도는 규칙적인 생활습관과 적절한 노동을 포함한다. 노동은 몸을 단련시키는 운동이기도 하지만 삶의 보람을 느끼도록 하는 필수적인 삶의 방식이다.

뭐니 뭐니 해도 건강의 유지를 위해 중요한 것은 바른 식사다. 장은 인체에 필요한 다양한 영양소와 생리활성물질을 가진 식품임에는 틀림없다. 그러나 패스트푸드나 각종 인공 첨가물이 포함된 식품을 섭취하면서 장만 없는다고 해서 건강한 식단일 리는 없다. 장이 아무리 오랜 전통을 지닌 발효식품이라 해도 만능 식품인 것은 아니며, 장이 가진 약점도 있다. 장을 먹어서 장수하는 것이 아니라 장도 먹고 그에 어울리는 다양한 식품도 조화롭게 먹어서 장수하는 것이다. 무엇보다 장을 '제대로' 먹는 방법을 알아야 한다.

전통 장이 좋은가, 현대 장이 좋은가

'장, 옛것이 좋은가'라는 물음은 첫째, '전통 장이 좋은가'라는 질문이고, 둘째, '오래 묵힌 장일수록 좋은가'라는 질문이다. 이와 같은 의문에 대한 일반적인 통설은 전통 장이 더 좋고, 오래 묵은 장이 좋다는 것이다. 하지만 반드시 그런 것은 아니다.

우선, 전통 장이든 현대식 장이든 장은 장이다. 장이 가진 효능에 있어 어느 것이 옳은 방법이라거나 더 나은 방법이라 할 수는 없다. 전통 장은 전통 장만의 특성을 가지고, 현대식 장은 또 나름의 특성을 가진다. 그리고 그 각각의 특성에서 얼마간의 차이가 있을 뿐이다. 다만, 산업적으로 제조한 장은 원가 절감이나 보존성 등을 위해 바람직하지 않은 식품 첨가물이 들어간 경우가 있고, 특히 산 분해 간장은 엄격한 의미에서 장의 가장 중요한 특성을 잃은, 이름만 장인 경우다.

그러나 기업이 표준화된 공정으로 대량 생산한 장은 한식 세계화와 기능성 장의 개발에 기여해왔다. 결국 전통 장이나 현대 장이냐는 선택의 문제다. 기호에 따라, 혹은 목적에 따라, 전통 장이든 현대식 장이든 선택하면 된다. 다만 해당 장의 특성이나 성분에 관해 미리 아는 것이 옳은 선택을 위해 필요하다.

 　　　　　　　　　　　4부 양념의 맛과 향 그리고 건강의 과학

두 번째, 장은 오래 묵힐수록 맛이 좋을까? 발효식품은 기간에 따라 발효의 정도가 당연히 다르다. 그리고 발효의 정도에 따라 맛이나 성분에 차이가 생긴다. 된장이나 고추장은 너무 오래 묵히면 조미료로는 쓸 수 있으나 직접 먹기에는 좋지 않을 수 있다. 반면, 애초에 조미료로만 사용하는 간장은 오래 묵힐수록 독특한 맛과 향을 갖게 된다. 이처럼 장은 묵힌 정도에 따라 각기 다른 특성을 가지며, 사용하는 사람의 선택에 따라 그 용도가 달라질 수 있다.

한국의 전통 밥상과 장

신토불이의 핵심은 '우리 것이 좋다'가 아니라 우리 먹을거리에 대한 믿음과 애정이다. 장은 그 자체로 뛰어난 식품일 뿐 아니라 각종 신토불이 식재료를 더욱 빛나게 해주는 촉매 역할을 하기 때문이다. 한국의 식재료를 보다 한국적인 갓의 음식으로 완성시키며 가장 한국적인 영양식으로 만들어주는 것이 바로 장이다. 된장, 고추장, 간장이 빠진 우리 음식은 상상하기도 어렵거니와 한국 음식이라 할 수도 없다.

그러나 장은 나트륨 함량이 높기에 고혈압 등 성인병의 원인으로 지목되기도 한다. 과다 섭취한 나트륨은 세포막에 손상을 입히고 세포 안으로 들어가 칼륨을 몰아내 내피세포를 죽게 한다. 그 결과 혈관 수축 물질이 생성돼 혈압이 높아지며 심혈관의 이상을 초래한다.

한국인이 최근 즐기는 음식들은 지나친 매운맛도 문제가

된다. 매운맛은 소화를 돕고 인체의 저항성을 높이며, 특히 기분을 좋게 하는 각종 호르몬의 분비를 돕는다. 매운맛을 내는 성분은 캡사이신이다. 캡사이신은 항암 효과, 다이어트 효과, 호르몬 분비 촉진 효과가 있다. 하지만 지나치게 매운맛을 찾는 것은 바람직하지 못하다. 신체는 매운맛을 일종의 스트레스로 받아들이는데, 이 스트레스를 극복하기 위해 취하는 각종 조치가 캡사이신의 건강 효과로 이어진다. 하지만 매운맛으로 인한 스트레스가 반복적이고 장기적으로 지속될 때에는 베타엔도르핀의 고갈, 위궤양, 소화불량, 고혈압, 당뇨, 관상동맥 질환, 발기부전 등은 물론, 불안감, 우울증, 알코올 및 니코틴 탐닉 등을 초래할 수 있다. 이는 몸의 방어기전이 수용 한도를 넘을 경우 발생하는 것이다. 또한 매운맛의 탐닉은 나트륨과 수분의 과다 섭취를 초래할 수 있는데, 이는 매운맛을 상쇄하기 위해 함께 먹게 되는 짠 양념과 물로 인한 결과다.

채소와 전통 장류를 주로 활용해 구성하는 한국의 전통 밥상은 세계적으로도 건강한 식단으로 꼽힌다. 다만 약간의 교정이 필요한데, 덜 짜고 덜 맵고 덜 강해야 할 필요가 있고, 특히 국물의 양을 줄여야 한다.

   4부 양념의 맛과 향 그리고 건강의 과학

16장

전통 향신료의 과학과 건강

우리는 양념으로 자주 사용하는 파나 마늘은 향신료로 받아들이지만, 미나리나 방풍, 깻잎 등은 향신료가 아니라 채소라고 생각한다. 그러나 향신료를 특유의 향과 맛을 가진 식물이라고 정의한다면, 우리는 알게 모르게 다양한 향신료를 사용해왔으며, 그런 향신료가 한식 양념의 근간을 이뤄왔다. 여기서는 이런 향신료의 맛과 향에 적용되는 과학과 우리 전통 향신료가 주는 건강상의 이점에 관해 살펴보자.

향신료 맛과 향의 과학

향신료의 맛과 향을 결정하는 주요 성분은 휘발성 화합물과 비휘발성 화합물로 나뉘는데, 각각의 성분이 향신료의 독특한 풍미를 만들어낸다. 휘발성 성분은 향신료의 향aroma을 결정하는 주요 화합물이다. 대부분 에센셜 오일essential oil(정유)의 형태로 존재하며, 향신료를 가열하거나 분쇄하면 쉽게 증발해 향을 맡을 수 있다. 그리고 비휘발성 성분은 맛taste을 결정하며, 주로 매운맛과 쓴맛을 낸다. 이 성분들은 향 성분처럼 쉽게 증발하지 않으며, 음식에 지속적인 맛을 부여한다.

예를 들어, 우리 민족이 향신료로 가장 많이 이용하는 고추의 향은 주로 에스테르류와 테르페노이드류와 같은 방향성 휘발 성분에서 유래한다. 또한, 피라진류pyrazines와 피리딘pyridine 등의 질소 화합물도 고추의 향미 특징으로 나타난다. 이에 비해 고추의 매운맛을 내는 성분은 캡사이신으로, 비휘발 성분이다. 이처럼 향을 내는 성분과 맛을 내는 성분이 어우러져 향신료로서 고추의 특성을 나타내는 것이다.

효과적인 향신료 사용법

향신료는 생으로 사용할 때도 있지만, 그 맛과 향이 더 잘 우러날 수 있도록 조리를 할 때도 있다. 이때 해당 향신료의 성분이 기름에 더 잘 우러나는지, 물에 더 잘 우러나는지를 파악해 이에 맞춰 조리 방법을 선택해야 한다.

예를 들어, 우리가 한약이라고 부르는 것은 향신료들의 배합이라고 할 수 있다. 약재 중 물에 잘 녹는 것은 오랜 시간 끓여 탕약으로 먹는데, 식물의 유용한 성분이 우러난 물을 약으로 먹는 것이다. 반면, 물에 추출되지 않는 성분을 가진 웅담은 소주

     4부 양념의 맛과 향 그리고 건강의 과학

에 녹여 마시는데, 이는 웅담의 유용한 성분은 알코올에 용출되기 때문이다. 그런가 하면, 우리가 흔히 하는 조리법 중에 파나 마늘을 기름에 먼저 볶아 파기름이나 마늘기름을 내는 것이 있다. 이는 파와 마늘 속 독특한 향기 성분을 기름에 용출시켜 기름에 파와 마늘의 맛과 향이 배게 하기 위함이다. 이 기름을 조리에 이용하면 독특한 향미를 제공하는 요리를 완성할 수 있다.

물론 물과 기름 같은 용매를 이용하지 않고 향신료의 맛과 향을 뽑아내기도 한다. 고추씨기름이나 참기름 같은 종자유의 경우, 씨앗을 먼저 볶아 수분을 날리고 향을 끌어낸 후 압착기로 눌러 기름을 짜낸다. 이 방법을 압착식 착유법이라 하는데, 화학 용매를 사용하지 않고 물리적인 힘만으로 기름을 추출해 영양소 파괴를 최소화한다. 가정에서도 소형 착유기를 사용할 수 있지만, 일반적으로는 전통 방앗간이나 제조업체에서 사용하는 방법이다.

향기 성분들은 대체로 휘발성이 강하고 열에 약하다. 따라서 향신료의 향을 살리기 위해서는 조리 과정에서 몇 가지 주의가 필요하다. 첫째, 파기름이나 마늘기름을 내는 것처럼 열을 가할 필요가 있을 때는 가급적 낮은 온도에서 향을 추출해야 한다. 대부분의 향기 성분은 미세한 온도 차이에 의해서도 쉽게 변화해 전혀 다른 풍미를 낼 수 있으며, 쉽게 타버릴 수도 있다.

한편 향이 나는 식물을 나물로 먹을 경우, 여러 가지 양념을 사용하기보다 식재료 본연의 향과 맛을 살려 조리한다. 그런데 나물을 만들 때에도 요령이 필요하다. 나물을 양념에 무칠 때는 손바닥으로 나물에 힘을 가하며 빠르게 무치기보다는 손가락 만을 사용해 천천히 무친다. 이걸 우리는 '조물조물'이라는 의태 어로 표현한다. 여기에는 손과 나물의 접촉면을 최소화해 손으 로 전달되는 체온으로 인한 나물의 변화를 방지하려는 과학이 숨어 있다. 손가락 끝은 혈액이 전달되는 가장 먼 곳이며 공기 에 노출되는 표면적이 넓은 편으로, 체온이 상대적으로 낮다. 이 렇게 열 발생이 적은 손가락으로 조물조물 무치는 편이 나물이 가지고 있는 향미 성분의 변화를 적게 하여 더 깊은 풍미를 느 끼게 하는 것이다.

매운맛은 단맛, 짠맛, 신맛, 쓴맛, 감칠맛처럼 미뢰로 느끼는 맛이 아니라 통증 수용체pain receptor로 느끼는 감각이다. 고추 의 캡사이신이나 생강의 진저롤 같은 성분은 온도 감지 수용체 (TRPV1)를 자극하는데, 이 수용체는 원래 43도 이상의 고온을 감지하는 역할을 한다. 따라서 매운 음식을 먹으면 '뜨겁다'고 느끼게 되는 것이다.

온도는 맛을 느끼는 데도 중요한 역할을 한다. 우리가 맛을 느낄 때는 미세한 온도 차이를 느끼는 온도 감지 수용체가 미각 수용체의 전기적인 신호와 함께 최종적인 풍미를 결정하는 데 중요한 역할을 한다. 실제 똑같은 맛을 가지고 있어도 온도에 따 라 맛을 느끼는 역치값이 차이가 나는 경우가 있다. 예를 들어, 단맛은 체온에 가까운 온도에서 가장 강하게 느껴지며, 차가운 음료는 따뜻할 때보다 덜 달게 느껴진다. 풍미가 단순히 식품이

갖고 있는 성분에 의해서만 결정되는 것이 아니라 온도라는 또 다른 변수에 의해서도 다르게 결정되는 것이다. 이런 점들을 고려하면 가열 조리 과정에서 식품의 변화는 매우 크기 때문에 정확하게 온도를 관리하는 것이 중요하다.

향신료와 건강

향신 채소는 여러 채소 중에서도 식물 영양소phytonutrients를 다량 가지고 있어 항산화 작용을 통한 질병 예방 효과가 뛰어나다. 식물 영양소는 최근 질병 예방과 관련해 가장 많은 실험과 연구가 이루어지는 분야이기도 하다. 여기서는 우리가 예로부터 양념으로 사용해온 다양한 향신료의 건강 효과를 최신 연구 결과를 통해 구체적으로 살펴보자.

고추

매운맛을 좋아하는 우리 민족이 특히 선호하는 향신료다. 고추의 매운맛을 내는 캡사이신은 항산화 효과를 갖는 것으로 평가받는다. 캡사이신은 비만의 중요한 기전인 지방 전구세포의 분화를 억제하고 지방 분해를 촉진하는 작용이 있음이 확인되었다.[14] 향후 비만 예방과 치료에 고추가 유용하게 사용될 수 있으리라 보인다.

파

최근 쪽파 추출물이 고중성지방혈증, 고인슐린혈증 및 고혈압을 억제할 수 있는 가능성이 밝혀졌다. 흰 쥐를 대상으로 과당을 투여해 고혈압을 유발하는 동물 실험에서 체중, 혈압, 지질대사 및 인슐린 생성 등의 변화를 살펴보았을 때, 쪽파 추출물을 투여함에 따라 체중 증가가 억제됨이 관찰된 것이다. 혈압 또한 쪽파의 에탄올 추출물 투여로 인해 억제되었다.[15]

마늘

최근 연구에서는 마늘이 그 조리 방법과 무관하게 DNA 손상 억제 효과가 있는 것으로 나타났다.[16] 이 연구는 각각 에탄올과 메탄올을 용매로 한 생마늘, 구운 마늘, 초절임 마늘 추출물을 각각 백혈구에 처리해 항산화력을 실험했는데, 조리 방법과 추출 용매에 관계없이 마늘이 DNA 손상 억제 효과를 가진 것으로 나타났다. 또한 마늘의 항유전독성 효과는 한국인의 일반적인 마늘 섭취 형태인 생마늘, 구운 마늘, 초절임 마늘에서 모두 탁월한 것을 알 수 있었다.

마늘이 혈압 개선 효과를 가진다는 것도 여러 연구에 의해 입증되었는데, 최근 마늘 건조 분말의 혈압 개선 효과를 실험한 연구에서도 수축기 혈압과 이완기 혈압이 모두 개선되는 효과를 보였다.[17] 비알코올성 지방간 질환을 가지고 있는 환자를 대상으로 진행한 이란의 실험에서는 마늘을 섭취한 그룹에서 간 지방증이 개선되는 효과를 보였다. 이 실험은 지방간뿐 아니

라 체중, 혈청 ALT와 AST 같은 간 수치, 공복혈당. 당화혈색소
(HbA1c), 총 콜레스테롤과 LDL 콜레스테롤, 중성지방 농도가 효
과적으로 감소한 것을 확인했다.[18]

마늘 섭취는 체중 감소 효과도 갖는데, 이는 마늘의 알리신과
S-알릴시스테인s-allyl cysteine 같은 황 화합물이 AMPK(아데노신
모노포스페이트 활성화 단백질 키나아제)의 활동을 증가시키기 때
문이다. 이 단백질은 신체의 에너지 사용을 증가시키고, 결과적
으로 열을 발생시켜 지방을 연소시킨다. 마늘 섭취는 신체의 에
너지 소모를 증가시킴으로써 체중 감소에 도움을 준다.[19]

계피

계피는 다양한 방식으로 혈당 조절에 도움을 준다는 것
이 밝혀졌다.[20] 임상 시험에서 계피cassia를 하루 500밀리그램
에서 6그램 정도 복용했을 때, 약을 복용하지 않는 당뇨 환자
나 당뇨 전 단계 환자, 당화혈색소가 높은 환자들의 혈당 조
절이 개선된 것이 확인되었다. 계피의 주요 활성 성분인 신남
알데히드cinnamaldehyde와 쿠마린coumarin, 프로안토시아니딘
proanthocyanidin 등의 폴리페놀 화합물이 인슐린 수용체를 활성
화시키고, 포도당 운반체가 더 활발하게 움직이도록 만들고, 간
에서의 당대사를 조절하고, 장에서 당 분해효소를 억제하는 효
과가 있다.

시나몬cinnamon 관련 연구에서는 인슐린 저항성이 기억력 손
상을 유발한다는 점에 주목해 12주간의 동물 실험을 통해 폴리

페놀 화합물과 신남알데히드가 뇌에 미치는 영향을 관찰했다.[21] 실험 결과, 고지방/고과당 식이로 인해 감소했던 인슐린 감수성이 시나몬을 섭취함으로써 개선되었다. 또한 시나몬이 대사질환 환자들의 여러 심혈관대사 위험인자들을 유의미하게 개선하는 것으로 나타났다.[22]

생강

생강은 다양한 연구에서 염증 완화 및 진통 효과가 있는 것으로 밝혀졌다. 생강의 주요 활성 성분인 진저롤, 쇼가올shogaol 등을 추출해 만든 생강 보충제는 성인의 염증 및 산화 스트레스 지표를 개선하는 것으로 나타났으며, 기존의 비스테로이드성 항염증제와 유사한 효과를 보이면서도 부작용은 더 적은 것으로 확인되었다. 또한 혈당 내성, 산화 스트레스, 지질 프로필 개선에도 도움이 되는 것으로 밝혀졌다.[23] 생강은 골관절염 환자의 통증을 감소하고 관절 기능을 개선하는 효과도 있었는데, 이는 일반적인 진통제인 아세트아미노펜과 유사한 수준의 효과다.[24] 이러한 생강의 효능은 주요 활성 성분인 진저롤, 쇼가올, 진저론, 파라돌과 같은 페놀 화합물들의 작용 때문이다.

또한 생강 보충제는 수축기 혈압을 6.36mmHg, 이완기 혈압을 2.12mmHg 유의미하게 낮추는 것으로 나타났다.[25] 특히 50세 이하의 성인, 8주 이하의 단기 섭취, 하루 3그램 이상의 고용량 섭취에서 혈압 강하 효과가 더 크게 나타났다.

깻잎

깻잎은 혈전 용해와 혈압 조절에 도움을 주는 성리활성 기능성이 높은 채소로 알려져 있다. 깻잎에 함유된 폴리페놀 화합물은 혈전 용해 활성을 나타내며, 안지오텐신 전환효소ACE 저해 효과를 통해 고혈압 예방에 도움을 준다. 안지오텐신 전환효소는 혈압을 높이는 호르몬인 안지오텐신II를 생성하는 효소로, 이를 억제하면 혈압이 낮아진다. 깻잎의 이러한 효능은 로즈마린산, 페릴알데히드perillaldehyde 등의 활성성분 때문이며, 특히 알코올 추출물에서 혈전 용해 활성이, 물 추출물에서 ACE 저해 활성이 높게 나타나 고혈압 예방 식품으로 유용할 것으로 기대된다.[26]

냉이

냉이는 간을 튼튼하게 하고 눈을 밝게 하고 기운을 돋우는 봄나물이다. 냉이에는 글루코시놀레이트glucosinolate라는 황 함유 화합물과 플라보노이드, 페놀산 등이 풍부하게 들어 있다. 최근 연구에서는 냉이 생즙이 이러한 성분들로 인해 각종 변이성 물질에 대해 45~90퍼센트에 이르는 높은 억제 활성을 가진다는 것이 밝혀졌다. 이러한 결과는 냉이 성분을 천연 항균제로 사용할 수 있음을 시사한다.[27]

미나리

한국인이 가장 좋아하는 향채 중 하나다. 한방에서는 미나리의 전초(뿌리부터 잎까지 식물 전체)를 수근水芹이라 하여 해열, 이뇨, 해독, 항염증, 변비 해소 같은 다양한 효능이 있는 약재로 이용한다. 중국에서도 미나리를 숙취 제거를 위해 복용한다. 생쥐를 대상으로 미나리의 항염증 및 진통 작용을 실험했을 때 미나리 추출물이 모세혈관 투과성 항진 작용에서 억제 효과가 있는 것으로 관찰되었다. 또한 유의미한 진통 효과도 나타났다.[28]

부추

건위, 강장, 정장, 진통, 해열, 해독 효과가 있어 '간의 채소'라고 알려져 있다. 백합과 부추속 식물*Allium tuberosum*로, 다양한 생리적 유용성을 지니고 있다. 식이섬유와 엽록소가 풍부하고 베타사이토스테롤*β-sitosterol*, 케르세틴quercetin, 캠페롤kaempferol 등을 비교적 다량 함유하고 있어 강력한 항산화력을 가진다. 부추의 황 함유 화합물은 암세포 사멸을 유도되는 것을 확인할 수 있다.[29]

유피(유근피)

조선시대 구황서에 가장 많이 등장하는 식재료로, 느릅나무 껍질을 가리킨다. 느릅나무 뿌리의 껍질은 유근피楡根皮라 하여 한방에서 약재로 이용된다. 최근의 실험에서도 유근피 추출물은 암세포 증식을 크게 억제하는 결과를 보였다.[30]

후추

후추의 매운맛 성분은 피페린piperine으로, 주요 효능은 소화효소 분비 촉진, 지방 분해 촉진(다이어트 효과), 항산화 작용, 다른 영양소의 흡수 촉진이나 해열·진통 효과가 가진 것으로 알려졌다.[31] 후추는 소금과 더불어 한식에서도 많이 사용되는 향신료로, 후추의 매운맛과 향은 식욕을 돋운다. 인도에서 쥐를 대상으로 진행한 연구에서는 후추가 알츠하이머성 치매 예방에 잠재적 효과가 있다고 보고되었다. 알츠하이머성 치매에 걸린 환자들은 일반적으로 근육 수축, 자율신경계 조절, 인지 기능 등을 담당하는 신경전달물질인 아세틸콜린acetylcholine의 수치가 낮아진다. 후추의 피페린은 아세틸콜린 등 신경전달물질의 분해를 담당하는 콜린에스테라아제cholinesterase의 활성을 감소시켜 콜린에스테라아제 억제제로 작용한다.[32]

또한 피페린을 보충하면 고지방 식사로 인한 산화 스트레스를 줄일 수 있다. 피페린은 여러 생화학적 경로에 영향을 미쳐 신체의 항산화 방어 시스템을 강화한다.[33] 이를 통한 산화 스트레스 역시 알츠하이머성 치매의 예방에 기여할 수 있다고 보인다.

초피와 산초

초피와 산초는 같은 운향과芸香科, *Rutaceae*에 속하지만 서로 다른 식물이다. 산초는 잎이 작고 둥근 편으로 잎축에 좁은 날개가 있으며, 자극적인 향이 난다. 초피는 잎 가장자리에 물결 모양 톱니가 있으며, 열매가 약간 더 크고 연한 녹색을 띤다. 산

초는 주로 씨앗으로 기름을 짜고, 초피는 씨앗껍질을 말려 가루
내 향신료로 사용한다. 그러나 모두 산쇼올 성분을 함유해 비슷
한 특징을 갖는다.

초피의 추출물은 항산화성과 항균성을 가진 것으로 확인되
었고,[34] 초피나무속*Zanthoxylum* 식물은 항암, 항균과 항염증 활
성이 있다는 보고가 있다.[35]

17장

기타 조미료의
과학과 건강

천연 조미료와 건강

식초의 건강 효과

조선시대에 식초는 신맛의 조미료로서뿐 아니라 약재로도 쓰였다. 《동의보감》에는 식초의 성질이 따뜻하고 맛이 시며, 용종을 제거하고 어지럼증을 치료하며, 고기·어류·채식에 의한 독을 해독하고 산후 빈혈, 심장의 통증을 치료한다고 기록되어 있다. 현대 과학에 의해서도 식초의 효능이 밝혀졌는데, 식초 종류에 따라서 효능이 각각 다르다.

식초의 효능 중 가장 주목할 만한 것은 혈당 개선 효과다. 식초는 제2형 당뇨병 환자에게 좋은 식품이다. 식초의 주요 성분인 아세트산은 위에서의 음식 배출 속도를 지연시킬 수 있어 당뇨 예방에 효과가 있다.[36] 음식물의 위장 통과 시간이 지연되면 포도당의 흡수도 덩달아 지연되어 정상적인 혈당 조절이 가능해지기 때문이다. 또한 식초는 췌장에서 분비되는 탄수화물 소화효소인 알파아밀라아제의 분비를 억제해 혈당을 개선한다.[37] 이는 탄수화물의 소화에 필요한 효소의 작용을 억제해 탄수화물의 소화를 늦춤으로써 포도당이 혈액으로 빠르게 흡수되지 않도록 하기 때문이다. 마지막으로, 아세트산은 포도당대사에 관여하는 여러 효소의 활성을 변화시킬 수 있다.

일부 연구에서는 식초가 포스포프락토키나아제-1PFK-1의 활성을 억제시키는 것으로 나타났는데, 이는 탄수화물대사 과정에서 포도당을 분해하는 해당 과정을 감소시키고 포도당 저장 형태인 글리코겐 합성을 증가시킨 것으로 볼 수 있다.[38] 이러한 복합적인 작용으로 인해 혈당지수GI 개선에 효과적이라고 할 수 있겠다.

다양한 종류의 식초를 가지고 항당뇨 효과를 비교한 연구에서는 사과식초, 포도식초, 사탕수수식초, 코코넛식초, 합성식초 모두에서 혈당 감소의 결과를 확인했다. 특히 사과식초와 포도식초의 효과가 가장 뛰어났는데, 두 식초는 다른 식초들에 비해 유기산과 페놀 화합물을 더 많이 함유하고 있기 때문이다.[39] 당뇨병 환자의 약리학적 치료 목표는 공복혈당의 개선인데, 사과식초가 공복혈당 수치를 많이 감소시키는 결과를 보였다.[40] 사과식초나 포도식초를 지속적으로 섭취하면 인슐린과 인슐린 저항성 지수, β세포의 분비 기능을 개선하는 효과를 기대할 수

4부 양념의 맛과 향 그리고 건강의 과학

있다.

식초는 혈압 개선에도 효과가 있다. 연구에 따르면, 쌀식초의 섭취가 혈압을 효과적으로 낮추었고, 혈압 상승에 기여하는 레닌 활성(레닌은 신장에서 분비되어 혈관을 수축시키고 혈압을 높이는 효소)을 감소시켰다. 이러한 효과 역시 식초에 함유된 아세트산에 기인한다.[41]

꿀과 천연 감미료의 건강 효과

꿀은 인류가 오래전부터 사용해온 천연 감미료로, 고대부터 미생물의 감염과 상처를 치료하는 데 사용되었다. 실제로 현대의 과학적 연구에 의해서도 꿀이 다양한 균의 활동을 억제하는 것으로 나타났다. 한 연구는 꿀의 병원성 대장균에 대한 억제 활성을 보여주었으며, 박테리아의 성장 속도는 자당(설탕)보다 꿀에 의해 더 효과적으로 감소하는 것도 확인되었다.[42]

이런 효과는 장내 미생물의 주요 대사산물인 단쇄지방산Short Chain Fatty Acid, SCFA과 관련이 있다.[43] 장에서 검출되는 주요 단쇄지방산은 아세트산, 프로피온산, 부티르산이 있으며, 이들은 공통적으로 장내 pH를 낮춰 산성 환경을 유지하여 유해균의 정착을 막고, 영양분의 흡수를 돕는 역할을 한다.[44] 꿀을 섭취하면 단쇄지방산과 부티르산의 농도가 더 높게 나오는데, 이들이 적정한 산도를 유지함으로써 대장균 수 감소에 기여한 것으로 볼 수 있다.

꿀은 항균 작용과 더불어 화상으로 인한 상처의 치유에도 효과적이다. 수분과 겔 형태의 고분자 물질로 이루어진 하이드로겔에 꿀을 첨가해 화상이 치유되는 과정을 관찰한 실험 결과에 따르면, 꿀이 첨가된 하이드로겔은 화상 치료제인 설파디아진보다 화상 부위를 보다 위생적이고 촉촉하게 해줄 뿐 아니라 피부 조직 재생과 회복에 직접적으로 기여하는 것으로 나타났다. 꿀은 상처의 상피화를 촉진하고 진피 및 피하 조직에 염증 세포가 추가적으로 침윤되지 않도록 하는 데 도움을 준다.[45]

많은 사람이 꿀의 항산화 및 항균 효과를 잘 알면서도 꿀의 섭취를 꺼린다. 이는 당뇨에 대한 우려 때문이다. 꿀의 당분은 포도당과 과당으로 이루어져 있으며 그중 과당의 비율이 더 높다. 과당은 포도당보다 위와 장에서 더 천천히 흡수되기 때문에 혈당이 최소한으로 상승한다.[46] 이 때문에 꿀은 당뇨병 환자에게 설탕 대체 감미료로 많이 언급된다. 제2형 당뇨병 환자를 대상으로 진행한 연구에서는 천연 꿀의 섭취가 환자들의 혈당을 효과적으로 감소시켰으며 체중과 혈중 지질 수치를 개선시키는 것으로 나타났다. 이러한 효능이 꿀에 함유된 과당과 연관이 있다고 설명했지만, 과당 외에도 천연 꿀의 다른 성분들이 영향을 미쳤을 가능성이 있다. 게다가 이러한 효능을 기대하며 꿀을 과다 섭취하면 비만과 이상지질혈증 등을 유발할 수 있다. 해당 연구에서도 꿀을 섭취한 그룹에서 당화 헤모글로빈 수치가 증가하는 양상이 나타났다.[47]

감미료는 크게 천연 감미료와 인공 감미료로 나눌 수 있다. 천연 감미료에는 자연에서 얻을 수 있는 꿀과 설탕, 올리고당 등

　　　　　　　4부 양념의 맛과 향 그리고 건강의 과학

이 있으며, 인공 감미료에는 사카린나트륨, 아스파탐, 수크랄로 스 등이 있다.

이 중 최근 각광받고 있는 것이 올리고당이다. 탄수화물의 종류 중 하나인 올리고당은 단당류가 2~10개 결합된 복합 탄수화물이다. 올리고당은 저열량 감미료라고도 불리는데, 혈당을 빠르게 높이지 않아 당뇨병 환자의 혈당 조절을 위한 설탕 대용으로 이용된다.[48]

또한 올리고당은 변비 개선에 효과적인 것으로 드러났다. 한 연구에 따르면 프럭토올리고당과 이소말토올리고당이 배변 횟수와 변의 경도를 개선시킨 것으로 나타냈다.[49] 변의 양은 식이 섭취량, 수분 보유력, 장내 세균량 등의 영향을 받는다. 프럭토올리고당과 같은 난소화성 올리고당은 수분 보유력과 발효 특성에 의해 장내 세균을 증식시켜 변량을 증가시킨다. 반면 이소말토올리고당은 부분소화성으로, 소장에서 일부 소화되어 포도당과 말토오스 같은 분해산물을 생성한다. 소화되지 않은 나머지는 대장으로 이동해 수분을 끌어당기는 삼투압 효과로 변을 부드럽게 만들고, 분해산물은 장내 유익균의 먹이가 되어 비피더스균 등을 증식시킨다. 이렇게 증가한 장내 세균의 균체량과 수분 보유력이 함께 작용해 변량을 증가시킨다. 다만 프럭토올리고당을 섭취했을 때는 개인의 상태에 따라 장에 부담을 줌으로써 소화장애가 동반될 수 있으므로, 변비 증세를 개선하기 위해서는 프럭토올리고당보다 이소말토올리고당의 섭취가 더 유용할 수 있다. 프럭토올리고당은 설탕을 가공해 포도당을 연결해 만든 것으로 열에 약하고, 이소말토올리고당은 쌀이나 옥수수 등의 녹말가루를 가공해 포도당을 연결해 만든 것으로 열에 강하다. 이런 특성을 알면 조리 시 적합한 것을 선택할 수 있다.

올리고당은 입, 위, 소장 같은 소화관에서 분해 또는 흡수되지 않는다. 이로 인해 올리고당은 대장 내에서 비피더스균에 선택적으로 이용되어 장내 미생물을 변화시킨다. 비피더스균이 우세 균총이 되면 초산과 유산 등의 단쇄지방산이 생성되어 장내 pH가 낮아진다. 산성 환경에서 초산과 유산은 인돌과 페놀 등의 변이원성(발암성) 부패물질의 발육을 억제한다.[50] 이런 효과로 인해 올리고당은 크론병 개선에 효과가 있다. 염증성 장 질환인 크론병은 회장(소장의 마지막 부분)과 대장에서 발생하며, 장의 점막층과 근육층까지 염증이 깊이 침투하는 질병이다. 프럭토올리고당의 섭취는 크론병의 활동성을 감소시키고 대변의 비피더스균을 증가시킨다. 그러나 장 점막의 비피더스균은 완화 상태인 크론병 환자에게서만 증가하는 현상을 보였다.[51]

열량이 높은 설탕을 대체하는 저칼로리 감미료가 인기를 끄는 가운데, 국내에서 허용된 저칼로리 감미료로는 아세설팜칼륨, 아스파탐, 사카린나트륨, 수크랄로스, 스테비올배당체, 효소처리 스테비아 등이 있다. 저칼로리 감미료는 체중, 체질량지수, 체지방량 그리고 허리둘레를 감소시킨다고 보고되었다.[52] 한 연구에 따르면 무칼로리 감미료 음료를 섭취한 사람들은 6개월 내에 2킬로그램의 체중 감소를 보였다. 하지만 이 연구에서는 무칼로리 감미료 음료 섭취 이외에 식이 칼로리 저한과 식이요법 및 신체 활동도 함께 병행되었음에 유의해야 한다.[53]

국내외의 여러 기관은 저칼로리 감미료가 단기적인 체중 감량에 도움이 될 수 있지만 장기적인 체중 관리 방법으로서의 효과는 여전히 의문의 여지가 있다는 데 의견을 같이하며, 저칼로리 감미료의 섭취는 주된 수단이 아닌 보조 수단으로 안전하게 이용할 것을 권장한다.[54]

참기름의 항산화 효과

참깨는 세계에서 가장 오래된 유지작물 중 하나로, 유지의 함량이 종자 무게의 약 50퍼센트를 차지하는 데다 단백질, 탄수화물, 섬유질 및 필수 미네랄이 풍부해 영양학적으로 가치가 높은 식재료다.[55] 참깨에서 추출한 참기름에는 비타민E가 다량 함유되어 있어 항산화 효과가 있는 식품으로 꼽힌다.

참기름의 항산화 성분 함량은 참깨의 발아 기간에 따라 차이가 난다. 6일간 참깨를 발아해 추출한 참기름은 알파토코페롤 함량이 증가했으며 피토스테롤과 베타카로틴 함량 또한 증가한 반면, 발아하지 않은 참깨로 추출한 참기름은 항산화 활성이 가장 낮았다.[56]

한편, 제2형 당뇨병 환자에게 항당뇨병 치료약과 함께 참기름을 섭취하도록 했을 때 시너지 효과가 나타나는 것으로 밝혀졌다.[57] 항당뇨 약물인 글리벤클라미드와 참기름의 병용 요법은 제2형 당뇨 환자의 혈당을 36퍼센트 감소시키고 당화혈색소

(HbA1c)를 43퍼센트 감소시켰다. 또한 총 콜레스테롤과 LDL 콜레스테롤, 중성지방 수치가 감소했고 HDL 콜레스테롤은 개선되었다. 참기름 섭취 시 당화 혈색소가 개선되는 기본 메커니즘은 명확하지 않지만, 참기름의 항산화 능력이 영향을 미쳤을 가능성이 있다.

참깨에 함유된 리그난 성분은 지질 프로필을 개선하는 역할을 한다. 지질 프로필은 혈액에 존재하는 총 콜레스테롤, LDL 콜레스테롤, HDL 콜레스테롤, 중성지방 등 다양한 지질 성분을 측정한 것으로, 심혈관 건강을 보여주는 지표로 사용된다. 참깨의 리그난에는 세사몰린sesamolin, 세사미놀sesaminol, 세사몰리놀sesamolinol, 세사민sesamine이 포함되어 있으며 기름을 짜기 전에 참깨를 볶으면 세사몰린이 열에 의해 세사미놀, 세사몰sesamol, 세사몰리놀 등으로 전환된다. 이들은 혈중 콜레스테롤과 지질의 수치를 낮춰준다고 알려져 있다.[58]

참기름과 다른 유지류를 비교할 때, 참기름은 해바라기유에 비해 이완기 혈압과 중성지방에 대한 HDL 콜레스테롤의 비율을 효과적으로 개선했다. 참기름이 저콜레스테롤혈증 개선에 효과를 갖는 것은 몇 가지 메커니즘으로 설명될 수 있다. 참기름에는 단일불포화지방산이 풍부하고, 리그난에서 유래한 세사민이 콜레스테롤대사를 조절한다. 콜레스테롤대사 조절에 중요한 역할을 하는 핵 수용체인 PPARα(페록시솜 증식체 활성화 수용체 알파peroxisome proliferator-activated receptor-α)는 단일불포화지방산에 의해 활성화되면 지방산의 산화를 증가시켜 간에서 지방산과 중성지방의 합성을 감소시키는 역할을 한다. 또한 지방산과 콜레스테롤 합성에 관여하고 유전자의 발현을 조절하는 SREBP(스테롤 규정 성분 결합 단백질sterol regulatory element-binding protein)는 단일 불포화지방산의 수치가 높을 때 활성을 감소시켜 지방 생성 유전자의 전사(DNA에서 RNA로 유전 정보를 복사하는 과정)를 감소시킨다. 따라서 이러한 유전자의 발현 감소는 지방산과 콜레스테롤 합성을 낮춰 지방 생성을 억제하는 데 기여한다.[59]

들기름의 건강 효과

들기름은 고소한 맛과 향이 특징으로, 다양한 음식을 만들 때 사용되는 주요 식용유다. 들깨에는 지방이 약 40퍼센트 함유되어 있어, 다른 식용유와 달리 정제하지 않고 단순히 압착만으로 기름을 짤 수 있으며, 들기름에는 다양한 생리활성물질이 함유되어 있다.[60] 들기름에는 오메가3 계열의 알파리놀렌산a-linolenic acid 함량이 50~60퍼센트로 다른 식용유에 비해 높다.[61]

알파리놀렌산은 체내에서 합성되지 않는 필수 지방산으로, 심혈관 질환 예방[62], 뇌혈관 질환 감소[63], 혈압 강하[64] 등의 효과가 있다. 알파리놀렌산이 혈관 내벽에 축적된 콜레스테롤을 제거하고 혈전 형성을 억제하며, 체내에서 DHA와 EPA로 전환되어 혈중 콜레스테롤 수치를 감소시키고 혈관 건강을 증진하기 때문이다.

젓갈 조미료의 건강 효과

젓갈은 새우, 조개, 굴, 멸치 등 다양한 수산물을 염장하고 발효시킨 한국 전통 음식이다. 특히 새우젓과 멸치젓(멸치액젓)은 가장 널리 소비되는 젓갈 조미료이면서 김치 발효의 주요 성분으로 작용한다.[65] 젓갈은 유익균에 의한 분해 과정에서 단백질뿐만 아니라 탄수화물, 지질, 유기산 등이 분해되어 독특한 풍미를 형성한다.

젓갈은 나트륨 함량이 높은 식품으로 평가되어 우려를 사고 있다. 그러나 젓갈은 라이신, 트레오닌 등 필수 아미노산이 풍부하고 천연 글루탐산, 알라닌, 글리신을 함유해 감칠맛을 낸다. 또한 식욕을 증진시키고 간을 보호하며 비타민B의 공급원이 된다. 그중 새우젓은 단백질 분해효소인 프로테아제 함량이 높아 단백질이 풍부한 고기의 소화를 돕는다.[66] 실제로 돼지 목살의 연화에 식염수와 새우젓을 각각 사용한 비교연구에 따르면, 새우젓을 첨가한 돼지 목살의 경도가 식염수를 첨가한 것보다 현저하게 낮았고 더 뛰어난 연화 효과를 보였다.[67]

또한 젓갈은 아세틸콜린을 분해하는 효소인 콜린에스테라제를 억제해 뇌의 아세틸콜린 수준을 정상적으로 유지하는 데 도움을 주어 인지 기능 개선 효과를 보였다. 다만 젓갈이 이러한 효과를 나타내는 정확한 메커니즘은 아직 밝혀지지 않았다.

우리가 흔히 MSG라고 부르는 글루탐산나트륨은 감칠맛을 내 음식의 풍미를 살리고 미각을 자극해 식욕을 돋게 해주는 식품 첨가물이다. 감칠맛은 채소(토마토, 감자, 버섯, 당근, 대두)와 수산물(생선, 다시마, 굴, 새우, 게, 조개), 육류(쇠고기, 돼지고기, 닭고기) 그리고 치즈 같은 천연 식품에도 포함되어 있다. 현대의 화학조미료는 사탕수수나 옥수수 등의 전분을 발효시켜 생산하는데, 시중에서 판매되는 화학조미료는 대부분 코리네박테리움속*Corynebacterium*과 브레비박테리움속*Brevibacterium* 박테리아에 의한 발효를 통해 글루탐산을 생성한 후 나트륨과 결합시켜 만든다. 이 과정은 화학 합성이 아닌 미생물 발효이므로, MSG는 천연 발효식품에 가까운 제조 방식을 따른다.[68]

MSG 안전성 논란과 과학적 검증

MSG의 안전성을 둘러싼 논란은 1968년 미국에서 시작되었다. 중국 음식을 먹은 후 두통, 홍조, 땀 등의 증상을 호소하는 사례가 보고되면서 이를 '중국 음식점 증후군Chinese Restaurant Syndrome'이라 불렀고, 그 원인으로 MSG가 지목되었다. 이후 MSG가 두통, 메스꺼움, 알레르기 반응, 심지어 신경 손상을 일으킨다는 우려가 잇따랐다.

그러나 수십 년간의 과학적 연구 결과, 이러한 우려는 대부분 근거가 없는 것으로 밝혀졌다. 2000년 미국 보스턴, 시카고,

LA의 3개 기관에서 수행된 대규모 다기관 연구[69]에서는 스스로 MSG에 민감하다고 보고한 130명을 대상으로 엄격한 이중맹검, 위약 대조, 교차 설계 실험을 진행했다. 연구 결과, 음식 없이 대량의 MSG(5g)를 섭취했을 때 일부 피험자에서 위약보다 더 많은 증상이 나타났으나, 반응의 빈도가 낮고 재검사 시 일관성이 없었으며 재현되지 않았다. 게다가 음식과 함께 MSG를 섭취한 경우에는 반응이 관찰되지 않았다. 연구진은 MSG 섭취로 인한 지속적이거나 심각한 영향은 관찰되지 않았다고 결론지었다.

또한 글루탐산은 우리 몸에서 자연적으로 생성되고 모유에도 포함된 아미노산이며, 일상적으로 섭취하는 단백질 식품에도 다량 함유되어 있다. 음식에 첨가된 MSG의 글루탐산과 천연식품에 함유된 글루탐산은 화학적으로 동일하며, 우리 몸은 두 가지를 같은 방식으로 대사한다.

현재 MSG는 미국 식품의약국FDA, 세계보건기구WHO, 식량농업기구FAO, 유럽식품안전청EFSA에서 안전성을 인정받은 상태이며, 한국의 식품의약품안전처에서도 MSG의 안전성을 인정해 그 사용 기준에 제한을 두지 않는다. 다만, 극소수의 사람은 음식 없이 과량(3g 이상) 섭취하면 일시적인 불편감을 경험할 수 있으며, 이는 MSG 특유의 문제가 아니라 과량의 나트륨 섭취나 개인의 민감성 때문일 가능성이 높다.

MSG의 소화 촉진 효과

MSG의 안전성이 확립된 가운데, 최근 연구들은 오히려 MSG

의 긍정적인 생리 효과를 밝히고 있다. 일본에서 진행된 연구에 따르면 MSG가 십이지장 운동을 촉진해 음식물 배출을 가속화하는 데 기여한다고 밝혔다. 십이지장이 수축할 때, 특정 부위가 좁아지면서 고리 모양의 수축이 발생하는데, 이 고리는 음식물과 소화액을 이동시킨다. 이 수축 고리는 십이지장을 따라 움직이며 장의 내용물을 이동시키는 데 중요한 역할을 한다. 해당 연구에서는 MSG가 식단에 첨가된 경우 이러한 수축 고리의 움직임이 활발해지고, 십이지장 벽의 움직임도 더 증대되는 것으로 관찰되었다. 이로 인해 MSG는 위장 운동 촉진제 역할을 할 수 있다.

그 메커니즘은 다음과 같이 추측된다. 음식에 함유된 MSG가 구강 내 글루탐산 수용체를 통해 식욕을 불러일으키고, 이후 미주신경의 활동을 촉진해 위와 십이지장의 수축을 조절함으로써 위와 십이지장 활동이 활발해져 위에서의 음식물 배출에 도움을 준다. 다만, 해당 연구에서는 참가자 간 반응에 차이가 있었기 때문에 개인별로 MSG의 효과는 상이할 수 있다. 결론적으로, 과학적 증거에 기초할 때 MSG는 일반적인 섭취량에서 안전한 식품 첨가물이며, 특히 음식과 함께 섭취할 경우 부작용 우려가 거의 없다는 것이 입증되었다.

한식의 마무리는 양념과 고명

"우리 식당은 조미료를 사용하지 않습니다." 우리 주변 식당에서 흔히 볼 수 있는 문구다. 물론 인공조미료를 사용하지 않고 자연 재료의 맛만으로 조리했다는 속뜻을 모르는 바 아니다. 그러나 한식의 본질인 간장, 된장, 고추장만 보아도 한국인의 중요한 조미료이고, 사실 이 조미료들을 사용하지 않은 음식은 한식이기 어렵다.

그뿐만이 아니다. 한국에는 향신료가 별로 없고, 이를 음식에도 잘 사용하지 않는다고 한다. 외국산 수입 향신료가 대세인 요즘, 특히 자주 듣는 말이다. 한식을 공부한 나는 이런 말을 들을 때면 마음이 쓰리다. 예로부터 향신료를 채소처럼 먹어온 민족이 바로 한국인이기 때문이다. 사실 한식에 빠지지 않는 양념인 파, 마늘, 생강, 깻잎, 초피, 방아 잎, 달래, 쑥 등은 한국의 향

신료이자 허브다. 우리 한식이 이미 K푸드로 전 세계를 열광시
킨다고 환호하면서 정작 우리는 전통 한식문화는 잘 모른다.

　세계인은 맛이나 향을 내는 물질을 조미료와 향신료라고 분
류한다. 우리는 '양념'이라는 말로 이들을 통칭해왔다. 양념은
한식의 핵심이다. 서양의 대표 음식인 프라이드치킨 분야에서
도 우리는 매력적인 전통 양념을 사용해 만든 양념치킨이나 간
장치킨으로 판도를 뒤집었다. 최근 영국의 유명한 요리사 제이
미 올리버가 내놓은 '코리안 치킨'이라는 이름의 음식 사진을 보
니 한국인의 주요 양념인 참깨를 온통 뿌려서 구운 치킨이다.
요즘 바질이나 로즈메리, 페퍼민트 등의 서구 향신료들이 우리
식탁을 점령하고, 우리 향신료가 없다고 생각하는 사람들을 보
면 강렬한 한국적인 맛과 향을 자랑하는 깻잎이나 방아 잎, 초
피 등을 알려주고 싶다.

　이것이 양념의 역사와 문화를 다루고, 우리 양념을 굳이 조미
료와 향신료로 분류하여 다루고, 우리 전통 양념의 건강을 과
학적으로 규명한 최근 연구까지 찾아 이 책을 쓴 이유다. 양념
의 과학 부분은 영양학을 전공한 젊은 연구자에게 특별히 부탁
해 함께 썼다. 그만큼 우리 양념을 알리고 싶었다. 더 나아가 이
러한 전통 양념을 토대로 만들어진 창의적인 양념들이 K소스라
는 이름을 달고 세계로 나가기를 바라는 마음도 담았다.

　매사 그러하듯이, 집필을 근근이 마치고 난 지금 다시 읽어보
니 전통 양념에 대해 나 자신도 아직 공부가 부족하다는 생각
이 든다. 그러나 전통 양념의 존재를 알리는 데 작은 역할이나

마 하리라 기대하며 이 책을 세상에 내보낸다.

이 책을 쓰는 동안 정말 기쁜 일이 있었다. 2024년 12월 3일에 한국 양념의 정수라고 할 수 있는 '장 담그기 문화Knowledge, believes and practice related with Jang making in the Republic of Korea'가 유네스코 인류무형문화유산으로 등재된 것이다. 그동안 전통 장문화의 등재를 위해 얼마나 많은 이들이 노력해왔는지를 잘 알고 있다. 장문화의 보전과 발전을 위해 애써온 분들과 아직도 직접 장을 담그는 모든 분들에게 감사를 보낸다.

유난히 오래 끌었던 이 책을 드디어 세상에 내놓게 되니 갑자기 매운 음식이 먹고 싶다. 고추장이 듬뿍 들어간 비빔밥을 맛있게 비벼 먹어야겠다.

사족을 달자면, 한식의 핵심은 양념이고 한식의 완성은 음식을 아름답게 하는 고명이라는 생각으로 처음 이 책을 시작했다. 그러나 저자의 공부 부족으로 결국 고명은 본격적으로 다루지 못한 점이 못내 아쉽다. 그래서 다시 고명 공부를 시작하려 하니 응원해주시기를.

들어가며

1 조창숙, 《한국 음식 대관 제2권—주식, 양념, 고명, 찬물》, 한림출판사, 1999, p.107.

2 장지현, 〈우리나라 전래의 약염류〉, 《식품과학》, 1986, 19(2): 5-17.

3 박모라, 〈고조리서에 기록된 고명행위에 대한 소고〉, 《영남학》, 2019, 69: 255-284.

4 이성우, 《한국고식문헌집성VI: 고요리서》, 수학사, 1992, pp. 2363~2364.

5 박모라, 앞의 글.

1부 역사를 통해 살펴본 한식의 양념문화

1 이성우, 《동아시아 속의 고대 한국식생활사 연구》, 향문사, 1994.

2 윤은식·김대환, 《경주 서봉총II (재발굴보고서)》(일제강점기 자료조사보고 35집), 국립중앙박물관, 2020.

3 김민구·류아라, 〈탄화물 분석을 통한 삼국시대 대두 이용방법 고찰〉, 《한국상고사학보》 2018, 100: 170~176.

4 이성우, 《한국요리문화사 (개정판)》, 교학사, 1999.

5 강인희,《한국식생활사(2판)》, 삼영사, 1990.

6 신광철·김다래·최지은,《경주 금령총(유구편-재발굴)》'일제강점기 조사
   자료보고 45집', 국립경주박물관, 2022.

7 정혜경,《통일식당 개성밥상》, 들녘, 2021.

8 최연주,〈고려 후기의 각염법을 둘러싼 분쟁과 그 성격〉,《한국중세사
   연구6》, 한국중세사학회, 1999.

9 한국고전용어사전편찬위원회,《한국고전용어사전》, 세종대왕기념사
   업회, 2001.

10 한희순·황혜성·이혜경,《이조궁정요리통고》, 궁중음식연구원, 1957.

11 김명길,《낙선재 주변》, 중앙일보, 1977.

12 노덧물,〈閒者의 辭典〉,《개벽》제8호(1921년 02월 01일).

13 朱요한,〈雜誌記者 漫評〉,《동광》제24호(1931년 08월 04일).

14 박채린,〈18세기 호남 조리서「음식보」재판독 및 해석—원본을 통
   한 기존 영인본 연구의 한계와 오류 규명〉,《한국학》, 2026, 46(3):
   239~284.

15 남권희 외,《음식디미방과 조선시대 음식문화》, 경북대학교출판부,
   2017, pp. 276~278.

2부 전통 조미료의 세계

1 강인희,《한국식생활사(2판)》, 삼영사, 1990.

2 최덕경,〈대두의 기원과 醬·豉 및 豆腐의 보급에 대한 재검토〉,《역사
   민속학》, 2009, 30: 363-427.

3 국립문화재연구소,《동아시아 고고식물 선사시대-한국편》, 국립문화
   재연구소, 2015, p. 592.

4 김민구·류아라,〈탄화물 분석을 통한 삼국시대 대두 이용 방법 고찰〉,
   《한국상고사학보》, 2018, 100: 165-187.

5 박유미,〈한국 고대의 두류 재배와 활용〉,《고조선단국학》, 2016, 35:

96-99.

6   정혜경 외,《한국인에게 장은 무엇인가》, 효일, 2013, pp. 130~131.

7   박유미, 〈우리나라 장문화의 발달과 추이〉,《한국 음식문화사》, 동북아문화재단, 2023, pp. 296~363.

8   국립문화재연구소 고고연구실,《발해 토기 자료집》, 국립문화재연구소, 2014, pp. 161~163.

9   Ha YD, Kim KS, "Civilization History of Vinegar", *Food Industry and Nutrition*, 2000, 5(1): 1-6.

10   장지현,《한국 전래 발효식품사 연구》, 수학사, 2004.

11   박은희·최찬영·권훈주·김명동, 〈전통 식초의 종류와 제조 방법에 관한 문헌 연구〉,《식품과학과 산업》 2016년 12월호.

12   장지현, 앞의 책.

13   시드니 민츠, 김문호 옮김,《설탕과 권력》, 지호, 1998.

14   박명윤·이건순·박선주,《파워푸드 슈퍼푸드》, 푸른행복, 2010.

15   이성우,《고려 이전의 한국식생활사연구》, 향문사, 1978, p. 165, 239.

16   장지현,《한국 전래 유지류사 연구》, 수학사, 1995, p. 13, 67.

17   한복진, 〈한국 음식에서 참깨와 참기름의 전통적 이용〉,《동아시아식생활학회지》, 2005, 15(2): 137-151.

18   이서래,《한국의 발효식품》, 이화여자대학교 출판부, 1997.

19   정혜경·김미혜, 〈담양 관련 음식 고문헌을 통한 장수 음식 콘텐츠 개발〉,《한국식생활문화학회지》, 2013, 28(3): 261-271.

20   김미혜, 〈眉巖日記 분석을 통한 16세기 사대부가士大夫家 음식 문화 연구—丁卯年(1567年) 10月~戊辰年(1568年) 9月〉,《한국식생활문화학회지》, 2013, 28(5): 425-437.

21   오세영·안효진, 〈근대 매스미디어에 나타난 음식 산업〉,《근대한식의 풍경》, 한림출판사, 2014.

3부 전통 향신료의 세계

1   이영미, 《세계 향신료 음식 문화 비교연구》, 율촌문화재단 2014년 기초연구과제 총서, 2014.

2   손경희, 〈조미 향신료의 과학적 측면〉, 《한국식생활문화학회지》, 1990, 5(3): 391-397.

3   공만식, 《고려불교 음식문화와 불교 음식이론》, 토파민, 2024.

4   최한기, 김종덕 옮김, 《농정회요Ⅲ》(고농서국역총서12), 농촌진흥청, 2006.

5   이성우, 《한국식품문화사》, 교문사, 1997.

6   정경애·박찬성, 〈발효기간에 따른 마늘 발효액의 기능성〉, 《한국식품저장유통학회지》, 2012, 19(3): 406-412.

7   이성우, 《한국요리문화사(개정판)》, 교문사, 1999.

8   이춘녕, 〈한국 고래의 향신료〉, 《식품산업과 과학》, 1986, 19(2): 18-24.

9   위의 글.

10   남준영·류경수, 〈방풍防風의 생약학적生藥學的 연구研究〉, 《한국생약학회》, 1975, 6(3): 151-159.

4부 양념의 맛과 향 그리고 건강의 과학

1   한국식품과학회, 《식품과학사전》, 교문사, 2012.

2   Park GY, 〈한국의 전통 장류(된장, 간장)의 건강기능성〉, 《식품문화 한맛한얼》, 2010, 3(1): 31-35.

3   Kim, MY & Jeong, YJ, 〈전통 장류 나트륨 현황과 저감화 방안〉, *Food Preservation and Processing Industry*, 2017, 16(1): 28-42.

4   National Institute of Agricultural Sciences, Rural Development Administration, *Food Composition Table, 10th Revision*, Wanju: National Institute of Agricultural Sciences, Rural Development

Administration, 2021.

5 Jung JY, Lee SH, & Jeon CO, "Microbial community dynamics during fermentation of doenjang-meju, traditional Korean fermented soybean", *International Journal of Food Microbiology*, 2014, 185: 112-120.

6 양혜정·김민정·홍상필, 〈숙성 기간에 따른 간장과 된장의 항당뇨 효과〉, *Food Science and Preservation*, 2019, 26(3): 300-307.

7 Weir, M. R. & Dzau, V. J., "The renin-angiotensin-aldosterone system: a specific target for hypertension management", *American Journal of Hypertension*, 1999, 12(S9): 205S-213S.

8 Mun EG, Sohn HS, Kim MS, & Cha YS, "Antihypertensive effect of Ganjang (traditional Korean soy sauce) on Sprague-Dawley Rats", *Nutrition Research and Practice*, 2017, 11(5): 388.

9 Sanatombi, K. & Sharma, G., "Capsaicin content and pungency of different Capsicum spp. cultivars", *Notulae Botanicae Horti Agrobotanici Cluj-Napoca*, 2008, 36(2): 89-90.

10 이숙희·공규리·정근옥·박건영, 〈고지방식이를 섭취한 흰쥐에서 고추장의 체중 및 지방조직과 혈청 내의 지질감소효과〉, 《한국식품영양과학회지》, 2003, 32(6): 882-886.

11 Lim, K., Yoshioka, M., Kikuzato, S., Kiyonaga, A., Tanaka, H., Shindo, M., & Suzuki, M., "Dietary red pepper ingestion increases carbohydrate oxidation at rest and during exercise in runners", *Medicine and Science in Sports and Exercise*, 1997, 29(3), 355-361.

12 Sanatombi, K. & Sharma, G., "Capsaicin content and pungency of different Capsicum spp. cultivars", *Notulae Botanicae Horti Agrobotanici Cluj-Napoca*, 2008, 36(2): 89-90.

13 Kong KR, "Standardization of kochujang preparation and its effects of cancer preventive and lipid metabolism in rat", *MS Thesis*, Busan, Korea, Pusan National University, 2001, pp. 40-53.

14 곡경승·권기록·임태진·김동희, 〈고추 추출물과 Capsaicin이 지방세포 대사에 미치는 영향〉,《대한약침학회지》, 2008, 11(1): 149-162.

15 강대길·손은진·이안숙·이윤미·윤명호·노숙연·이호섭, 〈쪽파 에탄올 추출물이 과당-유도 고혈압 흰쥐에 미치는 영향〉,《생약학회지》, 2002, 33(4): 384-388.

16 김정미·전경임·박은주, 〈마늘의 조리방법에 따른 DNA 손상 보호 효과의 비교〉,《한국식품영양과학회》, 2010, 39(6): 805-812.

17 곽진숙·김지연, 〈기능성식품으로서 마늘의 혈압 개선 기능성 평가: 마늘건조분말의 준건강인 대상 연구에 대한 메타분석〉, *Journal of Nutrition and Health*, 2021, 54(5): 459-473.

18 Soleimani, D., Paknahad, Z. & Rouhani, M. H., "Therapeutic effects of garlic on hepatic steatosis in nonalcoholic fatty liver disease patients: a randomized clinical trial", *Diabetes, Metabolic Syndrome and Obesity*, 2020: 2389-2397.

19 Lee MS, Kim IH, Kim CT, & Kim Y, "Reduction of body weight by dietary garlic is associated with an increase in uncoupling protein mRNA expression and activation of AMP-activated protein kinase in diet-induced obese mice", *Journal of Nutrition*, 2011, 141(11): 1947-1953.

20 Medagama, A. B., "The glycaemic outcomes of Cinnamon, a review of the experimental evidence and clinical trials" *Nutrition Journal*, 2015, 14: 108.

21 Anderson, R. A., Qin, B., Canini, F., Poulet, L. & Roussel, A. M., "Cinnamon counteracts the negative effects of a high fat/high

fructose diet on behavior, brain insulin signaling and Alzheimer-associated changes", *PLoS One*, 2013, 8(12): e83243.

22 Alireza Hekmat-Ardakani, Bahar Morshed-Behbahani, Hania Rahimi-Ardabili, Mohammad Hossein Ayati & Nazli Namazi, "The effects of dietary supplements and natural products targeting glucose levels: an overview", *Critical Reviews in Food Science and Nutrition*, 2023, 63(23): 6138-6167.

23 Askari, G., Aghajani, M., Salehi, M., Najafgholizadeh, A., Keshavarzpour, Z., Fadel, A. & Pourmasoumi M., "The effects of ginger supplementation on biomarkers of inflammation and oxidative stress in adults: A systematic review and meta-analysis of randomized controlled trials", *Journal of Herbal Medicine*, 2020, 22: 100364.

24 Bartels, E. M., Folmer, V. N., Bliddal, H., Altman, R. D., Juhl, C., Tarp, S. & Christensen, R., "Efficacy and safety of ginger in osteoarthritis patients: a meta-analysis of randomized placebo-controlled trials", *Osteoarthritis and Cartilage*, 2015, 23(1): 13-21.

25 Hasani, H., Arab, A., Hadi, A., Pourmasoumi, M., Ghavami, A. & Miraghajani, M., "Does ginger supplementation lower blood pressure? A systematic review and meta-analysis of clinical trials", *Phytotherapy Research*, 2019, 33(6): 1639-1647.

26 현광욱·김재호·송기진·이종복·장정호·김영선·이종수, 〈깻잎에 함유되어 있는 생리기능성 물질의 탐색〉, 한국식품저장유통학회 제22차 학술발표회 학술발표자료, 2003.

27 임현아·윤순일, 〈냉이 추출물의 항균활성〉, 《한국식품저장유통학회지》, 2009, 16(4): 562-566.

28 박종철·허종문·박주권, 〈미나리科 식용식물의 생리활성과 이들의 기

능성 플라보노이드 화합물〉,《식품산업과 영양》, 2002, 7(2): 30-34.

29 박순영·김재용·박경욱·강갑석·박기훈·서권일, 〈부추의 함황화합물이
    인체 암세포 증식에 미치는 영향〉,《한국식품영양과학회지》, 2009,
    38(8): 1003-1007.

30 임선영, 〈느릅나무 근피 추출물에 의한 인체 암세포 증식 및 DNA 합
    성 억제효과〉,《생명과학회지》, 2007, 17(9): 1232-1236.

31 Srinivasan, K., "Black pepper and its pungent principle-
    piperine: a review of diverse physiological effects", *Critical
    reviews in Food Science and Nutrition*, 2007, 47(8), 735-748.

32 Moon, SS. & Kim, BW., 〈알츠하이머병 환자의 콜린에스테라아제 억
    제제 투여전후의 대뇌피질 혈류 변화〉,《임상생리검사학회 초록집》,
    2003(1), 101-113.

33 Vijayakumar, R., Surya, D. & Nalini, N., "Antioxidant efficacy of
    black pepper (Piper nigrum L.) and piperine in rats with high fat
    diet induced oxidative stress", *Redox Report*, 2004, 9(2), 105-110.

34 안명수 외, 〈초피 용매 추출물의 항산화성 및 항균성에 관한 연구〉,
    《한국식생활문화학회지(Korean Journal of Food Culture)》, 2004, 19(2):
    170-176.

35 차배천, 〈산초의 약물대사효소 CYP3A4 저해 활성〉,《생약학회지》,
    2019, 50(3): 159-164.

36 Petsiou, E. I., Mitrou, P. I., Raptis, S. A. & Dimitriadis, G. D., "Effect
    and mechanisms of action of vinegar on glucose metabolism,
    lipid profile, and body weight", *Nutrition Reviews*, 2014, 72(10):
    651-661.

37 Santos, H. O., de Moraes, W. M., da Silva, G. A., Prestes, J.
    & Schoenfeld, B. J., "Vinegar acetic acid intake on glucose
    metabolism: A Narrative Review", *Clinical Nutrition ESPEN*,

2019, 32: 1-7.

38 Fushimi, T., Tayama, K., Fukaya, M., Tsukamoto, Y., Kitakoshi, K., Nakai, N. & Sato, Y., "Acetic acid feeding enhances glycogen repletion in liver and skeletal muscle of rats", *Journal of Nutrition*, 2001, 131(7): 1973-1977.

39 Soltan, S. & Shehata, M., "Antidiabetic and hypocholesrolemic effect of different types of vinegar in rats", *Life Science Journal*, 2012, 9(4): 2141-2151.

40 Gheflati, A., Bashiri, R., Ghadiri-Anari, A., Reza, J. Z., Kord, M. T. & Nadjarzadeh, A., "The effect of apple vinegar consumption on glycemic indices, blood pressure, oxidative stress, and homocysteine in patients with type 2 diabetes and dyslipidemia: A randomized controlled clinical trial", *Clinical Nutrition ESPEN*, 2019, 33: 132-138.

41 Kondo, S., Tayama, K., Tsukamoto, Y., Ikeda, K. & Yamori, Y., "Antihypertensive effects of acetic acid and vinegar on spontaneously hypertensive rats", *Bioscience, Biotechnology, and Biochemistry*, 2001, 65(12): 2690-2694.

42 Bernstein, R. C., "The scientific evidence validating the use of honey as a medicinal agent", *The Science Journal of the Lander College of Arts and Sciences*, 2013, 6(2): 6.

43 Shamala, T. R., Shri Jyothi, Y. P. & Saibaba, P., "Antibacterial effect of honey on the in vitro and in vivo growth of Escherichia coli", *World Journal of Microbiology and Biotechnology*, 2002, 18: 863-865.

44 Martin-Gallausiaux, C., Marinelli, L., Blottière, H. M. Larraufie, P. & Lapaque, N., "SCFA: mechanisms and functional importance

in the gut", *Proceedings of the Nutrition Society*, 2021, 80(1): 37-49.

45 El-Kased, R. F., Amer, R. I., Attia, D. & Elmazar, M. M., "Honey-based hydrogel: In vitro and comparative In vivo evaluation for burn wound healing", *Scientific Reports*, 2017, 7(1): 9692.

46 Crapo, P. A., Kolterman, O. G. & Olefsky, J. M., "Effects of oral fructose in normal, diabetic, and impaired glucose tolerance subjects", *Diabetes Care*, 1980, 3(5): 575-581.

47 Bahrami, M., Ataie-Jafari, A., Hosseini, S., Foruzanfar, M. H., Rahmani, M. & Pajouhi, M., "Effects of natural honey consumption in diabetic patients: an 8-week randomized clinical trial", *International Journal of Food Sciences and Nutrition*, 2009, 60(7): 618-626.

48 Zhu, D., Yan, Q., Liu, J., Wu, X., & Jiang, Z., "Can functional oligosaccharides reduce the risk of diabetes mellitus?" *The FASEB Journal*, 2019, 33(11): 11655.

49 이미라·이경애·이선영, 〈스폰지 케이크에 함유된 프락토올리고당과 이소말토올리고당이 여대생의 변비개선에 미치는 효과〉,《한국식품영양과학회지》, 2003, 32(4): 621-626.

50 Im SD, 〈비피더스균과 올리고당의 관계〉, *Bulletin of Food Technology*, 1995, 8(2): 97-105.

51 Lindsay, J. O., Whelan, K., Stagg, A. J., Gobin, P., Al-Hassi, H. O., Rayment, N., Kamm, M., Knight, S. C. & Forbes, A., "Clinical, microbiological, and immunological effects of fructo-oligosaccharide in patients with Crohn's disease", *Gut*, 2006, 55(3): 348-355.

52 Miller, P. E. & Perez, V., "Low-calorie sweeteners and body

weight and composition: a meta-analysis of randomized controlled trials and prospective cohort studies", *American Journal of Clinical Nutrition*, 2014, 100(3): 765-777.

53 Tate, D. F., Turner-McGrievy, G., Lyons, E., Stevens, J., Erickson, K., Polzien, K., Diamond, M., Wang, X. & Popkin, B., "Replacing caloric beverages with water or diet beverages for weight loss in adults: main results of the Choose Healthy Options Consciously Everyday CHOICE randomized clinical trial", *American Journal of Clinical Nutrition*, 2012, 95(3): 555-563.

54 Hunter, S. R., Reister, E. J., Cheon, E. & Mattes, R. D., "Low calorie sweeteners differ in their physiological effects in humans", *Nutrients*, 2019, 11(11): 2717.

55 El-Hamidi, M. & Zaher, F. A., "Production of vegetable oils in the world and in Egypt: an overview", *Bulletin of the National Research Centre*, 2018, 42(1): 1-9.

56 구민주·유광원·김민지·정태민·허희진·이준수, 〈발아에 따른 참기름의 기능성 성분 및 항산화 활성의 변화〉, 《한국식품영양과학회지》, 2023, 52(10): 1082-1089.

57 Sankar, D., Ali, A., Sambandam, G. & Rao, R., "Sesame oil exhibits synergistic effect with anti-diabetic medication in patients with type 2 diabetes mellitus", *Clinical Nutrition*, 2011, 30(3): 351-358.

58 Soleymani, S., Habtemariam, S., Rahimi, R. & Nabavi, S. M., "The what and who of dietary lignans in human health: Special focus on prooxidant and antioxidant effects", *Trends in Food Science & Technology*, 2020, 106: 382-390.

59 Vahedi, H., Atefi, M., Entezari, M. H. & Hassanzadeh, A., "The

effect of sesame oil consumption compared to sunflower oil on lipid profile, blood pressure, and anthropometric indices in women with non-alcoholic fatty liver disease: A randomized double-blind controlled trial", *Trials*, 2022, 23(1): 551.

60 Kim EJ, Hwang SY, & Son JY, "Physiological activities of sesame, black sesame, perilla and olive oil extracts", *Journal of the Korean Society of Food Science and Nutrition*, 2009, 38: 280-286.

61 신경아·고영수·이영철, 〈볶음시간에 따른 들기름 메탄올 추출물의 항산화 효과와 특성〉, *Korean Journal of Food Science and Technology*, 1998, 30: 1045-1050.

62 M. de Lorgeril, P. Salen, F. Laporte, J. de Leiris, "Alpha-linolenic acid in the prevention and treatment of coronary heart disease", *European Heart Journal Supplements*, Volume 3, Issue suppl_D, June 2001.

63 Blondeau N, Nguemeni C, Debruyne DN, Piens M, Wu X, Pan H, Hu X, Gandin C, Lipsky RH, Plumier JC, Marini AM, Heurteaux C., "Subchronic alpha-linolenic acid treatment enhances brain plasticity and exerts an antidepressant effect: a versatile potential therapy for stroke", *Neuropsychopharmacology*, 2009 Nov, 34(12): 2548-2559.

64 Vajdi, M., Noshadi, N., Hassanizadeh, S., Bonyadian, A., Seyedhosseini-Ghaheh, H. & Askari, G., "The effects of alpha lipoic acid ALA supplementation on blood pressure in adults: A GRADE-assessed systematic review and dose-response meta-analysis of randomized controlled trials", *Frontiers in Cardiovascular Medicine*, 2023, 10: 1272837.

65 Park, S., Kim, K., Jang, M., Lee, H., Sung, J. & Kim, J., "Changes in the Quality and Nontargeted Metabolites of Salt-Fermented Shrimp (Saeu-jeot) Based on Fermentation Time", *Fermentation*, 2023, 9(10): 889.

66 Koo OK, Lee SJ, Chung KR, Jang DJ, Yang HJ, & Kwon DY, "Korean traditional fermented fish products: jeotgal", *Journal of Ethnic Foods*, 2016, 3(2): 107-116.

67 Kim JS, Shahidi, F. & Heu MS, "Tenderization of meat by salt-fermented sauce from shrimp processing by-products", *Food Chemistry*, 2005, 93(2): 243-249.

68 Wijayasekara, K. & Wansapala, J., "Uses, effects and properties of monosodium glutamate MSG on food & nutrition", *International Journal of Food Science and Nutrition*, 2017, 2(3): 132-143.

69 Geha RS., Beiser A., Ren C., et al., "Multicenter, double-blind, placebo-controlled, multiple-challenge evaluation of reported reactions to monosodium glutamate", *Journal of Nutrition*, 2000, 130(4S Suppl): 1058S-62S.

2-14 국립중앙박물관 소장. e-museum

2-15 Hyeon-Jeong Suk(Wikimedia.com)

2-19 Ragesoss(Wikimedia.com)

3-1 국립생물자원관

3-2 국립생물자원관

3-3 Moosimi(Wikimedia.com)

3-4 Krzysztof Ziarnek, Kenraiz(Wikimedia.com)

3-5 GFDL

3-6 국립생물자원관 or Sabina Bajracharya(Wikimedia.com)

3-7 좌 J.M.Garg(Wikimedia.com), 우 Muséum de Toulouse

3-8 국립생물자원관

3-9 좌 국립생물자원관, 우 Miansari66(Wikimedia.com)

3-10 Burdigo(Wikimedia.com)

3-11 국립생물자원관

3-12 Miya(Wikimedia.com)

3-13 국립생물자원관

3-14 국립생물자원관

3-15 국립생물자원관

3-16 국립생물자원관

3-17 국립생물자원관

3-18 국립생물자원관

3-19 국립생물자원관

3-20 국립생물자원관

3-21 좌 Fir0002(Wikimedia.com), 우 Shisma(Wikimedia.com)

3-22 Sakurai Midori(Wikimedia.com)

3-23 국립생물자원관

4-1 Kok Leng Yeo(Wikimedia.com)

4-2 최광모(Wikimedia.com)

양념의 인문학

한식의 비결이자 완성, 전통 조미료와 향신료의 세계

지은이 | 정혜경·신다연
초판 1쇄 발행 | 2026년 1월 10일

펴낸곳 | 도서출판 따비
펴낸이 | 박성경
편   집 | 신수진, 정우진
디자인 | 이수정

출판등록 | 2009년 5월 4일 제2010-000256호
주소 | 서울시 마포구 월드컵로28길 6(성산동, 3층)
전화 | 02-326-3897
팩스 | 02-6919-1277
이메일 | tabibooks@hotmail.com
인쇄·제본 | 영신사

ISBN 979-11-92169-60-6 03380

책값은 뒤표지에 있습니다.